Entre Orfeu e Xangô

*A emergência de uma nova consciência sobre
a questão do negro no Brasil 1944/1968*

José Jorge Siqueira

Entre Orfeu e Xangô

*A emergência de uma nova consciência sobre
a questão do negro no Brasil 1944/1968*

PALLAS
2006

Copyright© 2006
José Jorge Siqueira

Edição
Cristina Fernandes Warth

Produção editorial
Cindy Leopoldo
Fernanda Barreto
Silvia Rebello

Preparação de originais
Eneida Duarte

Revisão
Shirley Braz

Diagramação
Ligia Barreto Gonçalves

Capa
Tiago Rodrigues

Todos os direitos reservados à Pallas Editora e Distribuidora Ltda. É vetada a reprodução por qualquer meio mecânico, eletrônico, xerográfico etc., sem a permissão por escrito da editora, de parte ou totalidade do material escrito.

CIP-BRASIL. CATALOGAÇÃO-NA-FONTE
SINDICATO NACIONAL DOS EDITORES DE LIVROS, RJ

S63e   Siqueira, José Jorge, 1948-
    Entre Orfeu e Xangô / José Jorge Siqueira. - Rio de Janeiro : Pallas, 2006.

    Inclui bibliografia
    ISBN 85-347-0393-0

    1. Negros - Brasil. 2. Negros - Brasil - Identidade. 3. Negros - Brasil - Condições sociais. 4. Cultura afro-brasileira. I. Título.

06-1693.   CDD 305.896081
                            CDU 316.356.4(=414)(81)

À minha ancestralidade.

Sumário

Introdução 9

CAPÍTULO I
Intelectuais pedem passagem e saúdam o distinto público 15
   1. TOMAR PARTIDO, EIS A QUESTÃO! 16
   2. PASSADO E FUTURO NA EMERGÊNCIA DA QUESTÃO DO NEGRO
   ENTRE OS ANOS 30 E 50 DO SÉCULO XX 46
   NOTAS 70

CAPÍTULO II
Rasgando a seda de uma etiqueta (nem sempre) polida 75
   1. ARMA-SE O PALCO 76
   2. NEGROS E MULATOS TAMBÉM FALAM 92
   3. A ACADEMIA DESCE A ESCADA 117
   NOTAS 180

CAPÍTULO III
Entre Orfeu e Xangô 189
   1. CENTRO DA CENA: O PRETO NÃO É O BRANCO PINTADO 190
   2. CAI O PANO 218
   NOTAS 235

Conclusões 239

Fontes e bibliografia 243
   ANAIS, OBRAS DE CIENTISTAS SOCIAIS E ARTISTAS 244
   OBRAS CITADAS E CONSULTADAS 245

Introdução

Papai, eu queria ser azul.
(João Víctor Nacif Siqueira, aos 8 anos)

Este trabalho tem objetivos "didáticos", "pedagógicos" e "informativos". Daí sua preocupação obstinada, detalhista, em juntar pedaços de uma fotografia esfarelada e amarelecida; sua obsessão em dar nomes próprios aos retratos falados de um álbum de recordações transfigurado pelo tempo — na tentativa de recompor o quadro fragmentado de uma memória que o que mais faz é esquecer. Busca, assim, curar de sua desrazão este próprio autor, na medida em que é, até certo ponto, sujeito e objeto do estudo ora proposto. Por sua vez, o autor, durante muito tempo um "alienado" das questões aqui tratadas, não se considera um caso isolado. Dessa maneira, acredita que, ao compreender melhor o assunto, o estará fazendo por um sem-número de outros que se lhe assemelham. Afinal, o período temático aqui posto em perspectiva situa-se entre 1944 e 1968. Ora, o autor nasceu em 1948 e, em 1969, entrou para a universidade. Por outro lado, seu pai, José, marceneiro, mulato, semi-analfabeto, foi migrante, de Minas Gerais para a cidade urbana e industrial, nos anos 30. Sua avó materna, que não conheceu os próprios pais, foi amante de um português, pequeno comerciante, enquanto ele esperava a cachopa vinda de Lisboa — mesmo depois de ter com a negra retinta quatro filhas. Sua mãe, quando morou na Praça Onze — onde nasceu o autor —, chegou a amamentar um neto de Vó Carmem, cuja filha morrera de parto. A legendária Vó Carmem era, por sua vez, irmã-de-santo de Tia Ciata, no terreiro de João Alabá, situado em pleno coração do Distrito Federal nas primeiras décadas do século XX. Ainda hoje, a Praça Onze tem referências dessas senhoras: a casa de Vó Carmem foi tombada pelo patrimônio histórico-cultural da cidade; Tia Ciata dá nome a uma escola pública no bairro, junto ao terreiro de João da Baiana e ao busto de Zumbi dos Palmares; as escolas de samba que por ali desfilam têm vários temas homenageando os feitos dessa tradição na região.

A partir de 1978, este autor se viu em meio a uma avalanche: tomar consciência crítica de que é mulato. Coisa muito boa por um lado, desrepressora, modificadora de valores estéticos, culturais, históricos. Mas cruel por outro, constatado o significado das "desigualdades cumulativas", que, sociologicamente, lhes pesam sobre as vidas. Tudo mudou a partir daí, para melhor e para pior. Restava ainda uma grande indagação: O que acontecera na história recente do pensamento sociológico brasileiro voltado ao tema da democracia racial? Sim, pois até Gilberto Freyre estava tudo constrangedoramente claro... Por sua vez, não há mulato que não sinta náuseas ao ler a parte antropológica de *Os sertões*... Entretanto, os avanços e recuos do período pós-1930 revelavam-se um grande enigma, que se impunha então discernir, reexaminar, reavaliar. E o próprio negro? Não caberia uma análise crítica de seu desempenho no período, enquanto movimento social? Tais indagações nos levaram à certeza de que esta questão específica (e, ao mesmo tempo, tão geral) da sociedade brasileira é sobretudo de viés cultural, ideológico, pertencente a valores éticos e estéticos. Nesse caso, e a arte, especialmente a teatral-literária de época, em que medida tratou a temática?

Partimos da premissa de que o real trabalhado pelo historiador é objetivo e teorizável. Dessa forma, discordamos, na origem, das perspectivas que negam uma cientificidade possível a esse tipo de discurso, seja por sua não-fiabilidade, seja pela imersão social do historiador, seja pela irredutibilidade estéril com que se pode tratar o fato histórico (seu caráter ideográfico), seja ainda pela proximidade da narrativa da história com aquela da literatura. Apostamos muito mais num certo controle crítico da subjetividade, assim como consideramos essa última (a subjetividade) inerente a qualquer fazer científico. Adotamos a busca de verdades cada vez mais abrangentes, como estratégia do conhecimento, face ao inalcançável das verdades científicas absolutas ou eternas. Defendemos que o instrumental teórico e metodológico, acumulado pela história enquanto disciplina, aproxima-se mais e mais de um caráter universalista do trato com a ciência — mesmo levando em conta diferenças, não de essência, mas de grau, existentes entre tipos diversos desse fazer.

Nas análises aqui realizadas, interessa-nos, em boa medida, trabalhar questões de teoria e método, dado o lugar estratégico por elas ocupado. Isto é, interessa-nos pôr em perspectiva, nos autores que pensaram o dilema étnico brasileiro à época tratada, como questões teóricas, conceituais e de método puderam explicar sua capacidade ou seus limites de compreensão da questão. Essas indagações, nos autores, muitas vezes ultrapassam o que seria uma divisão estrita entre a Sociologia e a História, em razão da interpenetração dos objetos e da cultura daqueles em ambas as disciplinas.

A emergência de uma nova consciência sobre a questão do negro, na sociedade brasileira nos anos 40 e 50 do século XX, é tema que arrolou intelectuais, instituições, projetos, criações artísticas e movimentos culturais capazes de lhe dar dimensão nacional — malgrado a relativa escassez de sua vulgarização no interior das grandes massas populacionais, especialmente a dos próprios negros e mulatos. E esta característica última tornou-se, ela mesma, objeto de preocupações, análises e propostas, com a novidade da presença de lideranças originadas do movimento social negro em suas formulações, utilizando expedientes da sociedade inclusiva, tais como a organização de eventos em espaços oficiais, a publicação de livros e jornais, a criação teatral, o estabelecimento de vínculos internacionais etc., a fim de compor nitidamente um material típico dos estudos de história cultural. Trata-se aqui, portanto, de trabalhar criticamente a própria produção do conhecimento da temática, tanto no plano da academia quanto no movimento social. Estes setores, de forma densa e concreta, são responsáveis pela configuração sistematizada de um pensamento social que dá substância, corpo e inteligibilidade ao objeto de estudo nesses termos. Ao mesmo tempo, também será atribuída igual importância às manifestações originadas da arte literária teatral de época, como espaço estratégico e privilegiado de representação desse tipo de questão social. Não obstante, a pertinência aos critérios teórico-metodológicos da história cultural proposta continua ainda aí válida, pois também na arte se forjam visões do social e seus problemas. Ao se impregnar de seu "chão social", autores e obras submetem, à crítica da criação, valores, hábitos, tensões, a estética da paixão e da morte contidos no social. Assim, combinando-se com a forma, mas de certa maneira ultrapassando-a, resta dessa criação artística um conteúdo de cultura, sistematizado e expresso em vivências, interesses sociais, sensibilidades, tipos diferenciados de percepção da realidade, capazes de dar conta, de maneira singular, das avaliações de perspectivas e expectativas. Situações levadas ao limite, ao trágico, ao cômico, ao sublime, revelam matrizes e nexos sociais.

No plano do conhecimento acadêmico-científico, histórico-sociológico, esta análise irá trabalhar com um momento de superação de tradições, que se expressa na colocação e/ou na descoberta de novos ângulos de compreensão do fenômeno dos preconceitos e discriminações étnicas — estabelecendo um patamar superior de entendimento da questão. No conjunto de autores e obras que aqui denominaremos de "sociologia da ruptura", a vinculação do étnico com as estruturas não somente sociais, mas também de classes, inerentes a um certo padrão de desenvolvimento capitalista, é praticamente consensual. Nesse caso, será fundamental perceber de que maneira se trabalhou este nexo e como ele permitiu o salto de qualidade a que se chegou. Desse modo, a preocupação conceitual naqueles autores e obras é, ela mesma, ponto de partida das indagações heurísticas deste trabalho. O processo pelo qual o referido nexo foi concebido naqueles termos é parte integrante de nossos próprios supostos de pesquisa, e meio condutor de onde se podem inferir outras indagações.

Neste trabalho, partimos da hipótese de que a conjuntura brasileira, entre 1944 e 1968, enseja, como veremos, por suas peculiaridades, intenso movimento de idéias, debates e ações no sentido de se repensarem antigas tradições de estudos, formas de representação e ideologias sociais relativas ao lugar ocupado pelos preconceitos e discriminações que se abateram sobre o contingente negro/mulato da população brasileira, configuradores da então chamada democracia racial. Em conseqüência, emerge daí uma nova consciência sobre o dilema étnico do país, proveniente do movimento social negro, da análise acadêmico-científica, da criação artístico-literária. Essa movimentação cultural complexa e densa aprofundou, de forma contundente, severa crítica aos cânones da democracia racial, abalando e levando à exaustão explicativa vários de seus mitos — malgrado a persistência de impasses e incongruências, legados ao futuro por esses estudos e problemas.

Este livro resulta da tese de doutoramento apresentada ao Programa de Pós-Graduação em História Social do Instituto de Filosofia e Ciências Sociais da Universidade Federal do Rio de Janeiro, defendida em maio de 1998. Contei ali com a valiosa colaboração e a influência de pessoas com as quais devo compartilhar a satisfação por tê-la concluído.

Ao orientador e co-orientador da tese, respectivamente, Profs. Drs. Afonso Carlos Marques e Francisco José Calazans Falcon, não tenho palavras para expressar a dívida contraída pelo aconselhamento crítico em momentos decisivos, nessa relativamente longa trajetória de trabalho: fosse ainda na fase de construção do projeto de tese, fosse na fase de escrita do texto final. A palavra certa e a crítica perspicaz na hora exata foram fundamentais.

Os agradecimentos se sucedem a outras pessoas, a exemplo daquele creditado às sugestões preciosas do Prof. Dr. Francisco Carlos Teixeira da Silva, quando de sua participação no Exame de Qualificação do projeto: "Olha, José Jorge, por que não averiguar tal aspecto, por que não incluir tais historiadores?" Ah, os amigos, sem esses nada se faz: um livro emprestado, uma indicação bibliográfica, o apoio moral nas horas de maior angústia, uma sugestão crítica, um apoio técnico. Então, por ordem alfabética: Adilson Pinto Monteiro, Carlos Alberto Medeiros, Décio Caiaffa, Euclides Menezes Ferreira (Fanti-Ashanti), Flávio dos Santos Gomes, Yá Regina Lúcia (Axé Opô Afonjá), Jacques D'Adesky, José Luis Werneck da Silva (*in memoriam*), José Raimundo dos Santos Aroucha, Luiza Lobo, Paulo Roberto dos Santos, Sérgio Figueiredo Ferretti, Uelinton Farias Alves, Valkíria e Justo Carvalho. Também ao pessoal lá de casa, esse da intimidade, pelo apoio irrestrito: a Ivone, amor, companheira de tantos anos; a Joana e João Víctor, filhos. Por fim, o reconhecimento ao apoio institucional imprescindível do PICD/CAPES/Universidade Federal do Maranhão.

CAPÍTULO I

Intelectuais pedem passagem e saúdam o distinto público

1. TOMAR PARTIDO, EIS A QUESTÃO!

1945: fim da Segunda Grande Guerra e seus horrores. Caem em todo o mundo os estados de tipo nazi-fascista — Espanha e Portugal seriam exemplos de rara exceção. Esfriava-se o fogo dos canhões sobre uma terra umedecida de sangue: "O mal e o mau acabavam de sair do banho, estavam encadernados em satisfações e eram perfeitos na suavidade de seu falso decoro" — escreveria Pablo Neruda em O Canto Geral.[1] No Brasil, apesar da persistência de estruturas econômicas e sociais perversas para com a maioria de seu povo, também caía o regime autoritário denominado "Estado Novo" (1937/1945). A *intelligentsia* inquietava-se: desde que pensar é sua tarefa precípua, não havia como deixar de se posicionar diante de fatos tão poderosos. Irrompia, pois, no interior da intelectualidade brasileira, a necessidade de "balanços" sobre a cultura do país: "o estado de espírito nacional", a "consciência criadora nacional", em Mário de Andrade; a "civilização brasileira", em Afonso Arinos de Melo Franco; a "cultura brasileira", em Fernando de Azevedo etc. Superar o Brasil arcaico, periférico; a cultura entendida como instrumento de modernização; pensar a antinomia desenvolvimento/subdesenvolvimento; criar novos instrumentos de análise para o conhecimento da realidade social do país — fato que consolidaria a utilização do conceito de classes sociais nos novos horizontes explicativos; fazer da atividade intelectual um elemento alavancador do progresso e da justiça social.

Nesse contexto, coleta-se, em 1944, O Testamento de uma Geração,[2] que, sob a coordenação de Edgard Cavalheiro, expõe depoimentos de cerca de quarenta intelectuais das mais variadas tendências, dentre os quais Afonso Arinos de Melo Franco, Arthur Ramos, Pedro Calmon, Emiliano Di Cavalcanti, Câmara Cascudo e Mário de Andrade, tendo em vista a preocupação de definir os componentes culturais presentes nas formações relativas à "consciência nacional". No mesmo passo, surgiria em 1945 a *Plataforma da Nova Geração*,[3] conjunto de depoimentos coletados junto a 29 intelectuais, interessados — a partir de questões propostas por Mário Neme — em saber até que ponto os escritores tinham consciência dos problemas mais orgânicos da "cultura nacional".[4] Foram então marcantes os depoimentos de Antônio Cândido, Mário Schenberg, Edgard Cavalheiro, Paulo Emílio Sales Gomes. Também em 1945 realizou-se o mais importante desses eventos: o I Congresso Brasileiro de Escritores — considerado verdadeiro marco das jornadas de "redemocratização" do país. Abrangente e representativo, o Congresso propiciaria o debate entre diversas perspectivas, a partir de escritores vindos de todas as regiões do país, sem exceção. Oferece, por isso, lugar estratégico para a análise das formas de pensamento em relação ao contexto cultural e político do fim do Estado Novo. À parte os temas específicos da profissão, como direitos autorais, entre outros, o eixo do Congresso seria a "cultura brasileira", inserindo nesta, de maneira pujante, as preocupações com o social — as quais se desdobrariam no que se chamou de a "emergência do povo na História", que tanto influenciaria interesses de jovens cientistas sociais em formação, a exemplo de Florestan Fernandes.

Sérgio Milliet, presidente da Associação Brasileira de Escritores, seção São Paulo — onde se realizou o I Congresso referido —, enfatiza, em seu discurso de abertura, que os escritores ali estavam para debater juntos questões de importância para a classe: "Questões éticas em primeiro lugar, éticas ainda em segundo, terceiro e último lugares. Porque, afinal, tudo não passa de ética. Não há vida coletiva sem código moral e este se prende às atividades do grupo nas suas relações internas e externas".[5] Na mesma solenidade, Aníbal Machado, presidente do Congresso, expunha, com toda franqueza, a crítica ao literato que distraía sua classe nas horas de lazer, ao literato que escrevia para brilhar, para se afirmar dentro ou ao lado de sua classe, e raramente fora dela. Tornara-se, desse modo, o escritor porta-voz apenas da melhor sociedade, e não do corpo total da sociedade humana, com seus desejos, suas cicatrizes e a respiração abafada do povo. Ressalta, porém, o orgulho dos congressistas em poderem responder ao povo o resultado das novas discussões, considerando-se que os escritores e artistas brasileiros estavam capacitados para a sua missão histórica; pois que o divórcio entre os intelectuais e o povo soa como uma morte, não do povo, mas do próprio intelectual. Propugna por um encurtamento sistemático e cada vez menor da distância entre os próprios intelectuais e entre eles e o público. Como operar essa aproximação, pergunta Aníbal Machado, é tarefa do temário do I Congresso Brasileiro de Escritores e de outros futuros que haveriam de realizar. De toda forma, somente um alargamento da consciência, um humanismo em profundidade apoiado na realidade social, na união fraternal dos povos, no conhecimento de outras culturas, no levantamento crítico-sociológico de nosso passado, poderão nos levar a escapar do domínio das forças irracionais.[6]

De fato, as marcas recentes das calamidades provocadas pela guerra, o monstruoso desgaste material e humano dela decorrente, a inutilidade de sua motivação político-ideológica remexeram os mais fundos sentimentos, tocaram o âmago da essência humana como projeto, atingindo especialmente a atividade dos escritores, destinada à sensibilidade e à inteligência: "Sabemos não haver nenhum país, nenhum povo, nenhuma comunidade, nenhuma aldeia, por mais reclusa em suas fronteiras e isolada em sua cintura de montanhas ou deserto, que não estejam sendo atingidos pelos acontecimentos e sofrendo com eles. As forças do mundo em desordem comprimem a consciência do indivíduo, maltratam e desgastam sua existência corporal. Angústias morais, privações físicas. Ninguém pode fugir à sombra que o mundo projeta. Nesse chão sem firmeza e por essa cena mal iluminada atravessa o fantasma do intelectual hamletizado".[7] Tais considerações levam o discurso de abertura de Aníbal Machado a questionar o papel dos escritores diante do público-multidão: "Que vens fazer aqui? Resolver os teus problemas ou os nossos? Exibir teu desespero, agravar tuas dúvidas? Ou ajudar-nos a encontrar o que nos falta, exprimir o que sofremos, formular o que queremos? É para nos libertar ou para nos explorar que escreves?" E vaticina: "Caminhará isolado o escritor que não encontrar resposta justa a essas interrogações: isolado e alheio às realidades de seu tempo. E ninguém lhe negará o direito de sorrir com desprezo, coroando-se a si próprio com as flores de seu jardim secreto".[8] Acordar do marasmo, esclarecer o público, dar forma e ritmo às suas paixões e idéias, comovê-lo. Interpretar a vida, criá-la, atender ao apelo do mundo exterior, ameaçado em sua autonomia, arrancar-se dos deleites da libertinagem estético-individualista, eis, em suma, o alerta aos que se queriam diante da missão de seu tempo. Essas preocupações estariam espelhadas nas teses discutidas e aprovadas pelo plenário do I Congresso: "O escritor e a literatura de rádio", "O teatro e o povo", "O Estado totalitário e a vida intelectual", "O apoliticismo dos intelectuais", "O intelectual em face do problema da liberdade", "A democratização da cultura por meio de bibliotecas populares", "Um movimento de educação popular", "Liquidação do analfabetismo", "A reforma agrária permitiria o estabelecimento de uma das bases materiais mais sólidas para a democratização da cultura no Brasil" etc.[9]

Num resumo dessas propostas — cujo valor, pela lucidez e ainda pela grande atualidade, não nos permite deixar de refrisar — assinado por Fernando de Azevedo, Cruz Costa, Carlos Lacerda e Antônio Cândido, entre outros, considera-se que:

- à cultura incumbe o dever de se entregar inteiramente ao estudo, ao debate e à solução dos grandes problemas do país e à defesa e ao amparo das classes que até hoje viveram privadas de seus benefícios;
- o problema da democratização da cultura está intimamente ligado ao da criação de uma ordem social mais justa e mais humana, em que haja igualdade de oportunidades para todos.

Reconhecendo os limites do Congresso de Escritores para ajuizar problemas tão numerosos e complexos, o documento não se furta a listar um conjunto de sugestões que deveriam servir de parâmetros gerais às atividades dos escritores, assim resumidas:

- que todos cooperassem na defesa do conceito de liberdade, indispensável a toda obra de cultura e de criação;
- assim como na defesa dos direitos e da dignidade da pessoa humana; dos valores da vida interior contra as tendências de domínio e absorção do indivíduo, capazes de reduzi-lo a um simples instrumento do poder público;
- defesa de uma vida democrática de tal modo organizada que permita e favoreça as diferenças individuais, de acordo com as aptidões de cada um, além de uma multiplicidade de expressões culturais diversas;
- defesa da reestruturação do sistema educacional, em bases democráticas;
- apoiar medidas destinadas a facilitar a participação maior das massas populares na cultura: a gratuidade do ensino, em todos os níveis, a expansão quantitativa das escolas, missões culturais e técnicas, a

multiplicação das bibliotecas públicas, bolsas de estudo, cursos de férias, conferências, extensão universitária;
- tendo na devida consideração o papel importantíssimo que exercem, ou são chamados a exercer, a revista, o jornal, o teatro, o cinema e, sobretudo, o rádio, procurem animar, por todos os meios possíveis e nas oportunidades que se oferecem, todos os esforços tendentes a aumentar a eficiência e a dilatar a esfera de ação desses poderosos instrumentos de informação, de interferência educativa e artística, irradiadora de cultura, nas mais diversas modalidades;
- que, embora não se devam confundir a agitação e a propaganda com a literatura e a obra de arte, e não seja possível ao escritor atingir o máximo de sua força na língua e no estilo, senão entregando-se, na plenitude da liberdade, à sua própria inspiração, tenham presente, os escritores, a idéia de que somente a literatura e a arte desempenham um papel social, servem à coletividade de seu tempo, e se alimentam e se renovam, em contato com todas as camadas sociais, podendo realizar uma comunhão fecunda entre o povo e os criadores de cultura;
- que considerem, pois, os escritores que a função que lhes cabe ou que podem exercer no processo de democratização da cultura, o qual não se realiza somente, como se supõe, de fora para dentro, sob pressão de causas externas (reformas e medidas de caráter econômico, social, político, escolar etc.), mas por força interna de criação e de renovação, de uma cultura de mandato social, enraizada na vida do povo, alimentada em suas tradições e lembranças, em suas necessidades e em seus problemas, em seus sofrimentos e aspirações;
- que apóiem e estimulem toda a literatura inspirada em nossa melhor tradição liberal, como ainda a literatura moderna que se vem desenvolvendo há mais de vinte anos no país, e com a qual, por mais achegada às fontes populares, em sua linguagem, seu sentido social e pela compreensão da vida coletiva em seus aspectos fundamentais, se tem reduzido, entre nós, o divórcio entre o público e os escritores, entre o povo e os criadores de cultura.[10]

É assim inegável que a mais importante questão daquele momento, entre os escritores participantes do Congresso, era identificada nas relações com o público-multidão, as condições de sua vida (dele, povo) — as quais, no limite, viabilizavam ou não a própria razão de ser dessa atividade intelectual. As circunstâncias peculiares daquela conjuntura tornaram aguda a necessidade de um mínimo de definição nestes termos: o nazi-fascismo agonizante, os totalitarismos, as destruições da guerra e o desvario racista expuseram demasiadas mazelas sociais, ameaçadoras por demais de uma atividade tão sensível à ética e à liberdade quanto a dos escritores. Por sua vez, num país como o Brasil à época, de tão parco público com acesso à cultura formal, impunham-se tais preocupações como prova vital de existência, continuidade e expansão do trabalho intelectual. A própria autonomia da atividade — e conseqüente independência criativa — sentia-se especialmente limitada pelas condições gerais da vida econômico-social da população, objeto dos estudos, fonte de inspiração e destino dessas obras.

Nessa constatação, não se está a dizer que havia entre aqueles escritores algo como uma "homogeneidade" de perspectivas sociais. Não obstante, além de um dos mais importantes sinais rumo à redemocratização, não se nega ao Congresso representatividade e abrangência, como indica a expressão dos convidados e participantes, a exemplo de Mário de Andrade, Monteiro Lobato, Cruz Costa, Antônio Cândido, Caio Prado Jr., Fernando de Azevedo, Édison Carneiro, Jorge Amado, José Honório Rodrigues, Gilberto Freyre, Carlos Lacerda, Manuel Bandeira, Sérgio Buarque de Holanda, Vinicius de Moraes, Astrojildo Pereira, Viriato Correa, Heitor Ferreira Lima, Carlos Castello Branco, Fernando Sabino, Francisco Iglésias, Hélio Pellegrino, Wilson Martins, Otto Lara Resende, Luís da Câmara Cascudo, Odylo Costa Filho, José Américo, Aurélio Buarque de Holanda, Graciliano Ramos, Moacir Werneck de Castro, Alberto Passos Guimarães, Arthur Ramos, Josué Montello, Roquette Pinto, Oswald de Andrade, Paulo Emílio Sales Gomes etc.[11]

Por sua vez, se é bem verdade que a tônica das preocupações com o social, com a democratização, abriria espaço para a reflexão em novas bases sobre o dilema da democracia racial brasileira — como veremos adiante —, contraditoriamente, no âmbito do I Congresso de Escritores, essa questão esteve praticamente relegada a um eloqüente silêncio. Por certo esteve de alguma forma incluída, quando do libelo na defesa de uma ordem social mais justa e mais humana, em que haja igualdade de oportunidades para todos; ou na defesa da vida democrática, de tal modo organizada que permita e favoreça as diferenças individuais, de acordo com as aptidões de cada um, e uma multiplicidade de expressões culturais diversas, como apontamos acima. Também, quando se critica o desvario nazista sob este aspecto. Ou ainda quando, entre as congratulações de apoio ao evento, encontra-se a moção do representante do Teatro Experimental do Negro, Abdias Nascimento, que saúda, "emocionado", o "programa de democratização da cultura".[12] Por fim, tem-se alguma referência na iniciativa de criação da Sociedade Luso-Afro-Brasileira, encabeçada por Jaime Cortesão, que previa, para a entidade, estudos, trabalhos literários e científicos, conferências, cursos, congressos, propaganda na imprensa e por meio de órgão próprio e periódico. Todavia, o historiador português justificava a fundação da entidade sob o argumento de que o Brasil contribuíra para a civilização continental ao se constituir num exemplo paradigmático a ser seguido pelos outros povos, dada a solidariedade racial aqui existente, onde o espírito fraternal nesse aspecto acabava com toda opressão do homem pelo homem, animando, assim, a proposta criadora. Aparentemente sem qualquer reparo, sua assinatura foi subscrita por Aníbal Machado, Sérgio Milliet, Jorge Amado, Nelson Palma Travassos, Guilherme Figueiredo, Bueno de Rivera, Edgard Cavalheiro, João Cruz Costa, Antônio Cândido, Fernando de Azevedo, Paulo Emílio Sales Gomes, Lourival Machado, Francisco de Assis Barbosa e Agostinho Silva.[13]

A lacuna percebida no Congresso é inexplicável somente até certo ponto, pois nada mais faz do que confirmar a lógica predominante de entendimento e representação desse fenômeno cultural do país à época. Não obstante, precisamente esse silêncio é ponto de partida das preocupações heurísticas aqui trabalhadas. O recorte temático ora proposto busca recuperar, de forma crítica, o modo como os modelos de discernimento do problema na época funcionavam, seja para legitimar as práticas e valores preconceituosos, dando-lhes justificativas histórico-sociológicas, de um lado, seja, por outro lado, contribuindo para desconstruir as análises conformistas, fornecendo bases para a superação, em sociedade, de tais mecanismos opressores. Sim, pois entrecruzam-se, naquele Congresso, signatários de posições que continham esta transição, polarizando idéias ricas em contrastes.

Analisar-se-á o referido contraste opondo-se autores e obras, mas sobretudo demarcando-se paradigmas interpretativos. Por sua vez, descer ao nível do detalhe, explicitando, passo a passo, como os autores sustentam suas posições do ponto de vista teórico e metodológico, é ponto de particular importância para os propósitos deste trabalho. A lógica desse procedimento referenda-se na necessidade de trazer à tona todo um caldo de cultura legitimador de ações sociais, fosse para confirmar, fosse para combater as práticas e visões de mundo discriminatórias e preconceituosas.

Do ponto de vista histórico, a "questão do negro" na moderna sociedade brasileira tem suas origens a partir do processo abolicionista, e a sociedade se coloca diante do problema da transição para o trabalho livre e assalariado. Resulta desse processo a necessidade da elaboração de visões de mundo e da construção de utopias sociais de classe, tendentes a ajustar a sociedade às novas relações sociais, econômicas, políticas e culturais, sintetizadas na defesa de uma certa "ordem", um certo "progresso", uma certa "civilização". Nesse momento, o contingente não-branco da população brasileira seria aquele situado na pior das posições de partida, posto que, entre outros fatores, sobre ele recai todo o peso de uma mitologia "racial" (termo consagrado à época) concebida ao inverso do que poderiam representar na condição de libertos ou descendentes de negros e seus mestiços. Às elites dominantes de então, interessava uma outra ética do trabalho, um outro tipo de respeito à propriedade privada, uma outra versão de abnegação ao trabalho, passando a combater implacavelmente o que consideram ócio e vadiagem. Não é de estranhar que o imigrante europeu tendesse a encarnar o protótipo do novo trabalhador ideal, beneficiário quase exclusivo dos padrões então considerados positivos. No Rio de Janeiro, por exemplo, cidade de grande concentração de negros e mulatos no imediato pós-abolição, os dados da estratificação sócio-profissional apontam para uma marginalização flagrante do trabalhador nacional, especialmente os não-brancos.[14] Em tempo, deve-se atentar para o fato de que mesmo na condição de escravos, os negros tinham sido trabalhadores de indústrias urbanas, em quase todos os ramos e setores manufatureiros da cidade em fins do século XIX.[15] Esse processo de marginalização é igualmente avassalador em São Paulo, objeto das pesquisas de Roger Bastide e Florestan Fernandes.

A mitologia da democracia racial, construída pouco a pouco durante a República — na Colônia seria impossível associar-se "democracia" e "raça" —, possui dois aspectos essenciais, até certo ponto distintos, mas de difícil separação em sua realização prática: de um lado, a vulgarização, em sociedade, de concepções tidas por senso comum, responsáveis pela criação de uma estereotipia da suposta inferioridade "racial", "estética", "cultural" de negros e mulatos; de outro lado, a garantia sistemática da "inferioridade" organizada a partir de uma base culta e acadêmica, a dar argumentos "lógicos", "comprováveis", a essa "fatalidade". Thomas Skidmore, João Baptista Borges Pereira, Maria de Lourdes Bandeira, Célia Marinho de Azevedo e Lílian M. Schwarcz apontam, de forma consensual, para o predomínio, de fins do século XIX à década de 1920, dos determinismos, quer na forma do "darwinismo social", quer à maneira do "evolucionismo social", como "escolas" matrizes desse viés de pensamento no Brasil, a arrolar etnógrafos, antropólogos, sociólogos, historiadores etc., respaldadas em Samuel Morton, Josiah Nott, Louis Agassiz, Thomas Carlyle, Houston Stewart Chamberlain, Henry Thomas Buckle, H. Taine, George Vacher de Lapouge, H. Spencer, Arthur de Gobineau etc.[16] Lílian M. Schwarcz estuda, de forma exemplar, como as principais instituições produtoras do saber no Brasil na época, assim como museus, academias de direito e medicina, institutos históricos e geográficos, tinham como principal preocupação estudar as "raças humanas", classificando-as segundo "provas" de índices de frenologia, eugenia, antropometria, antropologia criminal, história das doenças, qualidades mentais e diferenças fisiológicas em sua conformação racial-biológica, chegando invariavelmente a sínteses depreciativas em relação ao negro e aos mestiços,[17] o que certamente explica as nuances com que tais perspectivas estiveram presentes em Nina Rodrigues, Euclides da Cunha, Silvio Romero e Oliveira Viana, entre vários outros. A rigor, pode-se afirmar que, já na Colônia, encontram-se elaborações ideológicas preconceituosas e discriminatórias sobre o negro, a exemplo das concepções encontradas nos padres Antônio Vieira, Vicente do Salvador, Jorge Benci e André João Antonil, como analisa o trabalho de Ronaldo Vainfas.[18]

O ideário da democracia racial não tem, como os mitos, autoria. Sua disseminação em sociedade dá-se de forma apócrifa, para além das classes sociais e das fronteiras regionais. Apropriam-se de sua eficácia as classes dominantes, mas é possível que as classes populares a adotem estrategicamente para usufruir vantagens no mercado de trabalho ou nos espaços de convivência de origens diversas. Sobredeterminando o mundo das pequenas explicações, atitudes, representações, mecanismos diretos e indiretos da discriminação e do preconceito, estão, de um lado, a ideologia do embranquecimento da população, tida como fórmula de superação do "obstáculo racial"; e, de outro lado, aquela que dissimula sistematicamente a possibilidade de ser a sociedade preconceituosa. Este chamado preconceito de não ter preconceito vai construir, pouco a pouco, um tipo especial de discriminação, indireto, dissimulado, pleno de sutilezas e detalhes. Em ambos os casos, tais noções e práticas ganham funda repercussão no interior da sociedade, alcançando tanto brancos quanto negros e mestiços.

Sidney Chaloub, em *Trabalho, lar e botequim*, cita numerosos exemplos de como as classes dominantes — e os casos tipificados se passam no Rio de Janeiro da virada do século XIX para o XX — manipulam técnicas de nítido viés racista, quando tratam de "ordenar" as relações de trabalho emergentes após o fim da escravidão.[19] Assim, a construção da ideologia do trabalho então elaborada em contrapartida à "vadiagem", "preguiça inata", do trabalhador nacional, e à "promiscuidade moral e sexual" das "classes perigosas", com muita freqüência estereotipa, nesses exemplos, os pobres e, particularmente, os negros e mulatos. A imigração européia, realizada conforme a visão da possibilidade de "regeneração" da "raça", transforma, regra geral, o estrangeiro recém-chegado em modelo da ética capitalista do trabalho em formação. Ora, em meio a tais parâmetros, não é de estranhar que as utopias de democracia racial tivessem campo fértil para enraizamento e proliferação intensos, mesmo no interior das próprias classes populares, influindo, em boa medida, em inúmeros conflitos e tensões que chegaram a impedir a solidariedade, a percepção e o enfrentamento de situações de classe que lhes eram comuns. No meio social negro e mulato, "embranquecer", perder os vínculos existenciais, culturais e estéticos, pode transformar-se em objetivo estratégico com o fim de escapar à severa, embora cínica e sutil, discriminação, que tanto marginalizava e estreitava o caminho da ascensão social.

No plano do conhecimento sistematizado das ciências sociais, a República Velha (e até fins dos anos 1930) legaria às décadas seguintes um caldo de cultura impróprio para o entendimento dos mecanismos de funcionamento e de elaboração dos preconceitos. Predominariam, então, os estudos do negro "como expressão de raça" ou o negro como "expressão de cultura" — o que, em alguma medida, se ajustaria ao ideário da democracia racial em construção. A primeira, por ser tributária teórica do estuário evolucionista e seus desdobramentos racial-biológicos, de antropologia criminal etc.; a segunda, por ter a limitá-la o estudo das "sobrevivências", dos "feitos", das "origens", da "aculturação", no qual o reconhecimento — muitas vezes importante — e a valorização da "experiência" do "negro" como agente de cultura construiriam a solução de seu projeto.

A obra de Gilberto Freyre, *Casa grande & senzala*, publicada em 1933, é certamente a maior expressão da corrente culturalista. Nela, dava-se a superação do modelo determinista *stricto sensu*, pois são então "separados dos traços de raça os efeitos do ambiente e da experiência cultural", a exemplo de Franz Boas.[20] Destarte, o livro de Freyre possibilitaria "ler", por antecipação, ideais que consagrariam o imaginário da democracia racial, posto que, já na Colônia, vários atenuantes colaboravam para confirmar uma sociedade escravista das mais "democráticas", "plásticas", "flexíveis" e incapazes de perpetuar o racismo. Esse aspecto da obra de Freyre cumpre função conservadora por sua ampla identidade com o projeto de relações étnico-sociais predominante no Brasil dos anos 30. A principal crítica que se faz às concepções de *Casa grande & senzala*, neste aspecto, diz respeito a uma certa ambigüidade mal resolvida no referido texto, quando analisa a convivência familiar/contatos interétnicos em sua intimidade, frente à dimensão histórica que opunha classes sociais inteiras, ao longo do tempo e das contradições. Por aqui, afirma Freyre, "num equilíbrio de antagonismos", a "ação mediadora do africano", "aproximando extremos", acrescentando-se o processo de miscigenação, estavam a confirmar não somente uma sociedade escravista sem "ódio" (o exemplo contrário seria o dos Estados Unidos) entre as raças, mas sobretudo a impossibilidade de que isso viesse a ser um problema sério no "tempo presente".[21] *Casa grande & senzala* transformar-se-ia num marco de grande importância na cultura brasileira moderna. São inegáveis os méritos variados da obra, especialmente na época mesma em que foi publicada, como assinala Antônio Cândido: o despojamento de linguagem, a rica complexidade das fontes empregadas de forma inovadora, a visão penetrante para a análise de costumes, a valorização das tradições cultural-civilizatórias africana e índia.[22] Não obstante, Freyre, ao compor o quadro das relações familiares patriarcais brasileiras coloniais, em suas influências múltiplas, possibilitaria a "leitura" de uma certa reconstrução idílica do passado, de valorização ideal da figura do colonizador, por virtudes e vícios, incapaz de praticar a segregação ou a discriminação étnica. Assim, a possibilidade de adequação entre tais soluções explicativas e o ideário dinâmico de democracia racial torna-se evidente.

Realizando uma reflexão sobre uma série de palestras proferidas nos anos 40, nos Estados Unidos, por Gilberto Freyre, Emília Viotti da Costa sublinha a defesa da democracia racial brasileira, realizada em termos idílicos: "A distância social, no Brasil, fora resultado de diferenças de classe; como os negros brasileiros desfrutaram da mobilidade social e de oportunidades de expressão cultural, não desenvolveram uma consciência de serem negros da mesma forma que seus congêneres norte-americanos; no Brasil, qualquer pessoa que não fosse obviamente negra era considerada branca; os negros estavam desaparecendo no Brasil e incorporando-se ao grupo branco; foi no processo de miscigenação que os brasileiros haviam descoberto o caminho para escapar dos problemas raciais que atormentavam os norte-americanos".[23] Destarte, a seguir, Viotti da Costa ressalta a importância não apenas de explicar como os brasileiros puderam ser cegos à realidade no tocante ao dilema racial, mas sobretudo por que intencionalmente definiram o Brasil como uma democracia racial. O que os levou, continua, a negar que seriam preconceituosos? Que funções tinha esse mito? Como era usado? A quem beneficiava? A autora se pergunta ainda por que uma nova geração de cientistas sociais (com Florestan Fernandes à frente) foi mais sensível às manifestações do preconceito, já que elas tinham sido ignoradas pela geração anterior?[24] Na confluência da versão erudita com a popular, veja-se esta síntese apócrifa de concepções do imaginário da democracia racial recolhidas por Florestan Fernandes, quando de suas pesquisas finalizadas em 1951: "O negro não tem problemas no Brasil", "as oportunidades de acumulação de riquezas, de prestígio social e poder, foram indistinta e igualmente acessíveis a todos", "pela índole do povo brasileiro, não existem distinções raciais entre nós", "o negro está satisfeito com sua condição social e estilo de vida", "abolida a escravidão, cessaram quaisquer outros problemas de justiça social com referência a negros".[25]

Nesse mesmo arco a englobar o "negro" como "expressão de cultura", encontram-se os trabalhos de Arthur Ramos, desenvolvendo resgate de inegável importância para o dimensionamento da presença de manifestações e feitos próprios da tradição afro-brasileira. Com efeito, nele, o "primitivo" passa a ser considerado como dotado de uma lógica de apreensão do mundo distinta e vinculada ao seu estágio de desenvolvimento socioeconômico, não podendo, por isso, ser simplesmente identificado como "pré-lógico", "inferior". Sua aproximação com a antropologia cultural o levaria a abordar as manifestações negras em detalhe, partindo já das origens africanas ou das reelaborações no Novo Mundo. Realiza, a partir daí, pesquisas sobre as "heranças do negro", legadas à cultura brasileira. Entretanto, tais estudos seriam, em grande medida, marcados pelo viés analítico da "aculturação", sendo aquelas manifestações explicadas à maneira das "sobrevivências", de maior ou menor "assimilação" por parte da "civilização", que a tudo absorve. Fica então lógico que considere o europeu, o português, no caso, como dotado de uma espécie de "missão" — a de despertar povos atrasados, revelando-os a si mesmos e integrando-os à esteira da "civilização". Nesse contexto, a própria independência de um país como o Brasil teria sido mais uma grande lição histórica de Portugal, ao "entregar" aos seus próprios destinos povos que "descobriu" e "civilizou".

Cabe também destacar o fato de o viés psicanalítico que Ramos tenta atrelar ao método antropológico cultural, especialmente na análise da religiosidade afro-brasileira, acabar por ser tributário de conseqüências lógicas capazes de, direta ou indiretamente, reforçar estereótipos e arquétipos atemporais de "primitivismo", "infantilidade cultural", inerentes a um negro também a-histórico, padrão, estigmatizado. Em casos tais, este personagem social mover-se-ia num mundo mítico, projeção de sua psique primitiva, que escaparia às leis da lógica formal, ao interligar seres e objetos nas representações coletivas de tal modo que somente o trabalho de uma verdadeira cultura, ao destruir a ilusão mágica da vida emocional, conseguiria elevá-lo a etapas mais adiantadas de civilização. Haveria assim como que formas atrasadas de religião que, congeladas no tempo, tornariam iguais crianças e "primitivos", dada a fase oral em que se encontram. O que denomina "sistema totêmico" entre os afro-brasileiros de origem banta teria nascido das condições de um complexo de Édipo com todas as suas características e seria exemplo de uma mentalidade pré-lógica a desafiar o progresso — que tornaria necessária "uma lenta educação pelo meio", opondo-o a normas "corretas" de pensamento.[26]

De toda forma, o levantamento original feito por Ramos, sobre a presença das raízes culturais africanas na sociedade brasileira, o leva a dimensionar o peso daquelas na cultura popular do país, imprimindo sua marca nos mais vastos espaços, tanto geográficos quanto simbólicos. Assim acontece com as danças rituais, já agora transmudadas em autos de reisados, maracatus, blocos carnavalescos, ranchos, congos, fusionados com manifestações análogas do ameríndio e festejos de origem européia. Igualmente com o samba, o maxixe, os lundus, que tanto marcariam a trajetória da música popular e erudita no Brasil, patenteada, na matriz, pela musicalidade dos ritos de iniciação celebrados nos candomblés. Destaca também, muito embora na ausência de análises das estruturas sociais que lhes deram origem, aspectos do patamar de desenvolvimento das sociedades africanas, alhures tidas como "bárbaras", assim como a arte do metal da Costa do Marfim, Daomé e Nigéria, os tecidos dos Ashanti etc. Já no Novo Mundo, reconhece a influência dos motivos estético-civilizatórios afros nos trabalhos de Aleijadinho, Mestre Valentim ou, mais adiante, em Di Cavalcanti, Cícero Dias, Santa Rosa, Cândido Portinari, Lasar Segal, Luis Jardim; igualmente na musicalidade de Luciano Garret, Chiquinha Gonzaga, Villa-Lobos, Ernani Braga, Camargo Guarnieri, Francisco Mignone; a presença dessa tradição nos contos de memória oral; destaca a proeminência de numerosos homens de cor na vida nacional, tais como Teixeira e Sousa, Gonçalves Dias, Cruz e Sousa, Luis Gama, Paula Brito, Machado de Assis, Lima Barreto e outros, no jornalismo, medicina, engenharia, filosofia, etnografia e jurisprudência, como, respectivamente, José do Patrocínio, Juliano Moreira, André Rebouças, Farias Brito, Manuel Querino e Evaristo da Veiga.[27]

Por fim, deve-se argumentar que esse lado revelador das pesquisas pioneiras de Ramos — importante, ao prestigiar aspectos de uma tradição cultural tão espezinhada e tratada com extrema indiferença — pode se transformar, ao mesmo tempo, em sério limite de horizonte analítico, ao induzir a um certo confinamento da experiência histórica dos descendentes dos africanos no Brasil, levando a acomodações típicas do receituário da democracia racial. Assim, por exemplo, ao passar para a análise das chamadas relações "raciais", Ramos considera que, no pós-abolição, "o negro tomou parte da vida social e familiar, o intercasamento fez-se em larga escala, permitindo a formação de um povo mulato que vem colaborando com o negro e o branco na obra comum de criação de nossa nacionalidade".[28] Limitando o fenômeno ora a determinantes estritamente culturais, ora ao exclusivo das classes sociais, considera que "o problema do negro é o mesmo problema das classes pobres, de nível cultural baixo"; ou que o negro, o mulato e o branco participariam da vida comum, suas lutas e reivindicações se confundiriam. Somente nas áreas onde a imigração branca processou-se em larga escala é que teríamos o negro não bem recebido — processo que "não teria uma significação em outros estados do Norte".[29]

O imaginário da democracia racial seria, portanto, apoiado em duas ordens de argumentos: 1. Os grupos raciais se confundem com determinadas classes sociais, não existindo, dessa maneira, propriamente grupos raciais que, como tais, possam ser objeto de discriminação;

2. Os preconceitos desfavoráveis aos negros e seus descendentes se esgotariam no nível verbal e não se manifestariam no comportamento como determinantes da ação. Daí decorreriam as noções de que "branco" é aquele que tem certos atributos da classe ou grupo social superior; o ideário também cuidaria sistematicamente da defesa da não-existência de problemas étnicos, sendo os desníveis econômico-sociais atribuídos a uma genérica "incapacidade" ou à "irresponsabilidade" das gentes de cor para o desempenho de certos papéis sociais.

O peso, a importância funcional do imaginário da democracia racial, passa a se constituir em verdadeiro círculo de ferro, quando metamorfoseado em atitudes e hábitos de ciosa etiqueta, rejeitando peremptoriamente o simples mencionar da existência de conflitos nessa área; desdobra-se também em rígida desaprovação, recheada de "provas" da não-probalidade de ocorrência do fenômeno. Em conseqüência, confinam-se as posições contrárias, levando-as a interiorizar reações, que passam a ser muito mais subentendidas e sofridas do que discutidas e explicitadas — garantindo um certo mal-estar étnico, como até hoje se verifica no país. Mesmo na área das ciências sociais, estudar a questão é correr o risco da acusação de se estar "criando o problema".

O paradigma da inferioridade do negro e do mulato percorre longo percurso na história do pensamento sociológico contemporâneo no Brasil. Restringir-nos-emos às últimas dessas expressões elaboradas já nos anos 30 do século XX, portanto na antecâmara do período temático analisado neste trabalho.

Assim, por exemplo, propondo-se a investigar os "elementos efetivos, ideais e materiais que historicamente integram a nação brasileira", em *Conceito de civilização brasileira*, publicado em 1936, Afonso Arinos de Melo Franco configura pensamento extremamente deformado e conservador a respeito do "lugar" do índio e dos negros e seus mestiços no concerto formativo do povo brasileiro. O livro de Arinos, misto de história, antropologia e sociologia, sem fixação em nenhuma dessas disciplinas (e conseqüentes rigores teórico-metodológicos decorrentes), é posterior a *Casa grande & senzala*, de Gilberto Freyre e a *Raízes do Brasil*, de Sérgio Buarque de Holanda — ambos citados em seu texto; entretanto, significou um retrocesso em relação ao que já havia sido analisado naqueles trabalhos sobre a formação da sociedade brasileira. Exemplifica também notório desconhecimento diante dos avanços teórico-metodológicos já ali apresentados.

Dois conceitos básicos, "civilização" e "cultura", dariam suporte às conclusões a que chegou Arinos a propósito das relações étnico-sociais. Em conseqüência, essa conceituação, sustenta o autor, trará implícita, em sua lógica aplicada a um caso concreto, a "passagem da História do Brasil para a História da Civilização Brasileira".[30] Neste caso, as civilizações seriam "as superestruturas aparentes, que resultam da elaboração invisível, profunda e causal das culturas". Assim, as culturas precedem as civilizações e são causadoras de seu aparecimento. Elas (as culturas), que têm por gênese o processo de consciência coletiva de grupamento humano, constituem-se de três elementos essenciais, segundo Arinos: o espaço, o tempo (como época histórica) e a raça.[31] Dessa "consciência coletiva", resultariam, ao mesmo tempo, o choque do indivíduo com o mundo e certas reações, observadas e interpretadas coletiva e uniformemente pelo grupo em questão, determinando um comportamento conjunto em face daquelas reações — fato que se daria segundo uma determinada hierarquia de valores. Baseando-se em Oswald Spengler, Arinos introduz a categoria de análise "valores vitais",[32] que, nessa acepção, tem como fim o domínio da natureza, a sujeição gradual do mundo à organização voluntária, elaborada pela razão e pela moral. Dessa forma, o processo civilizador consistiria no "aproveitamento" do mundo, conseguido por meio da técnica (elemento cultural) e expresso nas organizações políticas, econômicas e sociais, no direito, nas ciências aplicadas, nas grandes realizações da geografia humana. Em conseqüência, nas "culturas primitivas", devido à pobreza técnica, o "aproveitamento do mundo" tende a se "sublimar" em sistemas "metafóricos", em que a religião tem papel central, como explicativo das forças misteriosas, ao passo que as civilizações, como realizadoras dos valores culturais, significam a vontade com que se aplicam nessa interpretação do mundo da cultura. Em síntese, "a civilização é a cultura, realizada pela técnica".[33] Neste caso, as "culturas primitivas" somente poderiam dar como resultado "civilizações inferiores",[34] as quais teriam como atributos atávicos a interpretação da vida e do mundo de forma elementar, pouco lógica, simplesmente afetiva. Os exemplos seriam os povos "retardados" da Ásia, África e América. Nessas "culturas", a compreensão do mundo interior dos homens é quase nula, estes não se indagam de seus próprios sentimentos, nem de suas necessidades éticas ou intelectuais; o pouco que realizam nesse terreno é em função de suas tentativas de interpretar e compreender o mundo exterior. Este último, pouco conhecido, singulariza o pensamento rústico dessas sociedades, nas quais impera o terror indefinido, solucionado nas tentativas de organização moral e social, dentro das quais predomina o fundo místico da flagelação, do sacrifício e da renúncia.[35]

Como pode então Afonso Arinos conceber uma "civilização" propriamente brasileira?

Baseando-se, além de Spengler, em Henry de Man, Pareto, Montoya, Sorel, Nina Rodrigues, Oliveira Viana e Oliveira Lima, o autor trata esse tema segundo o conceito de "resíduos culturais" (a expressão é de Vilfredo Pareto, em seu *Traité de Sociologie Générale*), por onde se verificariam as "influências" das "culturas inferiores" na construção da civilização de raiz "branca" e "superior", como é o caso, no Brasil, da portuguesa.[36] Tais "resíduos" seriam aqueles elementos culturais já assimilados pela cultura superior, mas que, por traços distintivos identificáveis, traem suas origens. No caso do Brasil, a identificação se realizaria pela avaliação da parte de responsabilidades que incumbe a cada um dos agentes cooperadores, na modificação do panorama da civilização branca. Desse modo, caracterizar a civilização brasileira seria reter suas características gerais e psicológicas mais importantes, resultantes da mestiçagem étnica. Isto é, pôr em relevo aqueles elementos constitutivos das culturas inferiores que foram assimilados pela civilização superior. Aquelas teriam marcado "para sempre" a futura civilização brasileira. Tais "resíduos culturais" são então assim classificados por Arinos: "imprevidência e dissipação", "desapreço pela terra", "superstição", "amor pelo adorno e ostentação simuladora", "desrespeito pela ordem legal".[37]

No exemplo da "imprevidência e dissipação", embora o atribua sobretudo ao legado indígena, também se incorporariam características culturais do "negro", pois conformam-se no perfil cultural do "povo brasileiro". A imprevidência original estaria ligada ao nomadismo do índio, o que daria a seu trabalho o caráter imediatista, como uma fatalidade, sem planejamento ou sentido econômico, impossibilitado da faculdade de previsão. Essa peculiaridade teria marcado da forma mais funesta a "civilização brasileira", visto que o Estado e a iniciativa privada no Brasil estariam indelevelmente marcados por "essa desorganização", por essa "desconformidade entre o esforço atual e a compreensão do fim, a que esse trabalho visa". Arinos ilustra o exemplo repetindo a história que lhe fora contada por um amigo, oficial militar companheiro do Marechal Rondon, na qual ficava evidenciada a característica referida:

certo índio, já ligado aos brancos, ao ser encarregado de levar uma carta ao aldeamento da missão, que ficava afastado dois ou três dias de marcha, sentou-se ao chão e comeu — "muito mais do que exigia sua fome" — parte do alimento que lhe deram para a viagem, deixando ali mesmo o que não lhe fora possível aproveitar numa só refeição; partiu em seguida sem levar os apetrechos de viagem do "civilizado". Ora, impressiona o fato de Arinos sequer ter atentado para o fato de a floresta em questão não ser um problema de fome para o índio referido, o qual, certamente, ao se livrar da matalotagem, livrava-se na verdade de um peso incômodo, para ele desnecessário, diante de uma caminhada longa, como a prevista. Para Arinos, tal exemplo viria redundar em nossa falta de poupança, desatenção pueril com o futuro, nos empréstimos públicos, nas estradas de ferro que atravessam zonas de semidesertos econômicos etc.

Na verdade, o autor de *Conceito de civilização brasileira* não sustenta suas afirmações com fontes, não trabalha sistematicamente com indicações bibliográficas e utiliza-se amplamente do recurso à citação ligeira, apenas de passagem, dos autores debatidos, sem um aprofundamento em nenhuma das posições apresentadas. O trabalho é recheado de impressões meramente pessoais, confundindo-as com a análise de cunho histórico-sociológico. Está, por isso, longe das intenções de "fazer ciência" propugnadas pelo autor, como uma marca de seu próprio trabalho e dos homens que considera de sua geração.[38] Entretanto, as análises de Afonso Arinos ficam extremamente realçadas quando se consideram os espaços que ele viria a ocupar na vida pública brasileira, espaço no qual se destaca, para o tema aqui tratado, sua obtenção, no Congresso Nacional, da lei que lhe carrega o nome, contra a discriminação racial em lugares públicos, aprovada em 1953. Tal feito realizou-se inclusive passando para trás, arquivando-se, o projeto de lei de igual sentido, todavia muito mais complexo e abrangente — prevendo mesmo políticas compensatórias e medidas que eliminassem ou atenuassem os males das desigualdades étnico-sociais —, como proposto por representantes da Convenção Nacional do Negro de 1946, ao Congresso Nacional então Constituinte.

O "resíduo cultural" "desapreço pela terra", típico da massa rural brasileira, seria também outro atributo adquirido pelo povo negro e mestiço, em decorrência do nomadismo indígena. Nesse caso, o sentimento de apego ao solo, o desejo de possuir parte dele, ficaria restrito ao homem branco, ou aos "homens de grande superioridade branca, no sangue e na educação". Mesmo identificando genérica e difusamente no "negro" um bom agricultor, a influência do sangue caboclo foi a que se propagou. Crê mesmo que a fórmula latifundiária rural brasileira é devida a esse traço "psicológico" da massa camponesa; tanto que o latifúndio tenderia a diminuir naquelas partes em que a massa rural é mais rica em sangue europeu, imune à influência cabocla de desapego pela terra.[39] Alcançando o limite do a-histórico, Arinos argumenta que a massa rural brasileira não amaria a terra, visto que a ela esteve presa como o antigo servo da gleba (sic) europeu — no qual reconhece exatamente o sentimento cultural "milenar" do desejo de possuir o solo.[40]

No "resíduo cultural" relacionado a "superstição, magia, mistério", característico do comportamento social originado das forças "pré-lógicas" das culturas do índio e do negro (este último, registra o autor, modernamente estudado por Arthur Ramos), estariam as causas da desfiguração das religiões superiores, transformadas pelas massas populacionais brasileiras. Tal processo explicaria dois aspectos fundamentais da psicologia do povo, representados seja no estranho misticismo, seja na espantosa tendência ao jogo de azar. Todavia, como traço civilizatório, o que interessaria no caso seriam a projeção e a repercussão na vida civil de cada qual, e na vida coletiva da nação tomada como organismo político e social. Assim, a mulata, a cabocla ou a preta brasileira consomem, derretem, volatilizam, numa perseguição incessante e desesperada, aquilo que uma criada européia despende com parcimônia e critério. Nas cidades, principalmente no Rio de Janeiro, jogar-se-ia em toda parte, um hábito que não seria apenas um vício, mas um "atributo racial".[41] No Brasil, em decorrência, o "valorizado" não são os homens que trabalham, mas o golpe do malandro, a rasteira, o gingado do corpo, a tapeação, o despistamento. Enfrentar sacrifícios e disciplinas rudes não popularizaria o estadista aos olhos do povo jogador. A própria produção anual brasileira, absurdamente inferior à necessidade de consumo, é contrapartida a um prêmio de loteria incapaz de transformar esta situação.

Ressalta também Afonso Arinos, entre os "resíduos culturais" herdados de ameríndios e africanos pelas massas populares, o "amor pelo adorno, enfeite, ostentação simuladora".[42] O encanto da discrição, da economia do adorno, seria resultante indiscutível de uma superioridade intelectual, de uma sensibilidade mais apurada que, no exemplo do espírito primitivo, estaria a serviço do atavismo rombudo e escandaloso. Nessa argumentação, refere-se, novamente, ao exemplo de empregadas pretas ou mulatas — que, em geral, no Rio de Janeiro, usaram-se nos serviços de cozinha ou como amas — e portuguesas — para os serviços de copa e arrumação. A portuguesa, freqüentemente bem tratada, é econômica, organizada, discreta no vestir. Ao passo que a mulata e a preta, "invariavelmente", envolvem-se em telas raras, em cetins, sedas, musselinas, "pelo menos da mesma qualidade que as da patroa". Faixas, brincos, pentes de cor na gaforinha, carmim nos lábios violáceos, perfumes no colo, unhas coloridas estigmatizariam a preta e a mulata à rua, nos bailes de sábado, em clubes de nome lírico — como o Ameno Resedá ou a Kananga do Japão —, a feitio de uma luxuosa ave tropical refulgente. Qualquer dessas mulatas cariocas andariam tão ornamentadas quanto a mais magnífica baiana dos tempos passados, reproduzindo as mesmas imagens enganosas que deliciavam as "raças infantis de quem proviemos". Tal característica seria invariável para qualquer estado do Brasil, mesmo no interior. Exemplificando, "de forma exata", a vida de grandes massas da população flutuante de camponeses pobres, "que fogem da terra, para servir em trabalhos tais como a construção de estradas, pontes etc.", Arinos detalha — baseado em relatos de conversas pessoais com amigos que trabalharam em obras públicas no interior do país[43] — aspectos dessa sobrevivência. Ali, diz, nos dias de pagamento, invariavelmente, além da pinga consoladora, gastam o mulato e o caboclo seus salários em potes de brilhantina, gravatas berrantes, camisas do mesmo tom. Findas as obras, embora não trabalhassem senão para comer (*sic*), não juntavam nenhum vintém. Não se fixam, não ocupam as terras, mesmo as devolutas, não querem saber de cultivá-las. Seguem para longe, "com as mulheres, os filhos remelentos e barrigudos, a viola plangente e dolorosa". Eis que desse "resíduo" se extraem duas conclusões para o exame interpretativo da "civilização brasileira" em Afonso Arinos: 1. A confirmação da falta de espírito de economia do brasileiro, robustecendo as conseqüências dos efeitos do jogo como vício; 2. A transposição da "psique" popular para os hábitos de governo e para a organização do poder público, em todas as suas manifestações. Daí a "ostentação urbana" em detrimento da pobreza rural ser um atributo desse resíduo cultural afro-ameríndio, havendo mesmo que fazer uma aproximação entre as grandes obras do Brasil e a mestiçagem de seus empreiteiros, tendência que a República viera consolidar, pois nela "o poder do Estado é exercido por mestiços ou sob a pressão direta deles".[44]

Tendo ou não méritos, a verdade é que estas análises de Afonso Arinos situam-no como um dos últimos explicadores do Brasil em que a questão da formação étnico-cultural do país poderia ainda sustentar perspectiva tão primária e conservadora. Todavia, tais soluções explicativas foram as que efetivamente se disseminaram em sociedade, enraizando-se e vulgarizando-se no uso social, consubstanciando-se em hábitos, valores de conduta, explicações da vida cotidiana, projetos de hegemonia. Veja-se como Afonso Arinos conclui sobre a última das influências dos resíduos culturais afro-índios, considerada decisiva: o relativo ao "desrespeito pela ordem legal", considerado atávico nessas culturas primitivas. Nelas, haveria como que um "instinto" rebelde à organização técnica e política; originados de estados "bárbaros", não possuiriam normas assentadas na razão, sendo sua legalidade apoiada exclusivamente no uso da força — genericamente considerada de origem teocrática, de terror difuso. Nesse caso, justificar-se-ia o parlamentarismo do Império no Brasil, que funcionou a contento justamente por aparecer desprovido daquela característica estrutural do sistema matriz britânico: a substância popular, ao passo que, na República, a legalidade como fundamento de organização estaria ameaçada exatamente por esta mística que a representava. Na avaliação de Arinos, a Segunda República vivia o dilema de ter de conter os impulsos das culturas primitivas, as quais poderiam acabar por implantar um Estado baseado na força, e não fundado na razão. Todavia, na fórmula capaz de sustar tais impulsos, o Estado brasileiro teria de buscá-la no uso daquela, orientando-os no sentido da legalidade.[45]

Tais análises, publicadas em 1936 — às vésperas, portanto, do Estado Novo — e em período de plena hegemonia do imaginário que encarna os mitos que compõem a "democracia racial", têm ainda como referência uma determinada visão do passado colonial, da qual resulta a sociedade brasileira, como produto do choque entre duas "culturas" e uma "civilização". Esta última esmagava e submetia as primeiras, mas, ao mesmo tempo, deixava-se influir por elas. Derrotadas pela civilização branca, só haveria para aquelas a possibilidade de oferecer resistência por meio da cultura, portanto de processos ideais, subjetivos, religiosos, de afirmação de todas essas tendências. Esses redutos culturais seriam inexpugnáveis, tornando muito difícil, se não impossível, a fiscalização e o combate por parte do branco. Faz, então, uma leitura desse passado a partir de tais conclusões, e assim, por exemplo, a epopéia do Quilombo dos Palmares seria vista como o mais forte exemplo de reintegração cultural do homem à natureza. O quilombo teria sido uma "insurreição pacífica" (*sic*); os quilombolas sequer ousaram tocar "nas ancas fortes das sinhá-donas, nem nos roliços peitos das sinhá-moças, alvoroatadas como pombas, ao alcance dos milhafres". Sendo "incalculável" a superioridade da civilização "branca", pois contava com aparelhamento, organização, poder militar, solidariedade, Palmares, ao revés, "coito de negros e índios fugidos", caracterizava um lado demasiado embrionário da luta, no qual sequer se teria a dimensão da realidade em choque. Isto explicaria o fato de a "república bárbara" sempre ter se defendido pouco e mal.[46]

Infiltrar-se, pois, insidiosamente nos próprios fundamentos da cultura "branca", integrar-se à sua substância, eis como a "resistência" cultural negro-indo-popular realizava afinal o inevitável fenômeno da "adoção", pelos povos "vencedores", dos elementos culturais mais importantes dos povos "vencidos", apesar de sua enorme "inferioridade". A mesma cultura branca tornava-se campo fértil para aquela propagação e aquele entrecruzamento, pois estava deslocada de seu *habitat*, ao passo que a miscigenação, criando um povo mestiço, produzira excelente campo de desenvolvimento das culturas inferiores, por atavismo. Portanto, conhecer a "atual" civilização brasileira é conhecer os "resíduos" dessas influências.

Já quando as análises de época deslocam-se do aspecto da "inferioridade" para o das relações ditas "raciais", os meandros ideológicos, contidos no projeto que procura ver na sociedade brasileira uma "democracia" nesses termos, podem levar a posições que, embora descartando os extremos evolucionistas do biologismo mecanicista ou do culturalismo etnocêntrico, ainda se encontram envolvidas em sérios limites interpretativos.

Assim, em *Raízes do Brasil*, Sérgio Buarque de Holanda encontra, na "relativa inconsistência dos preconceitos de raça e de cor", um dos três fatores básicos que está a afiançar alguma compatibilidade de nossa formação nacional com os ideais democráticos — os outros seriam a repulsa dos povos americanos por toda hierarquia racional que se tornasse obstáculo grave à autonomia do indivíduo; e a impossibilidade de uma resistência eficaz a certas influências novas, aliadas naturais das idéias democrático-liberais.[47] Para ele, portanto, já na Colônia — o que certamente traria conseqüências para o "tempo presente" —, apesar da criação de impedimentos legais, o exclusivismo "racista" não seria fator explicativo relevante. As relações entre escravos e senhores oscilariam entre a dependência e a proteção, podendo chegar ao solidário e afim, dissolvidas que estavam na emoliente ação dos escravos no convívio doméstico. Dessa forma, regra geral, perdiam essas relações "qualquer idéia de separação de castas ou raça, qualquer disciplina fundada em tal separação".[48] As medidas segregacionistas, embora existentes, estiveram condenadas ao fracasso, "não perturbando seriamente a tendência da população para um abandono de todas as barreiras sociais, políticas e econômicas entre brancos e homens de cor, livres e escravos".[49]

De maneira diferente, Caio Prado Jr. fustiga o caráter discriminatório da sociedade já na colônia. Atento às relações entre as classes sociais mais do que ao convívio "familiar" dessas relações, considera como um "sofisma" a tolerância racial brasileira baseada em critérios cromáticos — do mais claro ao mais escuro; o que, de fato, só agravava a discriminação antes realizada no plano social.[50] Inscrevia-se no negro e no mulato — quanto mais escuro —, indelevelmente, afirma Caio Prado, "o estigma de uma raça que, à força de se manter nos ínfimos degraus da escala social, acabou confundindo-se com ele". "Negro ou preto", diz "são na colônia, e sê-lo-ão ainda por muito tempo, termos pejorativos; empregam-se como sinônimo de escravo, mesmo quando não o sejam".[51] Não obstante, Caio Prado desenvolveria análises limitadas a propósito do negro africano, as quais podem perfeitamente adequar-se e nutrir o imaginário da democracia racial, quase sempre interessadas em menosprezá-lo, justificando a necessidade de sua superação ou eliminação. Para Caio Prado, os escravos seriam descendentes de "povos de nível cultural ínfimo, comparado ao de seus colonizadores". Relacionando a escravidão na América com a do mundo antigo, "onde a escravidão se realizou com povos que muitas vezes se equipararam, se não superaram, os seus conquistadores", conclui que por aqui o recrutamento se deu sobre povos "bárbaros" e "semibárbaros". Desse modo, tanto a contribuição do índio quanto a do preto, para a formação social brasileira, são, "além daquela energia motriz, quase nulas". A contribuição cultural "é antes uma contribuição passiva, resultante do simples fato da presença e da considerável difusão de seu sangue, que uma intervenção ativa e construtiva". O próprio "ritmo" econômico da colônia, "retardado" e "ineficiente", tem nos "pretos boçais e índios apáticos" uma de suas principais causas.[52] Portanto, tendo as raças escravizadas se transformado num corpo estranho e incômodo à sociedade (*sic*), seu processo de absorção far-se-ia longo e ainda não-concluído. Tal raciocínio levaria Caio

Prado a ser condescendente com teorias já identificadas por ele próprio como "racistas", pois, ao tratar do fenômeno da miscigenação rumo — ao menos em tese — ao branqueamento ocidental, o autor consideraria sua realização "normal" e "progressiva", sem maiores obstáculos, configurando aspecto de "fachada", "estético", diante do quadro muito mais grave do nível cultural das massas escravizadas. Por sua vez, à revelia de Caio Prado Jr., a mitologia da democracia racial triunfante, ao se impregnar de certo sentimento de superioridade frente à história africana, disseminaria em sociedade juízos de valor, arquétipos e estereótipos inversos aos modelos das sociedades ocidentais — o que se confirmaria mesmo em textos de literatura escritos à época, a exemplo dos contos de Viriato Correa, dedicados ao público infanto-juvenil.[53] Destarte, esse imaginário preconceituoso realizaria uma operação ideológica tal que transferiria a negros e mulatos "problemas" que seriam de sua "natureza", ou legado de sua "herança africana", desvinculando-os, assim, das condições que os fabricavam.

Entretanto, com Roger Bastide, teríamos o início de uma redefinição radical de como colocar em perspectiva de análise a questão do negro na moderna sociedade brasileira. Seus estudos o levaram a superar o dualismo rígido entre cultura e etnia, ao observar traços da civilização portuguesa passados aos negros e, reciprocamente, muitos traços das civilizações africanas adotados por brancos — processo de interpenetração incessante ao longo dos tempos, envolvendo inclusive as camadas médias e superiores da sociedade. Bastide, transformando-se em profundo conhecedor de como os brasileiros compreendiam os processos e dinâmicas da história do país — aspecto, para ele, considerado fundamental, dado o anti-etnocentrismo adotado como postura teórico-metodológica —, consideraria que, para compreender o que se passava no interior de uma sociedade tão complexa, era necessário examinar os fenômenos "menos no dualismo rígido das classes econômicas do que nos casos dos grupos de interesses ou dos conjuntos étnicos".[54]

Suas investigações enveredariam pela história, o imaginário, as artes, as relações interétnicas. Em sua vasta obra, a questão do negro na sociedade brasileira ocuparia a maior parte e o mais essencial de seus trabalhos, debruçando-se sobre a literatura, o teatro, a religiosidade, as artes plásticas afro-brasileiras, abordando esses temas sob múltiplos e diferentes enfoques. Entusiasmado com a abertura de novas perspectivas de conhecimento sobre a "civilização brasileira", proporcionadas pela literatura e pelas artes plásticas, seria dedicado estudioso dessas atividades, publicando inúmeros ensaios sobre o tema na grande imprensa paulista. Considerava o estudo desses aspectos um meio de levá-lo mais rápida e profundamente às características singulares da sociedade brasileira. Lecionando na USP desde 1937 — o que faria por 16 anos consecutivos, tendo como alunos, dentre outros, Antônio Cândido de Melo e Souza, Gilda de Melo e Souza, Lourival Gomes Machado, Paulo Emílio Salles Gomes e Florestan Fernandes —, teria em seu primeiro livro publicado no Brasil uma mostra de suas preocupações: *A poesia afro-brasileira*, saído em 1938.

O interesse pelas obras de poetas afro-brasileiros assume, para Bastide, importância estratégica, uma vez que lhe pareciam reveladoras da interpenetração de civilizações, ao se encontrarem na encruzilhada para a qual confluíam a cultura africana e a européia. O reconhecimento do Belo numa obra, provocando nos homens sentimentos de emoção, escaparia ao condicionamento social? A "marca da beleza" de uma obra não seria influenciada pela sociedade? Não teria o Belo, em suas raízes, algo que derivaria do próprio meio social? Estas são as perguntas básicas, feitas por ele ao longo do curso ministrado na USP, em 1939, sobre o que seria uma estética sociológica — como registra Maria Isaura Pereira de Queiroz.[55] Nas análises sobre poetas de origem afro-brasileira (Caldas Barboza, Manuel Inácio da Silva Alvarenga, Gonçalves Dias, Cruz e Sousa, Luis Gama etc.), verificaria face insuspeita, resultante de uma dialética entre, de uma parte, eles mesmos, enquanto indivíduos criadores pertencentes a uma determinada etnia e, de outra parte, a sociedade multiétnica em que viviam: nessa sociedade, a etnia era valorizada de maneira mais ou menos negativa, podendo se constituir num obstáculo à ascensão do indivíduo — engendrando, por isso, nos poetas, atitudes diversas, no sentido de enfrentá-las.[56]

No caso de *A poesia afro-brasileira*, trabalhando ao revés, isto é, buscando a perspectiva com a qual o próprio negro ou mulato se debatiam consciente ou inconscientemente diante da questão étnica — com a singularidade de serem poetas —, começaria Bastide a revelar aspecto inusitado da cultura étnico-social brasileira. Ora, se escrever poesia é trazer das profundezas do eu todos os tesouros escondidos, todas as flores noturnas do subconsciente, pergunta-se: O que dissimularia a aparente inexistência de diferenças nos trabalhos de brasileiros negros e brancos? Compreender a própria alma do negro ou do mulato, para averiguar o quanto traz de originalidade ou de inspiração lírica; estudar a sugestiva contribuição dos poetas de cor à literatura brasileira; procurar, na influência do complexo afro-brasileiro, a trama da "raça" na obra escrita, buscar ali a presença das condições sociais, do meio e do momento, eis a que se propõe o autor.[57]

Realiza uma distinção importante logo de início, ao falar de "psicologia" própria aos homens de cor, pois não os considerava propriamente um grupo "racial" de caracteres físicos específicos; antes, define-os por certa posição dentro da sociedade. E o que constata Bastide com essa hipótese? De início, o inexorável apelo a que a literatura de negros e mulatos exprima uma identidade frente à cultura ocidental, com a qual, por diversos motivos, procuram identificar-se — mesmo sob pena de perderem a própria "psicologia" diferencial. Nesse sentido, o gosto do dia, a moda variável — romantismo, realismo ou simbolismo, segundo a época —, com suas teorias, seu bricabraque de expressões, exercem inevitavelmente atração a ser assimilada, antes que encontrem sua própria originalidade.

A partir dos mulatos Caldas Barboza e Manuel Inácio da Silva Alvarenga, mas sobretudo a partir do romantismo, Bastide recolhe, em fina análise de estética sociológica — muito embora a dimensão da crítica literária não esteja ali negligenciada —, a caracterização da sensibilidade racial nesses poetas, exemplificados em Teixeira e Sousa, Gonçalves Dias e, mais adiante, em Luis Gama e Cruz e Sousa. Numa síntese, é possível detectar, em praticamente todos eles, a origem nas classes inferiores; ou a necessidade do "apadrinhamento" de um branco para a escalada da ascensão cultural. Também são comuns os dissabores em algum grau frente aos preconceitos de cor; a inevitável assimilação dos modelos europeus de civilização e estética, com os quais defrontam sua possibilidade de ser originais; ainda, a inexorável idealização da africanidade, em grande medida deformada pelo mesmo viés inevitável da assimilação dos padrões culturais europeus.

Ao contrário dos Estados Unidos, onde a segregação radical criou uma opção estética muito mais nítida para os escritores negros, por aqui a linha da cor atenuada, o ascender socialmente, quase invariavelmente recebia alto valor simbólico, em contrapartida às origens imediatas ou remotas de quem superava esses obstáculos étnicos. Nem sempre conscientes, muitas vezes tornados interiores, tais obstáculos, específicos a um escritor dessa origem, fazem com que sua criação se efetive em várias dimensões. É possível "ignorar" aqueles entraves, o que certamente acaba por retirar algum grau de profundidade da obra; é possível torná-los conscientes, e então o escritor, na dualidade, lutará consigo para se realizar; podem finalmente os obstáculos ficar envoltos em toda uma série de planos intermediários, em que sentimentos reprimidos deixam rastros, esquecidos em murmúrio ligeiro, em sussurro indistinto dos ancestrais, que aparecem sem que se dê conta. Bastide defende que muito da beleza dessas obras depende dessas harmonias, desse halo flutuando sobre a linha principal, à volta do arcabouço do trabalho.[58]

Roger Bastide, que já escrevera na França estudos sobre a influência do judaísmo em Proust, sobre a influência da infância protestante em Gide, sobre o protestantismo em Mauriac,[59] talvez faça da análise sobre a presença da africanidade na obra poética de Cruz e Sousa o melhor exemplo — embora polêmico, passível de discordâncias — a propósito do tema étnico presente na poesia de negros e mulatos brasileiros. Se não, vejamos o exemplo paradigmático.

Em 1938, com *A poesia afro-brasileira*, redescobrindo-o aos brasileiros — no dizer de Afrânio Coutinho[60] —, incluía-o na grande tríade simbolista composta por ele, Stefan George e Mallarmé. Por contraditório que pareça, destacaria também as características da escola literária em que militou Cruz e Sousa: o pessimismo germânico de Schopenhauer, o platonismo das idéias puras, a arte poética requintada, difícil, cheia de matizes e de delicadeza, fatalmente não dirigida ao grande público. Vai afirmar mesmo que a poesia de Cruz e Sousa seria um meio de o artista escapar à classificação racial, pessimista e preconceituosa, transformando-se num instrumento de "classificação social"; elevando-o à "posição" do mais admirável cantor de seu povo.[61] A bem da verdade, dificilmente um outro autor soube como ele apreender a condição histórico-sociológica do negro no imediato pós-abolição, ao dizer em *O emparedado*:

> *Uma tristeza fina e incoercível errava nos tons violáceos vivos d'aquele fim suntuoso de tarde. (...) Eu ficara a contemplar como que sonambulizado, com o espírito indeciso e febricitante dos que esperam, a avalanche de impressões e de sentimentos que acumulavam em mim à proporção que a noite chegava com o séquito radiante e real das fabulosas Estrelas. (...) De que subterrâneos viera eu já, de que torvos caminhos, trôpego de cansaço, as pernas bamboleantes, com a fadiga de um século recalcado nos tremendos e majestosos Infernos do Orgulho, o coração lacerado, ouvindo sempre por toda a parte exclamarem as vãs e vagas bocas: Esperar! Esperar!*
>
> *Era mister que me deixassem ao menos ser livre no Silêncio e na Solidão. Que não me negassem a necessidade fatal, imperiosa, ingênita, de*

sacudir com liberdade e com volúpia os nervos e desprender com larguesa e com audácia o meu verbo soluçante, na força impetuosa e indomável da Vontade.

Demonstrando uma enorme consciência dos terríveis limites que lhe cerceavam o caminho por ser um negro, segue a prosa poética de Cruz e Sousa em O *emparedado*:

> *Nos países novos, nas terras ainda sem tipo étnico absolutamente definido, onde o sentimento d'Arte é selvícola, local, banalizado, deve ser espantoso, estupendo o esforço, a batalha formidável de um temperamento fatalizado pelo sangue e que traz consigo, além da condição inviável do meio, a qualidade fisiológica de pertencer, de proceder de uma raça que a ditadora ciência d'hipóteses negou em absoluto para funções do Entendimento artístico da palavra Escrita. (...)*
>
> *Qual é a cor da minha forma, do meu sentir? Qual é a cor da tempestade de dilacerações que me abala? Qual a dos meus sonhos e gritos? Qual a dos meus desejos e febre?*

A síntese, o equilíbrio necessário entre o local e o universal, é alcançada pelo poeta quando diz, na mesma prosa poética:

> *O que eu quero, o que aspiro, tudo por quanto anseio, obedecendo ao sistema arterial de minhas Intuições, é a Amplidão livre e luminosa, todo o Infinito, para cantar o meu Sonho, para sonhar, para sentir, para sofrer, para vagar, para dormir, para morrer, agitando ao alto a cabeça anatematizada, como Othelo nos delírios sangrentos do Ciúme.*[62]

Ao perscrutar a vida, o ambiente étnico e cultural da provinciana Desterro, onde o poeta vivera até 1890, Bastide conclui, contraditoriamente, que sua poesia não se explicaria pelo meio social, até porque a escola simbolista não vingaria no Brasil, sendo Cruz e Sousa praticamente seu único grande representante no país. Antes, as influências que teria recebido de Schopenhauer, Byron, Poe, Verlaine, Baudelaire, Mallarmé se explicariam pela suposta vontade do poeta de "ocultar" suas origens africanas — portador que seria de "imensa nostalgia de se tornar ariano"; enfim, pelo desejo que teria de, "ao menos em espírito", subir "racialmente".[63] Para tanto, utiliza essa mesma prosa poética O *emparedado*, na qual diz o poeta:

> (...) *Eu trazia como cadáveres (...) todos os empirismos preconceituosos e não sei quanta camada morta, quanta raça d'África curiosa e desolada. Surgindo de bárbaros tinha de domar outros mais bárbaros ainda, cujas plumagens de aborígene alacremente flutuavam através dos estilos (...) O temperamento entortava muito para o lado da África: — era necessário fazê-lo endireitar inteiramente para o lado da Regra, até que o temperamento regulasse a arte como um termômetro.*

Analisando, por essa passagem, a negação da "raça", o "arianismo" etc., e ao concluir, como ressaltamos anteriormente, que a poesia de Cruz e Sousa não se explicaria de modo direto pelo meio social, o referido autor, talvez por isso, deixa escapar, curiosamente, o fato, amplamente conhecido — e a bibliografia compulsada por Bastide sobre o artista confirma isso —, de ter tido Cruz e Sousa, ainda em Florianópolis (Desterro), viva militância abolicionista — o que decerto dificultaria chegar a essas conclusões, sobretudo ao se tratar de um negro retinto, como o poeta.

O simbolismo, em Mallarmé, cultuou o frio límpido da Lua, a cabeleira dourada dos nórdicos, o cisne, a neve, a nostalgia da cor branca. Por sua vez, em Baudelaire, cultuar-se-ão a noite, a morte, as flores da noite, o sonho, o drama do espírito moderno, o não à arte pela arte, mas a luta contra o abismo, o fato de que soçobrar é antes começar a libertar-se; a busca do paraíso, a redenção, a purificação por meio do fogo e da luz, a evocação da glória e o contentamento de si mesmo, a fascinação da vida. Em Verlaine, o verso seria a tradução, em palavras ritmadas, da emoção individual, subjetiva, livre dos parnasos da rima, pleno de lirismo vago, místico, carregado de analogias. Tudo isso, em Cruz e Sousa, reaparecerá na temática da vida como lúgubre comédia, incendiada tragédia, onde, por toda parte, serão ouvidos amargo escárnio, risadas vandálicas, secos desdéns, a ave noturna e luciferina do *Nunca mais*; possuía o poeta uma Dor, concluía que a Dor só procurava os espíritos de eleição, que era, enfim, um náufrago de uma raça diante da civilização ocidental.

> *Charles, meu belo Charles voluptuoso e melancólico — dirá o poeta —, meu Charles nonchalant, nevoento aquário de spleen, profeta muçulmano do Tédio, ó Baudelaire desolado e delicado! Onde está aquela rara, escrupulosa psicose de som, de cor, de aroma, de sensibilidade?*

Lembremo-nos de que Cruz e Sousa foi contemporâneo de Gobineau, que, inclusive, vivera alguns anos no Rio de Janeiro, desfrutando de reputação por suas teorias de inferioridade racial; foi contemporâneo dos darwinismos sociais evolucionistas, hegemônicos nos centros de produção do saber no Brasil na época; foi contemporâneo dos imperialismos ocidentais sobre a África negra, legitimados pelas teorias da superioridade racial do branco à moda de Chamberlain, Spencer, Cecil Rhodes etc. Por tudo isso, vemos como um verdadeiro manifesto — de quem, por meio da sensibilidade artística, já pressentira a surdez de sua época aos reclamos das gentes de cor — quando diz, cáustico, no mesmo *O emparedado*:

> *Não! Não! Não! Não transporás os pórticos milenários da vasta edificação do Mundo, porque atrás de ti e adiante de ti não sei quantas gerações foram acumulando, acumulando pedra sobre pedra, sobre pedra, que aí estás agora o verdadeiro emparedado de uma raça.*
>
> *Se caminhares para a direita, baterás e esbarrarás ansioso, aflito, n'uma parede horrendamente incomensurável de Egoísmos e Preconceitos. Se caminhares para a esquerda, outra parede, de Ciências e Críticas, mais alta que a primeira, te mergulhará profundamente no espanto! Se caminhares para a frente, ainda nova parede, feita de Despeitos e Impotência, tremenda, de granito, broncamente se elevará ao alto! Se caminhares, enfim, para trás, ah! ainda uma derradeira parede de Imbecilidade e de Ignorância te deixará n'um frio espasmo de terror absoluto.*

Tais palavras estão a demonstrar uma enorme capacidade de compreensão de época, ainda que levassem à impotência, à nostalgia, ao terror da inviabilidade simbólica do projeto de ser negro. Cremos que esta circunstância de momento histórico está muito longe do fato de o poeta ter "aceito" simplesmente sua "sorte", como argumentaria Bastide,[64] ao reconhecer o significado de não pertencer à "raça dos eleitos". Ao contrário, expressa, isso sim, sua profunda desilusão de homem e de poeta, já que tudo — de homem e de poeta — lhe fora levado.

> *Ó doirada Águia humana e Germânica: — Esperanças e Sonhos, impetuosamente arrebatados no alto, ao impulso fremente das tuas garras alpinas.*

Diria em *Estesia eslava*.[65]

2. PASSADO E FUTURO NA EMERGÊNCIA DA QUESTÃO DO NEGRO ENTRE OS ANOS 30 E 50 DO SÉCULO XX

Richard Patte registra, na "Introdução" escrita para *O negro na civilização brasileira*, de Arthur Ramos, publicado em 1936, o fato de esse livro ser um dos primeiros estudos que apareceram em inglês tratando da situação do negro no Brasil — o que lhe valeria amplo circuito internacional, incluindo referências nos trabalhos de Roger Bastide, Melville J. Herskovits, Lucien Lévy-Bruhl, Fernando Ortiz, Donald Pierson, dentre outros. Ao mesmo tempo, Patte registra a circunstância de "os últimos dez anos" terem testemunhado o crescimento do entusiasmo, notável entre os brasileiros, pelo estudo e pela análise de "um dos mais concernentes problemas da vida nacional". Julgava então o sociólogo ser o Brasil, incontestavelmente, "um grande laboratório de sociologia prática", pois que, por aqui, a sobrevivência do negro permanece lado a lado com as mais notáveis e dignas obras do progresso humano: "O primitivismo africano floresce no meio da ciência e do pensamento", assevera. No Brasil, segundo Patte, em vez de se insistir na luta de segregação e de barreiras raciais, optou-se por estimular e encorajar a fusão de uma raça misturada, semelhante quiçá à famosa *raza cósmica* imaginada pelo mexicano José Vasconcelos. Nesse sentido, qualquer que seja o resultado desse processo étnico, seu conhecimento é de grande importância; os pontos de vista raciais e as doutrinas desenvolvidas no Brasil não podem deixar de lançar luzes sobre as dificuldades espantosas que se encontram em outras partes da Terra. Aqui, como nenhum sistema de casta fora criado em torno de linhas raciais, "o negro e o mulato constituem parte integrante, sem restrições em sua participação, nos maiores processos de desenvolvimento cultural". Insistia-se, com isso, na avaliação científica "séria, sem caprichos ou fantasia", a respeito das "contribuições do negro" à civilização brasileira, alçada ao mesmo patamar escrupuloso que se dava ao tema do índio.

O próprio Arthur Ramos registra o fato de que, após os estudos de Nina Rodrigues, na virada do século XIX, e os de Manuel Querino, no segundo decênio do século XX, o tema do negro somente retomaria importância nos anos 30. As referências dirigem-se não somente a seus próprios trabalhos então publicados, mas também aos de Gilberto Freyre e Édison Carneiro, e a uma certa retomada dos estudos na linha de Nina Rodrigues, fundador de verdadeira escola sobre o tema, já então liberados

dos excessos deterministas. De fato, dois congressos afro-brasileiros, realizados nessa década de 1930, confirmariam as afirmações de Ramos: o I Congresso Afro-Brasileiro no Recife (1933) e o II, na Bahia, em 1937. Também Roger Bastide, quando publica *Le Candomblé de Bahia (Rite Nagô)*, em 1958 — a edição brasileira seria de 1961 —, anota sobre Arthur Ramos o fato de este ter o mérito de despertar em muitos jovens o interesse pelas pesquisas acerca das sobrevivências africanas na civilização brasileira, especialmente no período que vai de 1933 a 1940.[66] Por sua vez, Melville J. Herskovits, executando o plano de sua pesquisa geral sobre os africanos no Novo Mundo, chegaria ao Brasil em 1942, fixando-se na Bahia.

O I Congresso Afro-Brasileiro no Recife, organizado por Gilberto Freyre e Ulysses Pernambuco, no dizer de Freyre, juntou em volta da velha mesa do Teatro Santa Izabel não só doutores, com grande erudição de gabinete e de laboratório, mas também ialorixás gordas, cozinheiras velhas, pretas de fogareiro, negros de engenhos, rainhas de maracatus, outros analfabetos e semi-analfabetos inteligentes, com conhecimento direto de assuntos afro-brasileiros; estudantes de medicina e engenharia, psiquiatras a exemplo de Ulysses Pernambuco (presidente de honra do Congresso), intelectuais, jornalistas, representantes de jornais do Rio de Janeiro.[67] O Congresso teria, "còm toda a sua simplicidade", dado novo feitio e novo sabor aos estudos afro-brasileiros, libertando-os do exclusivismo acadêmico ou cientificista, visto que a colaboração de analfabetos, de cozinheiras, de pais de terreiro, ao lado dos doutores, teria dado uma nova força aos estudos, avivados pelos contatos diretos com a realidade bruta. Seu peso e sua importância residiriam no interesse que despertou em gente a mais douta, a exemplo de Franz Boas, Nancy Cunard, Roquette Pinto, Rüdiger Bilden e Azevedo Amaral; o destaque que lhe foi dado pelo *New York Times*; a colaboração recebida de mestres como Rodolfo Garcia, Mário de Andrade, Arthur Ramos e Melville J. Herskovits; e a homenagem que se prestou a Nina Rodrigues.[68]

De fato, os trabalhos ali apresentados enquadram-se na tipologia arquetípica da "aculturação", das "sobrevivências", das "contribuições", das "influências" negras à civilização brasileira. Entretanto, tais perspectivas, via de regra, ficam perigosamente próximas de um confinamento à moda dos estereótipos com que se vai construindo o imaginário da democracia racial no Brasil, e são capazes de desviar o foco das atenções, distorcendo processos sociais relevantes, que se atualizam histórica e constantemente. Esses exemplos exigem uma análise apurada de como, no detalhe, deixam transparecer questões sérias de interpretação, plenas de sugestões ideológicas, que escapam aos contornos específicos dos assuntos tratados — musicalidade dos escravos, vocabulário nagô, mitos de Xangô, receitas de quitutes, por exemplo —, aparentemente distanciados dos temas mais gerais das relações étnicas, nem sempre visíveis ou de fácil identificação. Simulando não possuir relações entre si, tais temas são verdadeiras armadilhas denunciadoras de processos simbólicos típicos da singularidade das relações étnicas no país, de quase inextricável solução explicativa. À parte tais enfoques, no que tange às alocuções de tipo histórico-sociológicas ou — muito em voga na época — "sócio-psicológicas", observa-se que os trabalhos apresentados no Congresso padeceram, em esmagadora maioria, dos vícios do etnocentrismo "branco" deformante, eivado pelo viés evolucionista da inferioridade atávica e linear, muito pouco explicativo. Nesse sentido, confirmar-se-ia a constatação referida acima, feita por Arthur Ramos, quando diz ver recuperada, já nos anos 30, a escola originada dos ensinamentos de Nina Rodrigues. Esta, agora, liberada dos excessos racial-biológicos, trocava de papéis e traria de volta os mesmos mecanicismos enrijecidos transfigurados pelo que seria — em suas visões — a "cultura". Se não, vejamos, em síntese crítica, os trabalhos ali apresentados.

Cunha Lopes e J. Candido de Assis, no *Ensaio etno-psychiátrico sobre negros e mestiços*,[69] afirmam que "da interfusão brasílio-guaraniense e afro-européia, resultou a nossa atual população, com a preponderância ariana". Buscando na "psicologia étnica", nas "constituições mentais" peculiares às "raças", o desencadear das psicoses análogas, consideram como eixo de suas pesquisas a hipótese de as doenças mentais nos mulatos diferirem das do negro e, comparativamente, de os brancos se mostrarem menos receptivos ou resistentes ao acometimento dessas doenças.[70] Limitados, está a se ver, por uma psiquiatria "estatística", de base frenótipa, interpenetrada por uma "psicologia étnica", os autores referidos buscariam as "constituições mentais peculiares às raças", que obedeceriam a "leis de herança", ligadas a fatores "raciais". Falsa, na suposição da existência de "raças" humanas no plural, tal proposta teórica e metodológica vê-se obrigada a desenvolver métodos absolutamente estéreis, como a medição de órgãos do corpo, a identificação de tipos de cabelo, de pele, olhos, índices nasais (estes considerados importantíssimos), cefálicos, bucais etc., para a obtenção de "freqüências nosográficas", "rádio-pélvicas" etc., configuradoras dos tipos raciais.

Na mesma linha, Ulysses Pernambuco (presidente de honra do Congresso, como assinalado anteriormente) apresenta o tema *As doenças mentais entre os negros de Pernambuco*,[71] em que tenta demonstrar a percentagem de doenças mentais por incidência racial, e assim chegar a resultados do tipo tantos psicopatas constitucionais, tantas psicoses tóxicas e infecciosas, tantas psicoses orgânicas, separando negros de um lado, mestiços e brancos de outro. O referencial estatístico é o dos internos do Hospital dos Alienados do Recife, entre 1932 e 1933, tomando por base classificatória das doenças o critério fornecido pela Sociedade Brasileira de Psiquiatria, Neurologia e Medicina Legal. Reconhece o autor, por sua vez, que as condições de vida dos negros não diferiam, "sob qualquer ponto de vista", das dos brancos e mestiços das classes pobres, constituidoras dos doentes em questão. Sem desenvolver uma análise que vinculasse tais doenças a perfis psicológicos que seriam atributos da "raça", restringindo-se à quantificação daquelas — e mais, se os tipos raciais são nivelados socialmente —, como especificar a relação entre negros e doenças mentais?

Em continuação, Robalinho Cavalcanti apresenta o tema *Longevidade*,[72] em que, dividindo a população-alvo da pesquisa em brancos, negros e pardos, procurou obter conclusões a propósito da longevidade, a partir de fichas (6.889) de entrada no Hospital de Psicopatas do Rio de Janeiro (*sic*). A pesquisa especulou o percentual das pessoas por sexo, idade, raça e doenças (demência, arteriosclerose, psicose de involução). Já não buscava, com isso, provar a inferioridade biológica, agora atribuindo as diferenças às questões sociais. Estas, não obstante, seriam um rescaldo do passado escravista, pleno de nostalgia no autor, visto que ali o escravo pode ter sido melhor alimentado do que o pardo livre porém pobre — a lhe explicar a fragilidade. Outrossim, especula o aspecto de a longevidade maior do negro estar ligada originalmente à procedência de zonas tropicais e, portanto, a uma melhor conformação. De toda forma, nega, de forma peremptória, a "questão das raças" no Brasil, apesar de não haver comparativamente as mesmas facilidades de vida e o mesmo amparo social. Já Abelardo Duarte, expondo o tema *Grupos sangüíneos da raça negra*,[73] enveredará por especulações a respeito de uma "bioquímica das raças", atribuindo, no caso, ao tipo sangüíneo um aspecto importante na definição da personalidade do indivíduo. Tal líquido, essencial ao singularizar a linha das raças, em conseqüência, justificaria a classificação dos tipos étnicos em grupos "O", "A", "B", especificados pela incidência maior ou menor desses fatores; os grupos fundamentais seriam: europeu, intermediário, indo-manchu, afro-sudasiático e pacífico-americano. Já não existiriam raças puras, pela evidência da mestiçagem reinante em todos os grupos. Inferente para o caso do Brasil, ao mesmo tempo em que se concluía pela diluição do sangue do negro na população por meio das mestiçagens; comprovar-se-ia, dessa forma, que os brasileiros brancos têm uma constituição sangüínea a aproximá-los muito mais dos portugueses do que dos pretos, caboclos ou mestiços. Portanto, em suma, classificar as raças com o critério bioquímico, ao lado da morfologia externa, tornar-se-ia poderoso argumento de identificação dos "nossos" pretos, prestando-se inclusive a uma comparação com aqueles dos Estados Unidos — visto que haveria mesmo diferenças entre os pretos nascidos na América e os africanos de origem. Infelizmente, nada desenvolveu o autor sobre a relação entre bioquímica dos sangues e a personalidade de seus portadores, deixando-a apenas nas intenções.

Ao apresentar sua segunda alocução no referido Congresso, Robalinho Cavalcanti apresenta a tese *O recém-nascido branco, negro e mulato*. Partindo de observações coletadas de fichas da maternidade do Recife, em exemplos de mães ditas indigentes, o interesse é o de comprovar a hipótese pela qual a mestiçagem branco-negro dá "produtos" considerados fisicamente tão "aptos" quanto os "puros". Investigaram-se cerca de 1.000 fichas, respondendo a perguntas sobre peso e estatura, a fim de verificar se a mestiçagem não seria fator de debilidade congênita. Portanto, repetem-se — convenhamos, de forma medíocre — os pressupostos investigatórios. Já Álvaro de Faria, com *O problema da tuberculose no preto e no branco e relações de resistência racial*,[74] defende piedosa hipótese ao se preocupar em combater o sentido "cruel e oculto" da sentença então corrente "entre o povo, e também entre os próprios médicos", de que, sendo a tuberculose uma doença da civilização, mestiços e pretos seriam, por isso, mais fracos a ela, já que aquela lhes seria "inviável", tornando-se a doença um flagelo não suportado pelas gentes de cor. Álvaro de Faria busca, então, "provar" que o negro tem dado exemplos notáveis de capacidade intelectual e de adaptação ao meio, que resiste a duríssimos trabalhos físicos, em condições de iniqüidade social. E assim se sucede com a alocução de Rodrigues de Carvalho, *Aspectos da influência africana na formação social do Brasil*,[75] seguindo a linha do culto aos arquétipos consagrados ao valor da "contribuição" do negro à civilização brasileira. Coube-lhe então a tradicional referência ao ato de Rui Barbosa, ordenando a destruição de arquivos do Ministério da Fazenda relativos à escravidão: "Que mal nos advirá porque fomos irmãos de escravos, ou porque nas veias nos corre o sangue de origem africana?", pergunta enfático. Se o índio era apático, birrento e preso às tradições de seu viver retardatário, só o africano era matéria bruta a ser amalgamada para servir de máquina ao trabalho de desbravação no meio tropical. Realça, pois, os caracteres da raça: os africanos, embrutecidos de origem pelo atraso constante de uma civilização que nunca lhes madrugou, seriam por si mesmos massa informe e retardatária; era necessário, assim, que os mercenários de carne humana os trouxessem às terras de Santa Cruz, para aqui se fundarem os alicerces da civilização. Segue-se o desfile dos arquétipos: a referência ao tráfico, à legislação escravista (com ênfase, no contexto, quase mórbida, à descrição da violência aberrante), o destaque para a sensualidade da mulher africana, a mestiçagem, a afetividade da raça exemplificada nas mucamas, as "folganças" de preto, o picaresco das anedotas que flagram o negro humilhado, os atributos do desprezo e a inferioridade cultural, exemplificados em grosserias e deboches que lhes seriam marca registrada, mesmo no amor e na religião. Também, como de hábito nesse tipo de apreciação, lá estão os atestados do talento individual e da criatividade artística. Palmares, mais uma vez, entendido como "arremedo de rebeldia cívica, grosseira (*sic*) e desarticulada", embora um exemplo contra a subserviência passiva de época, verdadeiro exemplo de orientação futura.

Leocádio Ribeiro, W. Bernadinelli e Isaac Brow, na perspectiva da escola de Nina Rogrigues, apresentariam no Congresso o *Estudo biotipológico de negros e mulatos brasileiros normais e delinqüentes*,[76] no qual, salvo a busca da raça pura como os alemães à época, procurou-se esboçar um conhecimento sobre o caldeamento racial brasileiro. Vão assim, por critérios antropométricos, mensurar comprimentos da jugular, do tórax, tronco, membros, abdômen etc., a fim de especificar biotipos. A partir daí, tentam correlações psicológicas e de antropologia criminal. Arriscam-se, então, a conclusões: entre os criminosos pretos e mulatos, existia franca tendência para os de estaturas elevadas; o mais perigoso delinqüente encontrado, constatou-se, era o único leptoprosopo e leptorrino; entre os marginais, acentua-se a presença da forma longitípica etc. Quanto aos negros do período colonial, reproduzem-se as tradicionais versões do negros de "nação" (minas, angolas, ardas etc.), "obedientes" uns, "teimosos e estúpidos" outros, ou ainda "ignorantes e preguiçosos", "muito aptos para o trabalho", "belos de forma" etc.

As intervenções de três negros apresentando depoimentos ao Congresso, representantes de áreas de atuação diversas, dão-nos a certa medida da relação entre o estado de coisas e alguma possibilidade de crítica.

No primeiro caso, a comunicação de Jovino da Raiz,[77] comparando o tempo do engenho bangüê com o tempo "atual" das usinas de açúcar, expressa comovida denúncia da situação de miséria que aflige o trabalhador rural negro. Entretanto, confuso diante das ideologias que cercam o assunto, Jovino, curiosamente, ao criticar o "momento atual", realiza uma leitura nostálgica do passado, quando teriam existido condições sociais melhores, as quais a modernidade da usina destruiu. Assim, com esta última, o trabalhador negro do campo viu-se privado da "convivência, de alimentação, de diversões". Argumentando ter razão de sobra para falar, por ser um negro, recorda que no bangüê o escravo tinha direito de possuir dois ou três cavalos, criava porcos e cabras, plantava em benefício próprio mandioca, milho e feijão. As celebrações desse tempo aparecem então carregadas de reminiscências idílicas, pois, durante a "botada" do engenho, na entrada do verão, a possibilidade de encher cuias de caldo, mel e açúcar de cana fazia a alegria dos escravos, demonstrada nos sambas de coco, que, nessas ocasiões, duravam até a madrugada. A usura capitalista da usina, impondo a relação assalariada, eliminando a economia de subsistência tomada pela monocultura, causava a miséria que se vê, com a presença do trabalho dos meninos menores, fora da escola, trabalhando em troca de um ganho monetário irrisório. No fundo, portanto, extrai-se a crítica ao capitalismo, mesmo que à custa da defesa do que no escravismo seria mais vantajoso para o trabalhador e, sobretudo, fica patenteada a dificuldade de superar a névoa cultural que deturpa o entendimento dessas questões.

No segundo exemplo, o então jovem cientista social negro Édison Carneiro, ligado à escola de Nina Rodrigues por intermédio de Arthur Ramos, desenvolve em sua alocução — *Situação do negro no Brasil*[78] — posição crítica das relações étnicas, a partir da abolição, vista como resultante das contradições geradas pelo desenvolvimento das forças produtivas econômicas em contraste com a escravidão. Assim, o conjunto da sociedade colonial, que seria para Édison Carneiro de caráter "semifeudal" — não considerando, portanto, a importância das relações sociais de trabalho predominantes para a definição do modelo da economia e sociedade —, tem a transformação capitalista traduzida seja na "demagogia abolicionista", seja na impiedosa exploração do trabalho assalariado que lhe é inerente. Consideraria ainda que essa exploração realizar-se-ia por meio do conceito de mais-valia absoluta, obviamente interpretando de forma equivocada a lógica teórica de Karl Marx, contida em O *capital*, para esse aspecto. Ali, a fórmula explicativa da exploração do trabalho não-pago, nas relações capitalistas de trabalho, explica-se pelo conceito de mais-valia relativa, caracterizada como o aumento da produtividade do trabalho por meio do uso intensivo da maquinaria, aumentando, também de forma intensiva, o percentual de trabalho excedente não-pago. Ressalte-se ainda a denotação nostálgica, à semelhança de Jovino, quando Édison Carneiro também considera, num rasgo de indignação, que nas fazendas e engenhos o "negro", apesar dos pesares, sempre achava uma lasca de jabá com farinha e uma cama de varas para dormir. Com a proletarização, foi forçado a descer "ainda mais do que com a escravidão": liberdade fictícia, ganhando mal, embrutecendo-se no trabalho, oprimido pelos preconceitos raciais inculcados pela burguesia nos próprios proletários brancos.

Édison Carneiro constata que a experiência da democracia burguesa no Brasil provou sua total inutilidade na resolução dos problemas do país. O negro — e em geral, o proletariado — teve sua situação piorada ainda mais pelo aspecto das lutas imperialistas no mundo, luta por mercados subordinados, de que se torna vítima a economia brasileira. A situação deplorável em que se achavam os negros no Brasil não depõe contra a raça. Argumenta contra a superioridade e/ou inferioridade raciais. Atribui as diferenças aos fatores ligados a momento histórico, meio geográfico, possibilidades técnicas, libertação progressiva em face à natureza e ao desenvolvimento econômico. Denuncia que, até então, nada se fizera pela incorporação do negro à comunidade brasileira: a saúde pública, eivada de critérios raciais, aborrece a vida das populações urbanas e rurais, com imposições de todas as espécies — e que, enfim, não se resolvem os gravíssimos problemas, como a malária, o analfabetismo, a verminose, o amarelão, a varíola. Os bairros proletários amontoados de casas insalubres, desconhecidas dos mata-mosquitos. A comunidade negra é a comunidade da miséria, no mais amplo sentido da expressão. E a culpa não é atribuída somente aos brancos — assim como não poderia ser atribuída somente aos negros —, mas "a toda sociedade burguesa", cujos mecanismos estruturais de funcionamento têm como conseqüência a iniqüidade social da propriedade privada e dos lucros inerentes. O problema, vai asseverar, é que a burguesia está representada quase que exclusivamente por brancos, o que é um incentivo à luta de raças. O autor vislumbra a superação de tais impasses na atuação dos negros conscientes, os quais, bem ou mal, adaptaram-se à sociedade, sabendo perfeitamente que seus interesses imediatos e futuros não são em nada diversos dos do proletariado em geral. Ao desejar, além da instrução, da alimentação suficiente e do melhoramento das condições de trabalho, o reconhecimento de seus direitos, a colaboração, em pé de igualdade, com o branco na obra de construção econômico-política do Brasil.

O terceiro negro da seqüência, Miguel Barros, representando a Frente Negra Pelotense (Rio Grande do Sul), faria discurso em que se reconhece o descortínio nu e cru da condição histórico-sociológica dos negros, naquele presente e no futuro.[79] Barros saúda o Congresso falando do idealismo que perpassa os negros do Sul, seu sentimento de reivindicações, seu desejo de tornar a vida de seus novos e futuros descendentes menos atribulada, com o ambiente nacional mais sincero e honesto, mais digno e fraternal, a fim de que seus filhos possam ingressar com facilidade nas esferas cultas, contribuindo para o futuro do Brasil. Reconhece que os grandes problemas do meio social negro, na época, são o do analfabetismo, de um lado, e, de outro, o do preconceito que o discrimina e marginaliza. O debate da existência ou não dos preconceitos para quem o sente, diz, só tem sentido quando se luta para ultrapassá-los. Relata as proibições em inúmeros locais públicos (teatros, cafés, barbeiros, colégios etc.); o lugar de pária reservado no trabalho, mesmo entre operários ou no serviço público; o desdém com que se trata o negro intelectual, ou as jovens formadas, obrigadas a mudar para profissões mais simples, derrotadas pelas barreiras erguidas a seu desenvolvimento profissional. Para Miguel Barros, de todas as iniciativas pelo progresso do Brasil, nenhuma vem tanto solucionar esta necessidade como aquela da organização da gente negra. Este é o caminho, sem restrições de seleção racial, para que a evolução coletiva se imponha: uma marcha iniciada a partir do próprio negro, uma grande avalanche, um despertar majestoso, empolgante, um ressurgir gigantesco.

Por fim, numa última e breve alocução, a viúva do velho negro Juliano Moreira, representando a memória do marido, apresenta o tema *Juliano Moreira e o problema do negro e do mestiço no Brasil*,[80] relatando posições defendidas pelo médico psiquiatra em diversos artigos, ensaios, conferências. Expõe então que, por escritos datados já de 1905 — *Notícia sobre a evolução da assistência a alienados no Brasil* —, ou de 1916 — *Contribuição ao estudo da demência paralítica* —, ou ainda de 1929, na Universidade de Hamburgo — *Algo sobre doenças nervosas e mentais no Brasil* —, Juliano Moreira buscava antes relacionar a influência do meio, dos hábitos, dos costumes na caracterização psicológica do povo do que na psicologia de uma "raça". Suas pesquisas o levariam à convicção de que as diferenças entre os indivíduos dependiam muito mais do grau de instrução e educação de cada um, como fator mais decisivo, do que o pertencimento ao grupo étnico. Percebia diferenças enormes de desempenho psicológico quando comparava indivíduos considerados de grupos inferiores, mas nascidos nas grandes cidades e tendo recebido educação adequada, frente a indivíduos nascidos de "raças" nórdicas, criados sem esses cuidados e no interior do país, em meio atrasado.

O II Congresso Afro-Brasileiro, realizado em Salvador, Bahia, em janeiro de 1937, sob a coordenação de Édison Carneiro, confirmaria o reconhecimento alcançado pela emergência do tema do negro na sociedade brasileira. Reunindo às vezes cerca de 3.000 pessoas, como, por exemplo, nas celebrações ocorridas no terreiro do vetusto Axé Opô Afonjá, em São Gonçalo do Retiro,[81] o Congresso desclava tamanha heterogeneidade de pessoas e instituições que seria impossível negar-lhe a repercussão, tanto no meio acadêmico quanto mesmo no próprio meio popular das gentes de cor. Referências feitas em seu apoio são contadas em nome de Rudiger Bilden, Fernando Ortiz, Richard Patte, Robert Park. A presença do comandante da VI Região Militar; o apoio do governador do estado, do Instituto Histórico da Bahia (sede do Congresso), do Instituto Nina Rodrigues e do Departamento de Cultura da Prefeitura de São Paulo (então dirigido por Mário de Andrade); a participação de Melville J. Herskovits, Donald Pierson, Manuel Diegues Jr., Jorge Amado, Édison Carneiro, dos músicos Camargo Guarnière e Frutuoso Vianna; a contribuição prestada por zeladores dos mais prestigiosos terreiros de candomblés da Bahia, a exemplo de Mãe Menininha do Gantois e Mãe Aninha do Axé Opô Afonjá, entre outros, garantiriam a empatia com o meio social.

Marcado, a exemplo do Congresso do Recife, pelo interesse na perspectiva de ressaltar o "negro como expressão de cultura", o Congresso da Bahia teria desdobramentos na criação de entidades que lutariam pela preservação dos valores espirituais de base afro-brasileira, especialmente no enfrentamento das perseguições policiais de que eram objeto os terreiros de candomblés no país, naquela época. Este é o caso da União das Seitas Afro-Brasileiras fundada em 1937, mesmo ano do Congresso. Por sua vez, o espaço político-cultural aberto por essas iniciativas explicaria o feito de Mãe Aninha ao obter, do próprio Getúlio Vargas, apoio para o fim das hostilidades policiais à religiosidade dos candomblés, também em 1937. Por outro lado, a repercussão do Congresso estimularia a continuidade dos estudos nesse âmbito, dando-lhes fórum acadêmico, especialmente aos trabalhos sobre a tradição dos orixás no Brasil. É de impressionar o nível de detalhamento a que chegam esses estudos, ao abordarem a multiplicidade ritualística dessa tradição religiosa, contraditoriamente — para aqueles estudos — caracterizada pela oralidade, pelo segredo, pelo autoconhecimento somente alcançado no processo iniciático progressivo, mas que confirma os supostos iniciais da não-revelação. Perquire-se, então, sobre a "comida de santo", sem que se obtenha a fórmula de sua preparação; descrevem-se os instrumentos musicais, sem que se possa explicar de que maneira trazem eles a espiritualidade ancestral; trata-se antropologicamente a caracterização dos deuses, seus mitos e genealogias; especula-se sobre a "possessão". Analisam-se o gesto, a dança, as roupas rituais em detalhe, a procedência africana das diversas nuances teológicas; descrevem-se o espaço físico dos terreiros, a hierarquia das funções, a proeminência feminina do culto. Analisa-se o caráter do sincretismo; busca-se, como em Arthur Ramos, uma correspondência freudiana com os sistemas ritualísticos; reproduzem-se, no frio do papel impresso, as letras de músicas saídas de um contexto de ação; pensa-se a inserção social no Novo Mundo desses sistemas teológicos, a exemplo de Roger Bastide.

   O índice das alocuções apresentadas neste II Congresso Afro-Brasileiro dá-nos a medida dos aspectos de viés cultural ali tratados: Herskovits (*Deuses africanos e santos católicos nas crenças do negro do Novo Mundo*), Ademar Vidal (*Costumes e práticas do negro*), Édison Carneiro (*Uma revisão na etnografia religiosa afro-brasileira*), Renato Mendonça (*Negro e a cultura no Brasil*), Reginaldo Guimarães (*Contribuições bantus para o sincretismo fetichista*), Arthur Ramos (*Culturas negras: problemas de aculturação no Brasil*), Ladipô Sôlankê (*A concepção de Deus entre os negros yorubas*), Jorge Amado (*Elogio de um chefe de seita*), Édison Carneiro (*Homenagem a Nina Rodrigues*), Arthur Ramos (*Nina

Rodrigues e os estudos negro-brasileiros), Dante de Laytano (*O negro e o espírito guerreiro nas origens do Rio Grande do Sul*), Salvador Garcia Aguero (*Presença africana na música nacional de Cuba*), Martiniano do Bonfim (*Os ministros de Xangô*), Davi Bittencourt (*A liberdade religiosa no Brasil: a macumba e o batuque em face da lei*), Amanda Nascimento (*Influência da mulher negra na educação do brasileiro*), Aydano do Couto Ferraz (*Castro Alves e a poesia negra da América*), Clóvis Amorim (*O moleque do canavial*), Édison Carneiro (*O médico dos pobres: Omolu*). Portanto, no universo de 23 alocuções, 19 trataram do assunto sob o ponto de vista cultural.[82]

Não obstante, afora as alocuções feitas por cientistas sociais de carreira, a maioria absoluta dos trabalhos ali apresentados é caracterizada por alto grau de insipiência analítica, longe dos rigores sociológicos exigidos pelo tratamento das questões abordadas. Em vários casos, é possível evidenciar o nível amadorístico, e no extremo, beirando o anedótico de mau gosto — o que não significa que tenham perdido por isso o caráter de testemunho, pois são reveladores de uma padronização de concepções a respeito de um tema em que exatamente o vulgar, o detalhe, a idealização assumem importância estratégica para o entendimento de aspectos essenciais das estruturas mais gerais.

Ademar Vidal, com o tema *Costumes e práticas do negro*,[83] expõe o que denomina "medicina dos excretos", avaliando o papel ocupado pelo uso de urina, fezes de cachorro, de burro, esterco de boi, de galinha, de veado etc., na cura de doenças que acometiam o negro. E o termo utilizado é esse mesmo, "negro", categoria de difícil precisão, uma vez que é usado de forma difusa, sem precisão temática, ao largo das nuances que poderiam delimitar variações da estratificação social — É o escravo? É o livre? Tem posses, graus variados de instrução? Não seria um poeta do Sul? Um quilombola? A estranha medicina seria apanágio cultural exclusivo de todo "negro", independente do período de que se trate, século XVI, XVII, XVIII ou XIX? Confinada estava assim a cultura improvisada deste ser genérico e miserável. O "negro" que sofresse de erisipela ficaria bom se usasse banhos locais de urina de mulher grávida; para se evitar varíola, tomava chá de cebola branca temperado com urina quente de mulher, fazia orações a São Sebastião e atochava os ouvidos com algodão embebido em azeite de carrapato. Os excretos exerceriam influências místicas manipuladas pela velha escrava da senzala. As negras que serviam à casa-grande utilizavam esterco de boi cozido com folhas de hortelã, macaçá ou manjericão para evitar o excessivo odor dos sovacos. Dizendo-se auxiliado por um informante, o autor descreve o repasto dos escravos: a comida era jogada no chão. Seminus, os escravos dela se apoderavam num salto, comida misturada com areia, engolindo tudo sem mastigar, porque não havia tempo a esperar diante dos mais espertos e mais vorazes — "como porcos no chiqueiro". Argumentando não entender por que, com tanto índio espalhado nas florestas fechadas, se fora buscar "na Líbia" negro para escravizar — "por que não era aproveitada a prata da casa?" —, de toda forma, a escravidão do negro transformara-se num bem, visto que, senão, como teríamos música de tanto caráter regional, e a extravagância bravia e gostosa do Carnaval do Nordeste? Por fim, a persistente ideologia do africano dócil e submisso, ao contrário do índio; o que se comprovaria com a rápida adaptação ao cativeiro e a criação de festas, como o maracatu e os batuques. Ser tratado como "besta" não impediu o "amor" do escravo pelo senhor, eis também aí o porquê da tristeza de nossa música, expressa no ganzá, no pandeiro, no atabaque. Este Ademar Vidal ressalta a nostalgia da senzala, quando imagina, pasmoso, o quão "perfeitos" não seriam cânticos e danças no começo e no fim da moagem de cana, nas festas religiosas de Natal ou São João:

Ó Júlia, ó Júlia
o que é
o que foi mulé?
eu vou casá com Júlia
pra saber Júlia quem é.

A religiosidade como fetichismo, realizada às escondidas nos arredores da cidade; o ensaiar de explicações sobre as origens dos orixás; a narração de casos de quebrantos feitos por negras velhas, o uso do álcool e entorpecentes nas cerimônias; o relato de práticas de ocultismo do "feiticeiro negro" e seu cachimbo cheio de jurema-roxa, que pode sustar a chuva e chamar o vento; a lista de casos de reminiscências, que podem chegar a verdadeiros bacanais negro-fetichistas, nas festas de São Benedito — e sobre catacumbas! Por tudo isso, não deixa o autor de amalgamar a "herança" africana na formação do caráter nacional, "contribuindo" para o seu estilo cordial e afetivo. Reiterando o "negro" como categoria difusa de análise para explicar a panacéia cultural do país, conclui com a defesa da "civilização" brasileira calcada na fusão das raças, responsável pela resistência moral, resignação secular que joga por terra o fundo metafísico contido nas teorias de Gobineau, de Lapouge, de Ficher: essa força que converteu as massas de europeus, africanos e indígenas em brasileiros legítimos.

Clóvis Amorim, na alocução *O moleque do canavial*,[84] descreve o que seria o protótipo desse menino nascido nas senzalas, mas que, "quatrocentos anos depois", continua essencialmente o mesmo. O moleque é um condenado, trazendo consigo todo um acervo de misérias ficado dos pais, herdado dos avós, dos antepassados. Nasceu em liberdade, mas vai viver sem ela, pois aguarda-o um destino de submissão, de covardia, de violências. Conta dez ou doze anos apenas. Ainda não aprendeu a rir, aprendeu a se curvar. O "abença" enfeia-lhe os gestos infantis. A voz é tartamudeada e tímida, os olhos de súplica. Tem muito dos cachorros que habitam os mocambos: é feio, terno e servil. Trabalha, compra de vale, tem cacumbu na cintura, corta o pacau no baralho, persegue ovelhas no chiqueiro, vai à macumba e sabe rezas brabas. Volteia-lhe o pescoço um cordão sujo segurando uma medalhinha de santo ou patuá. Os espíritos maus perturbam-lhe o sono, desses que praticam distúrbios nos candomblés. Negrinho que crê! Nunca foi à escola. Conhece-a de longe, casinha bem arrumada, entupida de meninos brancos. A escola de moleque é o eito, e nele o senhor, a usina, a escravidão!

O quadro nos parece irretocável, não fora a estética cruel com que se pintam os traços de um menino de apenas dez, doze anos, aterrado pela realidade — esta, sim, feia e suja — das relações de trabalho e condições de vida das pessoas empregadas nas usinas de cana por esse Brasil afora. Seria este o único retrato possível da vida de um menino desses? Nada lhe resta senão assemelhar-se a um cachorro? Não seria contraditório que num Congresso Afro-Brasileiro, realizado com a presença de zeladores de tão prestigiosos terreiros de candomblés, os quais inclusive abriram as portas de suas casas para celebrações do evento, a religiosidade voltasse a ser tratada da maneira como Clóvis Amorim o faz? Após o chiqueiro das ovelhas, vai o menino à "macumba"? No cordão sujo carrega o patuá? De que lhe adianta essa religiosidade se os espíritos maus, "desses que praticam distúrbios nos candomblés", perturbam-lhe o sono? Seriam exatamente os espíritos maus dos candomblés? Não seria este um menino protótipo do Brasil democrático, paraíso racial tão decantado das casas-grandes para fora?

Renato Mendonça escreve, para os anais do II Congresso Afro-Brasileiro, *O negro e a cultura no Brasil*.[85] Reconhece, de início, orgulhoso, a descendência dos avós fazendeiros, os antepassados barões. Mendonça esboça, então, o que denomina "breve histórico dos estudos afro-brasileiros de lingüística, etnografia e sociologia". De saída, a inexorável discussão das "origens" dos negros africanos que vieram para o Brasil, baseada em Pedro Calmon, Henrique Dias, Spix, Martius, Varnhagen, Nina Rodrigues, Manuel Querino. Entretanto, a pobreza da discussão tem como contraponto a construção, pouco a pouco, de determinado lugar para a historicidade negro-brasileira, encaixada nos pequenos detalhes. Assim, ao mesmo tempo em que transforma Spix em "precursor das investigações etnográficas no Brasil", Varnhagen em "trabalhador número um da História da Civilização Brasileira", Oliveira Vianna em "grande iniciador da sociologia no Brasil, que soube fazer justiça ao negro, quando o compara ao índio", Henrique Dias em "fanfarrão" embora "valioso" e Manuel Querino em "sem grande cultura, nem capacidade de interpretação", defende enfático um "já sem tempo" de se colocar Nina Rodrigues no lugar de destaque que merece, por sua posição ímpar, de grande mestre, evolucionista puro. Ao comentar outros autores em panegírico, vai ilustrando a exposição com citações, que talvez considere bem-humoradas, a fim de realçar as avaliações. Assim como Arthur Ramos, que, com *O negro brasileiro*, numa exposição modelar, dá interpretação psicanalítica aos congos e tradições populares do negro brasileiro, reproduzindo incontinente o "lundu" do Pai João citado por Ramos:

Quando iô tava na minha tera
Iô chamava capitão
Chega na tera dim baranco
Iô me chama — Pai João

Quando iô tava na minha tera
comia garinha,
Chega na tera dim branco
carne seca co farinha
(...)
Dizafóro dim baranco
no si pori aturá
Tá comendo, tá drumindo,
manda nego trabaiá

Baranco — dize quando more
Jezucrisso que levou,
E o pretinho quando more
foi cachaça que matou
(...)
Nosso preto quando fruta
vai pará na correção
sinhô branco quando fruta
logo sahi sinhô barão.

A análise de "psicologia" étnica anunciada pelo autor resume-se a um "quão delicioso é o contraste desta ironia, na qual o preto quando furta vai para a correção, e o branco quando furta sai logo "sinhô barão". Renato Mendonça, que também é autor de *A influência africana no português do Brasil*,[86] diz ali, em confronto com Arthur Ramos, já ter provado que alguns dos negros vindos para o Brasil procediam de áreas totêmicas, o que explica o fato de o Carnaval do Rio de Janeiro, nos dias de ranchos, "lembrar uma passeata de alguma tribo totemista, com homens pintados de vermelho para se protegerem do diabo e divindades animais, velhos resíduos tribais".[87] Daí crer piamente no inconsciente coletivo de Jung, tal qual Ramos quando analisa o Carnaval do Rio de Janeiro e da Bahia, "com toda a sua simbologia sexual, o desfile de *phallus*, complexos de castração, mães fálicas, motivos de desmame e circuncisão".[88]

Tal qual o I Congresso Afro-Brasileiro realizado no Recife em 1934, este II conclui-se com uma homenagem a Nina Rodrigues, escrita por Édison Carneiro e Arthur Ramos. O primeiro, reiterando o que faz em todos os seus livros, reverencia, mais uma vez, a memória do velho mestre, confirmando-lhe "a grande aventura da descoberta da psique do negro no Brasil",[89] em especial do negro incompreendido, explorado, esmagado pelo branco, sem direito ao Sol nos quadros da sociedade oficial. O aspecto central da obra de Nina Rodrigues — o unilateralismo da inferioridade racial, à maneira de Lombroso, Spencer, Gobineau etc. — teria sido compensado pelo estudo que realiza sobre os negros sudaneses, nagôs e jejes, e sobretudo, como médico, ao se tomar de amizade por seus pacientes de cor. Além do mais, sua (dele, Nina Rodrigues) defesa apaixonada das religiões do negro na Bahia, a justiça por ele feita à inteligência dos negros malês, a condenação formal dos métodos violentos empregados para abafar as manifestações de vida independente da "raça", sintetizadas no ensaio sobre a responsabilidade penal das "raças oprimidas", bastariam para justificar a "dívida" de toda uma geração de africanistas para com o velho mestre.[90] Comparando-o a Castro Alves, Édison Carneiro julga sua obra imorredoura, tal a força do libelo contra a escravidão intelectual do negro.

Não é nossa intenção discutir aqui Nina Rodrigues, visto que nos afastaríamos em demasia de nossos objetivos temático-cronológicos, uma vez que ele foi um pensador de fins do século XIX e inícios do século XX — tempos de Cruz e Sousa, Lima Barreto, Machado de Assis e Juliano Moreira, portanto. Todavia, convém resgatar, a título de ilustração, passagens importantes desse dito libelo em favor das raças oprimidas, contido no ensaio do autor intitulado *As raças humanas e a responsabilidade penal no Brasil*, obra de 1894. Considerado por Édison Carneiro um teórico, Nina Rodrigues tomou por base para as suas assertivas Spencer, Buckle, Sílvio Romero, Agassiz e José Veríssimo, principalmente, mas ainda vários outros representantes do evolucionismo determinista *stricto sensu*, como em voga em sua época e exemplificados em autores alemães, franceses, italianos — teorias que se reforçavam pelo avanço imperialista sobre a África negra realizado pelas potências do capitalismo ocidental. Não é, pois, absurda — embora se diga que ele próprio teria sido um mestiço, a exemplo de Euclides da Cunha — sua crença absoluta na inferioridade racial, cultural e civilizatória não somente dos negros, mas também de seus mestiços. Dessa forma, a proposta principal do ensaio referido é a de, baseado na suposta inferioridade, defender responsabilidades penais distintas para esses casos especiais, eis que elementos humanos dessa espécie não haviam adquirido o desenvolvimento psíquico suficiente para reconhecer o valor legal de seus atos.[91] Pergunta-se, então, Nina Rodrigues: "Porventura pode-se conceder que a consciência do direito e do dever que têm essas raças inferiores seja a mesma que possui a raça branca civilizada?".[92] Citando Sílvio Romero, diz: "Não há exemplo de uma civilização negra. A única civilização africana, a do Egito, era branca. (...) A África esteve, desde a mais remota Antigüidade, em contato com egípcios, persas, gregos, romanos, fenícios e árabes, e o negro nunca chegou a civilizar-se! Há quatro séculos está em contato com os modernos povos europeus e continua nas trevas".[93] Não se conheceria, por isso, um só negro, genuinamente negro, livre de mescla, notável em nossa história. O negro teria o caráter instável como uma criança, dada a sua "cerebração" incompleta. A solicitação do grande esforço mental, exigido pela luta da resistência social, criou tipos muito menos "normais", explicando no caso, segundo Nina Rodrigues, a importância da responsabilidade penal diferenciada e atenuada.

Quanto aos mestiços, Nina Rodrigues, aferrado às hipóteses das "raças", discute a possibilidade ou não da "hibridez física", o resultado de certos cruzamentos raciais, suas conseqüências morais, sociais e mentais. Ao se perguntar, com Spencer, sobre o efeito da mistura das raças na natureza, assevera que, entre os animais, do ponto de vista físico, nada produz que preste; ao passo que, no homem, do ponto de vista mental, a mistura entre tipos muito dessemelhantes tende a produzir uma gente sem valor, que não se presta ao modo de viver da raça superior, nem da raça inferior. E a mestiçagem no Brasil confirmaria estas previsões.[94] Daí o fato de que o mameluco, o mulato, o caboclo etc. estariam fadados à mediocridade, enquanto exemplos civilizatórios: indolentes, apáticos, sobremaneira sensuais, imprevidentes, sem vigor físico, de acentuada inação intelectual, impulsivos ao desejo exclusivamente imediato etc. Tudo isso, em sua lógica, daria vez a uma psicologia criminal desenvolvida em prol de uma responsabilidade penal particular. Esta tornaria legítimo, inclusive, o combate policial à ociosidade "atávica" dos mestiços brasileiros, desde que acompanhada de práticas "educativas".[95]

Os mestiços do negro são considerados muito superiores, pela inteligência, do que os outros tipos de mestiçagem do país. Isto seria tão verdadeiro quanto mais próximos estivessem de qualquer das raças puras de que provêm, quer a negra, quer a branca. O enfraquecimento viria com os mulatos de primeiro ou segundo sangue. O que se ganha em inteligência, entretanto, se perderia em energia e, mesmo, em moralidade, revelada principalmente nas manifestações espirituais. Quanto à sensualidade do negro, o padrão atingido é o das raias das perversões mórbidas, classicamente demonstradas na excitação genética da mulata brasileira: "Esse fermento do afrodisismo patrício", dissolvente de nossa virilidade física e moral, que o povo amoroso não fatiga de sublinhar os encantos — esmiuçados numa sofreguidão de desejos ardentes. A poesia popular canta-lhe a volúpia, a magia, a luxúria, os feitiços, a faceirice, os dengues, os quindins.[96]

Talvez Dorival Caymmi, um pouco adiante, resumisse melhor o que o autor queria dizer, quando diz, justo em 1938, na música inaugural de sua carreira:

> *O que é que a baiana tem?*
> *tem torço de seda, tem!*

tem brincos de ouro, tem!
tem pano-da-costa, tem!
tem bata rendada, tem!
tem saia engomada, tem!
sandália enfeitada, tem
Tem graça como ninguém
como ela requebra bem...
Quando você se requebrar,
caia por cima de mim
Só vai ao Bonfim quem tem...
Um rosário de ouro
uma bolota assim
quem não tem balangandãs
ô não vai no Bonfim.

Já Arthur Ramos, homenageando Nina Rodrigues em *Nina Rodrigues e os estudos negro-brasileiros*,[97] enfatiza reiterativo "a grande sombra que desce sobre o Congresso Afro-Brasileiro da Bahia". Reivindica, quiçá muito justamente, seu pioneirismo, "quando nada havia escrito sobre os grupos humanos que vieram da África", e o velho mestre escreve sobre os mistérios das religiões e cultos afro-brasileiros nas páginas de *O problema da raça negra na América Portuguesa*, ou em *O animismo fetichista dos negros baianos*. Certamente, Ramos critica o corte teórico da inferioridade racial, a degenerência da mestiçagem etc., já que Rodrigues teria trabalhado "com as hipóteses de seu tempo". A exemplo de Édison Carneiro, tudo isso foi relegado a segundo plano, dada a "simpatia humana que cultivava pelo negro", fazendo-o derramar-se em excessos comoventes pelos candomblés baianos, fosse para estudá-los, fosse para receber em seu consultório de médico figuras do meio social negro — ato a lhe compensar as falhas metodológicas referidas.[98]

O ápice do interesse despertado pela questão do negro na sociedade brasileira, já em fins dos anos 40 e princípios dos anos 50, vai se ratificar com o interesse agora da própria Organização das Nações Unidas, por intermédio da UNESCO e de seu Departamento de Ciências Sociais. Dirigido em 1949 por Arthur Ramos, esse Departamento apoiaria vasto programa de estudos sobre relações raciais, privilegiando, na América do Sul, o Brasil como o mais importante dos casos a serem conhecidos e revelados ao mundo. O Brasil, àquela altura, já passava a idéia de ser um país de "atitudes democráticas" em matéria racial, quando comparado a outros exemplos, notadamente os Estados Unidos e a África do Sul. Tido como verdadeiro "laboratório de civilização", na expressão de Rüdiger Bilden, o país teria muito a ensinar nessa matéria, porquanto, além da inexistência de "castas" ou de barreiras rígidas entre os diferentes tipos raciais, teria na "insignificância" dessa forma de preconceito sua marca mais original. Negros e mulatos, ao participarem, no pós-abolição, da vida pública, e exercendo comumente os direitos civis, protagonizariam uma sociedade sem nenhum conflito, nenhuma tensão de ordem racial a pesar sobre a vida individual e nacional. "À hora atual — na palavra de Charles Wagley — se pode dizer que o Brasil não possui problema racial, no sentido que tem esta expressão em outras partes do mundo".[99] Os indivíduos, resultados dos cruzamentos mais diversos, teriam assim uma relação pacífica, uma vez que todos têm sua parcela nas dificuldades e possibilidades.

O programa de estudos da UNESCO se iniciaria efetivamente em 1950, com a vinda ao Rio de Janeiro do chefe do Departamento de Ciências Sociais da entidade, Alfred Métraux, substituto de Arthur Ramos no cargo, após o falecimento deste em 1949. Esses estudos foram então dirigidos no Brasil por Charles Wagley, da Universidade da Colúmbia (cujo Departamento de Antropologia também se associou ao projeto), por Thales de Azevedo, da Universidade da Bahia, e por Luis A. Costa Pinto, da Universidade do Brasil. Exatamente o livro coordenado por Charles Wagley, *Race and Class in Rural Brazil*, publicado em 1952, seria a primeira resultante do referido programa. Os demais foram: *Les Élites de Couleur dans une Ville Brésilienne*, de Thales de Azevedo, publicado também em 1952; *O negro no Rio de Janeiro. Relações de raça numa sociedade em mudança*, de Luis A. Costa Pinto, publicado em 1953; *Relações raciais entre pretos e brancos em São Paulo*, de Roger Bastide e Florestan Fernandes, publicado em 1955; *Religião e relações raciais*, de René Ribeiro, publicado em 1956. Também estimulado pelo referido programa, um pouco mais adiante, sairia *Cor e mobilidade social*, em Florianópolis, de Fernando Henrique Cardoso e Otávio Ianni, de 1960.[100]

A constatação que fazemos é a de que os trabalhos produzidos no contexto do projeto da UNESCO de 1950 exemplificam, por excelência, o momento em que se dá o salto qualitativo das interpretações sobre o tema da democracia racial brasileira. No entanto, como em todo período de mudanças, continuam-se ali tanto o "velho" quanto o "novo". Isto é, por um lado, trabalhos que, apesar de apresentarem enfoque diferenciado em relação aos textos mais tradicionais — incorporando, por exemplo, o conceito de classes sociais nas análises —, ainda não seriam capazes de romper com o modelo de democracia racial hegemônico, sustentando e suprindo quer direta, quer indiretamente, alguns de seus pressupostos básicos, a exemplo do livro coordenado por Charles Wagley e também o de Thales de Azevedo. Por outro lado, esse mesmo momento anuncia a consolidação de reflexões que rompem radicalmente com a crosta ideológica estruturante das visões de mundo e práticas sociais resultantes do projeto de democracia racial pretendida, levando, assim, à exaustão crítica aspectos fundamentais desse modelo.

A tal ponto se dá um corte frente às visões tradicionais sobre o tema que podemos considerar como uma "sociologia da ruptura" as análises e pesquisas concluídas naquele contexto, a exemplo dos trabalhos de Florestan Fernandes, Roger Bastide, Oracy Nogueira e Fernando Henrique Cardoso — apesar de ser percebida aqui e ali, nesses mesmos autores, a presença de impasses e incongruências em várias de suas soluções explicativas, como veremos adiante. Por ora, fixemos a atenção crítica naquelas análises que consideramos ainda limitadas teórica e metodologicamente, incapazes de romper com a tradição estabelecida.

O livro inaugural do projeto da UNESCO é o coordenado por Charles Wagley, com escritos de Harry W. Hutchinson, Marvin Harris, Ben Zimmerman e do próprio Wagley. Há de se notar, em todos esses trabalhos, a forte presença das soluções explicativas de Gilberto Freyre para o período escravista colonial, mas principalmente daquelas contidas em *Negroes in Brazil. A study of race contact at Bahia*, de Donald Pierson, publicado em 1942. Das suposições de Freyre, já temos referências críticas nessa pesquisa; mais adiante, estabeleceremos as coincidências de ponto de vista com o trabalho de Pierson. Por enquanto, explicitemos os pontos comuns que unem as análises desses autores, ressaltando-lhes especialmente as soluções explicativas principais sobre o tema das relações ditas raciais, a fim de termos uma base para o exercício crítico.

A partir de estudos de caso realizados sobre pequenas vilas do grande sertão nordestino (Hutchinson, Harris, Zimmerman) ou da Amazônia (Wagley), de população nunca superior a 5.000 habitantes, e de alguma forma ligadas às antigas atividades econômicas do velho Brasil colonial, tais como a cana-de-açúcar ou a mineração, as análises centram-se sob o aspecto das relações "raciais". Em todas essas localidades, percebe-se a convivência entre o "arcaico" e o "moderno": trabalho assalariado e agricultura de subsistência; operários de usinas ao lado de rendeiros da cana-de-açúcar; eletricidade e lampiões a querosene; descendentes de escravos, agora autônomos pescadores, pedreiros, posseiros etc.; tratores e carros de boi; serviços médicos, escolas primárias etc., assumidas pelo Estado, e os resquícios do paternalismo clientelista sob o controle dos poderosos locais.

Os autores referidos trabalham a sociologia das relações étnicas a partir de uma caracterização do regime de classes sociais que estigmatizam, nessas vilas, o lugar ocupado pelo branco, o negro, o mestiço. Distinguem então o "povo", isto é, os trabalhadores; as "classes médias" locais; as classes dominantes dos proprietários. Em todos os casos estudados, procuram identificar as classificações "raciais" e os critérios culturais daí emergentes, levantando em minúcias o pesado e denso clima de visões de mundo, valores, hábitos e representações sociais, que invariavelmente impregnam a vida provinciana desses lugares. Constatam, em conseqüência, que a demarcação étnica no Brasil — ao contrário dos Estados Unidos, sempre utilizado como referência/contraste — seria muito mais um fato do que uma regra. Malgrado terem percebido, de forma exaustiva, que a organização e a dinâmica das classes e grupos étnicos possuem contornos bastante nítidos, interpenetrando-se e influindo dialeticamente nas resultantes sociais, econômicas e políticas daquelas sociedades, os autores tendem a concluir pela não-existência de barreiras formais para que o negro — desde que rico e instruído — faça parte das elites. Dessa forma, não se constituiriam nessas sociedades — e, por extensão, no Brasil — "problemas de racismo".[101] Os preconceitos e discriminações, embora apropriadamente levantados e descritos, a partir de estereótipos e arquétipos adaptados aos novos tempos, não se justificariam enquanto tais, já que "não exercem os mesmos efeitos que em outras partes do mundo ocidental".[102] Desse modo, mesmo que considerem o critério étnico no mesmo patamar de importância assumido pelo conceito de classes sociais, não funcionaria aquele como fator de discriminação, dividindo os homens em grupos mais ou menos distintos ou impregnando a rota de sua trajetória social.

Ainda no projeto da UNESCO e integrando esta fase dos estudos que consideramos como insuficientes teórica e metodologicamente para dar conta de forma mais completa dos principais problemas que envolvem os diversos ângulos da cultura das relações étnicas no Brasil, mesmo considerando os avanços então alcançados e debitados ao levantamento sistematizado das concepções, valores e formas de representação do fenômeno, encontra-se o estudo de Thales de Azevedo sobre o processo de ascensão social das gentes de cor em Salvador, cidade durante muito tempo considerada modelo de harmonia étnica.[103] Novamente, a exemplo dos autores presentes no trabalho coordenado por Charles Wagley, também em Thales de Azevedo dissociam-se os valores étnicos da arena onde convivem e se reproduzem as classes sociais.

Assim, e também repetindo a influência das soluções explicativas contidas no livro de Donald Pierson anteriormente referido, Azevedo é sobremaneira cauteloso quando se trata de decidir conclusivamente sobre a incidência ou não dos processos preconceituosos ou discriminatórios na sociedade estudada. Desse modo, após minucioso levantamento de opiniões de negros e mulatos de classe média a propósito de questões que colocam em discussão sua (deles) ascensão social (suas relações na profissão, no casamento interétnico, no lazer, no esporte etc.), Azevedo não chega a negar que os preconceitos existam, o que seria, segundo ele mesmo, uma afirmação apenas parcialmente verdadeira. Entretanto, se eles existem, seriam sobremaneira inconsistentes, pontuais, já que não acompanhados de violência explícita, e, sobretudo, inseparáveis dos antagonismos de classes — estes, sim, determinantes. No fundo, a sociedade (*sic*) e seus costumes reprovariam a discriminação, pois a tudo perpassaria uma certa personalidade "cordial", "doce", a caracterizar o *fairplay* típico dessas relações na Bahia.

Ora, fica claro que os estudos contidos no livro coordenado por Charles Wagley, e este de Thales de Azevedo, realizaram-se sob inequívoca e explícita influência da perspectiva de análise adotada por Donald Pierson em seu estudo sobre as relações étnicas na cidade de Salvador (Bahia), em princípios dos anos 40. Nesse estudo, Pierson procura sistematizar a diversidade cultural, de onde extrai o fundo de cultura a caracterizar o tratamento depreciativo com que o negro e seus mestiços são vistos, em antítese ao modelo branco e ocidental. Entretanto, esse autor conclui pela tese de que o Brasil é uma sociedade multirracial de classes, sendo este último o critério decisivo. Isto no sentido de que a ascensão social eliminaria os problemas atribuídos à etnia. Daí que as desigualdades sociais devam ser explicadas tendo como determinantes a estrutura e a hierarquia das classes sociais, pois não há nenhum tipo de obstáculo formal que fixe rigidamente o preto e o mulato em quaisquer segmentos sociais. Provas nesse sentido seriam dadas pela ausência de preocupação com os problemas de conflito ou acomodação étnicos na sociedade baiana e pelo fato de a maioria dos pretos e mulatos já não se identificar com a tradição africana — e o Carnaval seria a prova mais contundente disso.[104] Os resquícios de inconformismo são então atribuídos à permanência dessas pessoas nas camadas inferiores da sociedade, sendo, portanto, típicos de uma luta de classes, no sentido marxista do termo.[105]

A principal crítica passível de ser feita a essa perspectiva de análise diz respeito ao fato de ela negar ou subestimar perigosamente o fato de que a constatação das diferenças étnicas, a multiplicidade das categorias que as diferenciam e o caráter depreciativo que lhes é inerente, transforma-se ao mesmo tempo em problemas sérios e simbolicamente de grande violência. Ao sobrevalorizarem as características "verbais" da discriminação, as quais seriam atenuadas pelo tom de comiseração e condescendência, sem traços de brutalidade, de ressentimento ou repugnância; ao não identificarem a existência da segregação tão típica de outros exemplos nacionais, e conseqüente convivência generalizada ou aparentemente generalizada nas vizinhanças, instituições da sociedade civil etc.; enfim, ao não encontrarem barreiras "visíveis" a impedir a ascensão social das gentes de cor no trabalho, nas carreiras profissionais etc., o que fica aparentemente "provado" por exemplos objetivos de casos individuais, essa perspectiva de análise perde de vista a dimensão cultural do fenômeno; minimiza o aspecto da força simbólica que essa dimensão pode conter e, a partir daí, deixa de entender a extensão em todas as conseqüências, advindas da inserção desse imaginário, seja no cotidiano, seja no mundo do trabalho, seja na cultura concebida o mais amplamente possível.

Finalmente, ao ser ofuscada pelo exclusivismo das classes sociais e conseqüentes problemas de ascensão social, perde de vista essa perspectiva de análise o como e de que maneira a própria existência das classes e sua reprodução se vêem permeadas, no Brasil, pela densidade cultural daquelas relações na sociedade. O que tem estado em jogo não são os inúmeros casos de sucesso pessoal, dos quais a história do Brasil é repleta desde a colônia escravista, mas sim o tipo de processo de como eles se dão, o preço cultural, ideológico, e também econômico e político que se paga por ele. Não basta constatar, por exemplo, que a miscigenação se dá, mas, antes, a forma ideológica como ela se dá. Não basta dizer genericamente que o que o brasileiro gostaria é de ver "branca" a sua gente, mas verificar o rastro discriminatório a marcar visões de mundo e os efeitos incidentes em quem "ficou para trás" — haverá um dia a "redenção branca"? O que dizer de crianças em processo de aprendizado social ouvindo, vendo ou lendo que o branco é isso, o branco é aquilo outro? Não será isso extremamente violento? Discriminatório e preconceituoso? Não trará marcas eternas, que somente a engenhosidade da vida poderá modificar em circunstâncias absolutamente inesperadas e aleatórias? De quantos autores como Cruz e Sousa, ou ao revés, Machado de Assis, necessitará esta cultura?

O livro de Donald Pierson representa, sem sombra de dúvidas, um marco nos novos estudos sobre as relações étnico-sociais no Brasil, quando da emergência dessa questão nos anos 40. Suas teses calaram fundo na interpretação sempre dinâmica, adaptando-se aos novos tempos, que os brasileiros incorporam sobre o tema, tanto no plano erudito quanto no plano popular. Quanto mais não seja, observe-se a repercussão com que de saída é saudado o livro pelo meio acadêmico e pela imprensa: recebe o Anisfield Award de 1942, da Universidade de Nova York, como o melhor livro científico; referências críticas positivas, a exemplo de Gilberto Freyre (que lhe recomenda, o quanto antes, a publicação em português), J. F. Normano (*Hispanic American Historical Review*), W. Montague Cobb (*American Journal of Physical Anthropology*), Roger Bastide, Everett V. Stonequist (*American Sociological Review*), Emilio Willems, E. Franklin Frazier (*The American Journal of Sociology*), Dante de Laytano, Roger F. Evans (Fundação Rockefeller), Herbert Blumer (Diretor, *The American Journal of Sociology*), Sérgio Milliet, Emory S. Bogardus (*Sociology and Social Research*), Richard F. Behrendt (*New Mexico Quarterly Review*), Alejandro Lipchutz (Depart. de Medicina Experimental do *Servicio Nacional de Salubridad* de Santiago, Chile), Afrânio Coutinho.[106]

Em verdade, no plano das ciências sociais, enquanto não se colocou em perspectiva o fato de que historicamente a cultura das classes sociais no Brasil está atrelada, em sua dinâmica de luta pela hegemonia e pelo controle da hierarquia social, aos valores que trazem implícita a utilização estratégica do preconceito e da discriminação étnica como formas de persuasão e reprodução da dominação opressiva, não se teriam respostas mais eficazes e abrangentes para o problema.

NOTAS

[1] NERUDA, Pablo. "Reúne-se o aço". *In*: *Canto Geral*. 3ª ed. São Paulo: Difel, 1980, p. 426.

[2] CAVALHEIRO, Edgard (org.). *Testamento de uma geração*. Porto Alegre: Ed. Globo, 1944.

[3] NEME, Mário (org.). *Plataforma da nova geração*. Porto Alegre: Ed. Globo, 1945.

[4] Para uma análise exaustiva desses "balanços", ver: MOTA, Carlos Guilherme. *Ideologia da Cultura Brasileira (1933-1974)*. 3ª ed. São Paulo: Ática, 1977.

[5] Cf. Atas do I Congresso Brasileiro de Escritores. São Paulo, Associação Brasileira de Escritores (ABDE), 1945, p. 24.

[6] *Idem*, pp. 27-28.

[7] *Idem*, pp. 25-33.

[8] *Idem, ibidem*.

[9] *Idem*, p. 9. Ajunte-se, a essas teses, a moção encaminhada por Vinicius de Moraes — que, durante o Congresso de 1945, faria reuniões interessadas em crítica de cinema — no sentido de se acabar com a proibição de que meninos e meninas, moças e rapazes, freqüentassem as mesmas salas de aula, até então em vigor no Brasil.

[10] Atas do I Congresso Brasileiro de Escritores. Op. cit., pp. 93-95.

[11] *Idem, ibidem*.

[12] *Idem*, p. 1.

[13] *Idem*, p. 36.

[14] Ver HASENBALG, Carlos A. *Discriminação e desigualdades raciais no Brasil*. Rio de Janeiro: Graal, 1979, pp. 170-179.

[15] Ver CHALOUB, Sidney. *Trabalho, lar e botequim*. São Paulo: Brasiliense, 1986; SIQUEIRA, José Jorge. "Contribuição ao estudo da transição do escravismo colonial para o capitalismo urbano-industrial no Rio de Janeiro: a Cia. Industrial Luz Steárica — 1854/1898", ICHF/UFF, 1984. Dissertação de Mestrado. Nesse trabalho, estuda-se, especificamente, o processo de transformação manufatureiro escravista à fábrica capitalista ocorrido numa empresa urbana do Rio de Janeiro (hoje ainda existente, com filiais), onde escravos trabalharam lado a lado de trabalhadores portugueses embarcados pelos mesmos comerciantes do tráfico que compravam antes negros d'África — os *indentured servants*. Esse processo era comum a várias outras empresas, de vários outros setores, na época, no Rio de Janeiro.

[16] SKIDMORE, Thomas. *Preto no branco. Raça e nacionalidade no pensamento brasileiro*. Rio de Janeiro: Paz e Terra, 1976, pp. 54-95; PEREIRA, João Baptista Borges. "Estudos antropológicos e sociológicos sobre o negro no Brasil", *in*: *Contribuição à antropologia em homenagem ao professor Egon Schaden*. Col. Museu Paulista, série ensaios, v. 4. São Paulo: 1981, pp. 193-206; AZEVEDO, Célia Marinho de. *Onda negra. Medo branco. O negro no imaginário das elites — século XIX*. Rio de Janeiro: Paz e Terra, 1987, pp. 59-82; BANDEIRA, Maria de Lourdes. *Território negro em espaço branco. Estudo antropológico de Vila Bela*. São Paulo: Brasiliense, 1988, pp. 15-34; SCHWARCZ, Lílian Moritz. *O espetáculo das raças. Cientistas, instituições e questão racial no Brasil — 1870/1930*. São Paulo: Cia. das Letras, 1988, pp. 43-66.

[17] SCHWARCZ, Lílian Moritz. *O espetáculo das raças. Cientistas, instituições e questão racial no Brasil — 1870/1930*. Op. cit., pp. 43-66.

[18] VAINFAS, Ronaldo. *Ideologia e escravidão. Os letrados e a sociedade escravista no Brasil colonial*. Petrópolis: Vozes, 1986.

[19] CHALOUB, Sidney. *Trabalho, lar e botequim. O cotidiano dos trabalhadores da Belle Époque no Rio de Janeiro*. São Paulo: Brasiliense, 1986, pp. 35-112.

[20] FREYRE, Gilberto. *Casa grande & senzala*. 28ª ed. Rio de Janeiro: Record, 1992, p. XLVII.

[21] *Idem, ibidem*.

[22] Cf. CANDIDO, Antonio. "O significado de 'Raízes do Brasil'". *In*: HOLANDA, Sérgio Buarque de. *Raízes do Brasil*. 25ª ed. Rio de Janeiro: José Olympio, 1993, p. XXXIX.

[23] Cf. COSTA, Emília Viotti da. *Da monarquia à república. Momentos decisivos*. 5ª ed. São Paulo: Brasiliense, s.d., pp. 248-249.

[24] *Idem*, p. 252.

[25] FERNANDES, Florestan. *A integração do negro na sociedade de classes*. 2ª ed. São Paulo: Dominus/Edusp, 1965. 1° v., p. 256.

[26] RAMOS, Arthur. *O negro na civilização brasileira*. Rio de Janeiro: Liv. Casa do Estudante do Brasil, s.d., p. 297.

[27] *Idem*, p. 136, *passim*.

[28] *Idem*, p. 184.

[29] *Idem*, p. 185.

[30] FRANCO, Afonso Arinos de Melo. *Conceito de civilização brasileira*. São Paulo: Nacional, 1936, p. 193.

[31] *Idem*, p. 29.

[32] *Idem*, p. 47.

[33] *Idem*, p. 25.

[34] *Idem*, p. 49.

[35] *Idem*, pp. 49-59.

[36] *Idem*, p. 131.

[37] *Idem*, p. 141.

[38] *Idem*, p. 120.

[39] *Idem*, p. 153.

[40] *Idem*, p. 155.

[41] *Idem*, p. 160.

[42] *Idem*, p. 172.

[43] *Idem*, pp. 176-178.

[44] *Idem*, p. 204.

[45] *Idem*, p. 232-233.

[46] *Idem*, pp. 116-124. Para uma visão atualizada sobre a história dos quilombos no Brasil e especialmente no Rio de Janeiro, ver: GOMES, Flávio dos Santos. *Histórias de quilombolas. Mocambos e comunidades de senzalas no Rio de Janeiro. Século XIX*. Rio de Janeiro: Arquivo Nacional, 1993.

[47] Cf. HOLANDA, Sérgio Buarque de. *Raízes do Brasil*. 25ª ed. Rio de Janeiro: José Olympio, 1993, pp. 138-139.

[48] *Idem*, p. 24.

[49] *Idem, ibidem*.

[50] Cf. PRADO JR. Caio. *Formação do Brasil contemporâneo. Colônia*. 28ª ed. São Paulo: Brasiliense, 1995, p. 274.

[51] *Idem*, p. 274.

[52] *Idem*, pp. 272-276.

⁵³ Ver CORREA, Viriato. *Terra de Santa Cruz. Contos e crônicas da história brasileira*. Rio de Janeiro: Liv. Castilho Ed., 1921. Especialmente o conto "Os embaixadores do Daomé", pp. 75-86. História que relata uma incrível visita de embaixadores do Daomé à Bahia do século XVIII: incultos, grosseiros, extravagantes, eis que vindos direto da selva mítica. Chegaram nus, deixando embaraçada a recepção do conde de Atouguia, que programara um passar de tropas em revista. Apesar de terem vindo negociar o preço dos rolos de tabaco e o monopólio do porto de Ajudá nesse comércio com a África, teriam pintado os canecos em Salvador — guiados pelo intérprete, o negro Caetano, um patife de primeira —, saindo em bebedeiras homéricas, a perseguir todas as pretas e mulatas da cidade. Durante o dia, metiam-se no palácio do governo, remexendo tudo, cuspindo no assoalho, nos móveis, fazendo exigências impertinentes — especialmente dinheiro, para presentear as negras e mulatas de suas simpatias. Acabariam em Lisboa, na corte de Maria I, a Louca, tendo o embaixador sido batizado e recebido o título de Dom (senhor), na hora da morte, por extrema-unção. O outro membro da comitiva retorna ao Brasil, acompanhado de padres católicos missionários de ação no Daomé e outro intérprete, sumindo nos mocambos.

⁵⁴ BASTIDE, Roger. *As religiões africanas no Brasil*. 2ª ed. São Paulo: Pioneira, 1971, p. 191.

⁵⁵ Cf. QUEIROZ, Maria Isaura Pereira de (org.). *Roger Bastide. Sociologia*. Coleção Grandes Cientistas Sociais, 37. São Paulo: Ática, 1983, p. 22.

⁵⁶ BASTIDE, Roger. *A poesia afro-brasileira*. São Paulo: Martins, 1943, pp. 17-19.

⁵⁷ *Idem, ibidem*.

⁵⁸ *Idem*, pp. 7-15.

⁵⁹ *Idem*, p. 8.

⁶⁰ Ver COUTINHO, Afrânio (org.). *João da Cruz e Sousa. Enciclopédia da literatura brasileira*. Rio de Janeiro: MEC, 1990, v. 2, p. 125.

⁶¹ BASTIDE, Roger. *A poesia afro-brasileira*. Op. cit., pp. 93-95.

⁶² SOUSA, João da Cruz e. "O emparedado", *in*: *Obras completas*. Rio de Janeiro: Anuário do Brasil, s.d.

⁶³ BASTIDE, Roger. *A poesia afro-brasileira*. Op. cit., p. 89.

⁶⁴ *Idem*, p. 94.

⁶⁵ SOUSA, João da Cruz e. *Obras completas*. Op. cit., pp. 134-135, v. 2.

⁶⁶ ROGER, Bastide. *Le candomblé de Bahia (rite nagô)*. Paris: Mouton, p. 260.

⁶⁷ Cf. Anais do I Congresso Afro-Brasileiro. Rio de Janeiro: Ariel, 1933-1937, pp. 338-339.

⁶⁸ *Idem*, pp. 351-352.

⁶⁹ *Idem*, pp. 17-20.

⁷⁰ *Idem, ibidem*.

⁷¹ *Idem*, pp. 93-98.

⁷² *Idem*, pp. 99-103.

⁷³ *Idem*, pp. 171-175.

⁷⁴ *Idem*, pp. 187-189.

⁷⁵ *Idem*, pp. 216-230.

⁷⁶ *Idem*, pp. 151-170.

⁷⁷ *Idem*, pp. 191-194.
⁷⁸ *Idem*, pp. 237-241.
⁷⁹ *Idem*, pp. 269-271.
⁸⁰ *Idem*, pp. 146-150.
⁸¹ Atas do II Congresso Afro-Brasileiro (Bahia, 1937). Rio de Janeiro: Civilização Brasileira, 1940, p. 8.
⁸² *Idem, ibidem*.
⁸³ *Idem*, pp. 33-58.
⁸⁴ *Idem*, pp. 71-74.
⁸⁵ *Idem*, pp. 111-119.
⁸⁶ *Idem*, p. 116.
⁸⁷ *Idem, ibidem*.
⁸⁸ *Idem, ibidem*.
⁸⁹ *Idem*, p. 331.
⁹⁰ *Idem, ibidem*.
⁹¹ RODRIGUES, Nina. *As raças humanas e a responsabilidade penal no Brasil*. 3ª ed. São Paulo: Nacional, 1938, p. 145.
⁹² *Idem*, p. 145.
⁹³ *Idem*, p. 153.
⁹⁴ *Idem*, p. 173.
⁹⁵ *Idem*, p. 184.
⁹⁶ *Idem*, pp. 199-200.
⁹⁷ *Idem*, pp. 337-339.
⁹⁸ *Idem*, p. 338.
⁹⁹ WAGLEY, Charles (coord.). *Races et classes dans le Brésil rural*. Paris: UNESCO, 1952, p. 7.
¹⁰⁰ PINTO, Luis A. Costa. "O negro no Rio de Janeiro". *In: Relações de raça numa sociedade em mudança*. São Paulo: Nacional, 1953; AZEVEDO, Thales de. *Les élites de couleur dans une ville brésilenne*. Paris: UNESCO, 1952; BASTIDE, Roger e FERNANDES, Florestan. *Relações raciais entre pretos e brancos em São Paulo*. São Paulo: Anhambi, 1955; RIBEIRO, René. *Religião e relações raciais*. Rio de Janeiro: MEC, 1956; CARDOSO, Fernando e IANNI, Otávio. *Cor e mobilidade social em Florianópolis*. São Paulo: Nacional, 1960.
¹⁰¹ HUTCHINSON, Harry W. "As relações raciais numa comunidade rural do Recôncavo Baiano". *In*: WAGLEY, Charles (coord.). *Races et classes dans le Brésil rural*. Paris: UNESCO, p. 42.
¹⁰² *Idem*, p. 50.
¹⁰³ AZEVEDO, Thales de. *Les élites de couleur dans une ville brésilienne*. Paris: UNESCO, 1953.
¹⁰⁴ PIERSON, Donald. *Brancos e negros na Bahia (estudo de contato racial)*. 2ª ed. São Paulo: Nacional, 1971, pp. 268-269.
¹⁰⁵ *Idem*, pp. 284-286.
¹⁰⁶ Transcrição feita pela editora quando da publicação em português do trabalho de Pierson.

CAPÍTULO II

Rasgando a seda de uma etiqueta (nem sempre) polida

1. ARMA-SE O PALCO

Sobe o pano.
   JONES entra pela direita. É um negro de pura raça, alto, possante, de meia-idade. Suas feições são tipicamente negróides; entretanto, há qualquer coisa de verdadeiramente característico em seu rosto: uma força de vontade latente, uma firme e tranqüila confiança em si mesmo que inspira respeito. Seus olhos brilham com viva, arguta inteligência. Suas maneiras são sutis, suspicazes, evasivas. Enverga um dólmã azul-claro com uma tríplice carreira de botões de cobre, grandes dragonas douradas nos ombros, galões dourados na gola, nos punhos etc. Suas calças são de um vermelho brilhante, com um friso azul-claro. Botas de atacar, envernizadas, com esporas de cobre, e cinto com um coldre contendo um revólver de cano longo e coronha de madrepérola completam seus atavios. Entretanto, há em sua grandeza algo que não é de todo ridículo. Tem um modo pessoal de torná-la aceitável.
   SMITHERES. Da ralé de Londres, é um sujeito esguio, de ombros caídos, aparentando quarenta anos. Sua cabeça calva, no alto do comprido pescoço com enorme pomo-de-adão, parece um ovo. Os trópicos tingiram de um amarelo doentio seu rosto naturalmente pálido, de traços miúdos e nítidos, e o rum da terra pintou seu nariz pontudo de um vermelho surpreendente. Seus olhos pequenos, de um azul aguado, são orlados de vermelho e dão a impressão de que olham em todas as direções ao mesmo tempo, como os de uma fuinha. Sua expressão é de mesquinhez sem escrúpulos, de perigosa covardia. Veste um surrado trajo de montar de brim branco e sujo, usa perneiras enroladas, esporas, um capacete colonial branco e um cinturão de cartucheira com revólver. (...)

JONES *(sem ver ninguém, muito irritado e ainda piscando sonolento, grita:)* — Quem qui tem a osadia de assubiá no meu palácio? Quem qui tem o tupete di acordá o Imperadô? Mando já isfolá uns di vocês, seus negros sujo!
SMITHERES *(mostrando-se, com um jeito meio assustado, meio provocante:)* — Fui eu que assobiei pra lhe acordar. *(Ao ver Jones franzir a testa:)* — Tenho umas novidades pra você.
JONES *(assumindo sua maneira mais suave, que não chega a encobrir o desdém que lhe inspira o branco:)* — Ah! é tu, seu Smitheres... *(Senta-se em seu trono, muito à vontade:)* — Qui nuvidades tu tem pra mi contá?
SMITHERES *(aproximando-se bem de Jones para saborear seu embaraço:)* — Não está achando nada de esquisito hoje?
JONES *(friamente)* — Isquisito? Não, num notei nada disso!
SMITHERES — Então, você não é tão esperto como eu pensava. Onde está toda a sua corte? *(Sarcástico:)* — Os generais, os ministros etc.?
JONES *(imperturbável:)* — Donde acustumam ir quando eu fecho os óio... bebericando rum e bancando os importante na cidade. *(Sarcástico:)* — Cum'é que tu sabe disso? Tu num anda de súcia cum eles todo santo dia?
SMITHERES *(sentindo o golpe, mas afetando indiferença; piscando um olho:)* — Isso faz parte do meu trabalho. Eu preciso, não é?... pra realizar os meus negócios...
JONES *(desdenhoso:)* — Seus negócio!
SMITHERES *(imprudentemente enraivecido:)* — Com os diabos! Você esquece que se deu por muito feliz de trabalhar comigo, quando chegou aqui. Naquele tempo você não se dava esses ares importantes, hem?
JONES *(leva subitamente a mão ao revólver; em tom ameaçador:)* — Vê lá cumo fala cumigo, seu branco! Tu fala dereito cumigo, t'ovindo? Sô o chefe aqui, tu s'isqueceu? Insijo mais respeito!
A escória londrina parece a ponto de rebater com fatos esta última afirmação, mas qualquer coisa no olhar do outro intimida-o, e contém-no.
(Diálogos iniciais da peça O *Imperador Jones*, de E. O'Neill)[1]

Henrique Pongetti, em sua coluna "Cara ou Coroa", do jornal O *Globo*, edição de 21 de abril de 1944, nesse dia denominando a matéria analisada de "Entre O'Neill e a Pérola Negra", comenta o seguinte:

De tudo quanto o negro fez no palco nos últimos anos pouco se poderia dizer, mesmo forçando a memória. O bamboleio da "Pérola Negra" (mera chantagem de quadris); o eco de macumba de "São Benedito é ouro só"; a morte do Joca no malogrado filme de Chianca Garcia e a graça clownesca inteligente, mas muito repetida, do Grande Otelo. Sub-arte, bossa, sangue-frio, rústicas amostras de vocações e temperamentos. Nunca bastaram para nos dar a simples suspeita do nascimento de um teatro dramático de arte. Deste teatro que surge agora na outra margem, imprevistamente, sem qualquer rastro aparente de evolução; sem qualquer indício anterior de amadurecimento. (...) Entre De Chocolat e Eugene O'Neill, não há no Brasil uma ponte: há uma grade eletrificada.

No mês seguinte, na mesma coluna, agora intitulada "Brancos e Negros", Pongetti analisaria a estréia da peça O *Imperador Jones*, no Teatro Municipal do Rio de Janeiro, levada a cabo pelo Teatro Experimental do Negro. Era uma segunda-feira, coincidentemente dia da vitória dos aliados na II Grande Guerra, 8 de maio de 1945. Diz, então, Pongetti:

Lá fora os buscapés, as bombas, as girândolas e os chuveiros de prata espoucavam botando barulho de guerra nos sambas comemorativos da paz. A escadaria do "Municipal" estava bloqueada por uma multidão frenética que parecia disposta a imolar os prováveis espectadores como trânsfugas, como réus de sabotagem contra a apoteose das ruas. Tudo era teatralidade humana contra a tentativa teatral de imitar a humanidade. Emocionava e produzia medo. Uns negros bem vestidos e bem falantes revolucionavam o hall onde as grã-finas brancas encontravam perspectiva para o chiquismo da própria figura. O Abdias, com sua estatura e melancolia de Carlitos pardo, era o "placard" vivo e poético da aventura teatral afro-brasileira plantado nas dúvidas da porta. Nunca vi dois olhos mais carregados de sonho e de responsabilidade.
Aguinaldo de Oliveira Camargo não tem o tamanho de Paul Robeson, o tamanho que o criador de um papel impõe convencionalmente ao personagem. É pequeno, magro, frágil. Ao meu lado, dois oficiais americanos denunciam no rosto esta primeira decepção física. O Imperador Jones ficou em nossa retina com a gigantesca estatura de Paul Robeson. Aguinaldo corre o risco de ainda ficar menor no decorrer da representação. O papel é difícil, sobretudo quando o longo diálogo inicial com o branco termina e a peça se transforma no solilóquio tremendo de Brutus Jones. Mas as primeiras falas do negro tranqüilizam. Ele não tem "métier", tem pouca noção do "tempo" teatral, mas é um grande ator, no sentido de conseguir da platéia determinado estado d'alma pela força do seu rude instinto de humanização. Ele cresce de fala em fala — e é fácil seguir esse fenômeno

de crescimento à vista, reparando na cara dos acima referidos oficiais americanos, no silêncio religioso e ávido da platéia. Dessa platéia que entrou ali excitada pela alegria da vitória e que ainda ouve o estouro das bombas intervindo nas vozes do espetáculo. E Brutus Jones cresce. Cada monólogo na floresta dá-lhe um palmo. A oração do remorso dá-lhe dois de uma só vez. Os negros no Brasil — e os brancos também — possuem agora um grande ator dramático: Aguinaldo de Oliveira Camargo. Um antiescolar, rústico, instintivo grande ator.[2]

De fato, a "outra margem", a ausência aparente de qualquer tradição teatral anterior, referidas por Pongetti para ilustrar sua surpresa diante do que apresentava o Teatro Experimental do Negro, não possuía origens propriamente "artísticas", já que se embalava sobretudo nas lutas sociais de seu tempo. Se não, rastreemos o ambiente ao qual filiou-se a experiência.

Pasquins como O *Clarim d'Alvorada*, O *Alfinete*, O *Kosmos*, A *Liberdade*, *Tio Urutu*, *Treze de Maio*, O *Bandeirante*, O *Menelick*, *Auriverde*, *Paulistano*, A *Sentinela*, A *Rua*, *Elite*, *Progresso*, O *Xanter*. O Centro Cívico Palmares, Associações Culturais e Recreativas Luis Gama, José do Patrocínio etc. Irmandades Nossa Senhora do Rosário dos Homens Pretos, dos Homens Pardos, de São Benedito etc. O Café do Adelino, o Largo do Palácio, os times de futebol (o São Geraldo, o Cravo Vermelho etc.), inúmeros grupos organizados, a exemplo do das Margaridas (moças que andavam sempre juntas) etc., festas de quintal, batizados, casamentos, os incontáveis salões de baile e as sociedades informais (como a Brinco da Princesa, mantida por cozinheiras), os cordões de Carnaval (o Campos Elíseos, o Camisa Verde, o Lavapés, o Vai-Vai etc.). Nomes como Lino Guedes, Jayme de Aguiar, José Correia Leite, Justiniano Costa, Vicente Ferreira, Evaristo de Moraes, Isaltino Veiga dos Santos, Mister Gids, Arlindo Veiga dos Santos, Gervásio de Morais, Mário de Vasconcelos, Deocleciano Nascimento etc., compunham, em boa medida, as expressões do meio social das gentes de cor na São Paulo do pós-I Guerra e anos 20 do século XX.[3]

Era ainda, como nos diz Nicolau Sevcenko, a São Paulo dos três "Gês": da Gripe (espanhola), da Geada e dos Gafanhotos. São Paulo das grandes greves operárias de 1917-1918; dos clubes de dança, do culto ao esporte e ao automobilismo. Tempos de maxixe, do *fox-trot*, do *jazz*, do *ragtime*. Tempos da invasão do cinema hollywoodiano e de seu manancial caudaloso de revistas, informações, mexericos, fotografias, pôsteres, suvenires, discos, fã-clubes e turnês artísticas. São Paulo da "explosão" editorial a alcançar cerca de um milhão de volumes em 1921; dos novos espaços de exposição para as artes plásticas, criados ou improvisados em hotéis, livrarias, casas comerciais, cinemas; da vinda de artistas em turnês internacionais, ou do Rio de Janeiro, de estados do Norte e do Sul; da emergência de uma geração de pintores e escultores, num ambiente cultural estimulador, a promover o embelezamento da cidade — em parte identificado nos concursos promovidos por entidades ou segmentos da população a fim de marcar sua presença, a exemplo da colônia portuguesa, que ergue monumento homenageando um aviador lusitano, que fizera a primeira travessia aérea pelo Atlântico, no vôo Lisboa-Rio de Janeiro (Monumento à Raça), da italiana (Monumento a Verdi) etc.[4] Mesmo o meio social negro chega a cogitar um monumento, mas este somente sairia bem mais adiante e à sua revelia, já no governo do prefeito Jânio Quadros, quando — bem à feição da democracia racial — é erguido um monumento à "Mãe Preta", de estilo modernista, com os pés e seios enormes, desproporcionais, amamentando uma criança (em estilo natural) branca.

Entre as notícias que circulavam na São Paulo daqueles momentos, por meio da invasão cultural americana, vinham aquelas dando conta da existência de um Harlem, com suas entidades cívicas e suas manifestações; falavam de *night-clubs* como o *Cotton Club*, freqüentado por Duke Ellington — circulou, por exemplo, a crônica de Bernard Shaw elogiando a casaca mais bem talhada que já vira em sua vida, vestida por um negro do *Cotton Club*. Falavam também das iniciativas dos negros de lá, comprando propriedades e estabelecimentos, formando bairros. E dos efeitos da participação de soldados negros norte-americanos na Primeira Guerra, de sua constatação de que o fenômeno racista não se estendia a todos os povos e culturas; o que isso significou para uma renovação do protesto nesse aspecto, destacando lideranças, como Booken Washington e Marcus Garvey. Tudo isso circulava a conta-gotas no universo cultural do negro paulista. Assim, José Correia Leite, editor de *O Clarim d'Alvorada*, jornal que duraria vários anos, relata que um baiano poliglota, o Mário Vasconcelos, correspondente de *O Clarim* em Salvador, enviava, já traduzidas, as matérias sobre o movimento negro norte-americano e o pan-africanismo. Nessas matérias, ensinava-se o orgulho da raça, defendia-se uma estética negra, inclusive para as crianças etc. *O*

Clarim, por conta disso, chegou a abrir uma seção intitulada "O Mundo Negro", que era justamente o título do jornal publicado pelo jamaicano Marcus Garvey nos Estados Unidos: *Nigro World*[5]. O movimento internacional liderado por Garvey contribuiu para acabar com as dúvidas dos militantes de O *Clarim* — homens simples, de parco aprendizado cultural formal — a respeito da justiça de sua própria luta, reforçando e ampliando-lhes as idéias libertárias: passaram a perceber, com maior nitidez, a singularidade do preconceito à brasileira, sua dissimulação, a falsa negação de sua existência.

Nesse contexto, entende-se, por exemplo, o papel de vaso comunicante representado pelo padre negro provedor das Irmandades de Nossa Senhora do Rosário dos Homens Pretos e São Benedito, do Rio de Janeiro — colaborador de O *Clarim*, para onde enviava poesias —, ao receber no Rio de Janeiro o diretor do jornal *Chicago Defender*, Robert Abbot, que também esteve em São Paulo. A redação de O *Clarim da Alvorada* passa então a receber exemplares do *Chicago Defender* e eles, de O *Clarim*.[6] José Correia Leite, por sua vez, relata a importância dos bares, da ruá, das praças, como lugares de discussão dessas questões no meio social negro e mulato; discorre sobre a violência policial, as prisões ilegais, as dificuldades de se ir a um simples barbeiro. É de O *Clarim* a proposta de organização de um Congresso da Mocidade Negra, em 1928, peremptoriamente criticado pela imprensa, que não via razão para uma iniciativa daquelas — assustados, certamente, pelos cartazes espalhados pelos militantes anunciando o Congresso, com a estampa de um negro quebrando correntes.[7]

O clima das discussões sobre o tema do negro em sociedade, naqueles anos, era de franco entusiasmo, nos encontros da Praça da Sé: formaram-se grupos; percebia-se que algo novo estava por vir com a candidatura de Getúlio Vargas. Era preciso se posicionar. Destacar-se-iam, naquelas jornadas, o grupo de Isaltino Veiga dos Santos (que acabaria fundando a Frente Negra Brasileira, em 1931), de Francisco Costa, Marcos dos Santos, Roque dos Santos e outros. Sentia-se verdadeiro prazer em ver a decadência das tradicionais famílias paulistas, oriundas do passado escravista, agora apeadas do poder. A Revolução de 1930 mobilizaria as atenções nacionais, abortando a idéia do Congresso da Mocidade Negra. Não obstante, chegou-se a publicar em O *Clarim* uma convocatória para esse evento, na edição de 9 de junho de 1929, cujos dizeres têm valor de documento para uma história social das idéias sobre o tema:[8]

Patrícios! Diz Fustel de Coulanges que *"a classe que é assaz forte para defender uma sociedade o é bastante para nela conquistar direitos e exercer legítima influência".*

É, exatissimamente, o nosso caso de perfeitos defensores do Brasil, ainda quando os patrioteiros e aproveitadores das horas felizes, dos dias de festas da "sua vitória", desertam do campo de defesa da "brasilinidade", pela palavra, pela ação, pelo protesto ou pela carabina.

Se, como fala Pontes de Miranda, os estrangeiros apoderaram-se do país e o brasileiro assiste indiferente à conquista tenaz e cobiçosa, não é verdade isso a respeito do Negro. Oh! se o Negro altivo, o Negro orgulhoso do seu passado nacional... Ah! se o Negro pudesse! Se o Negro de fibra mandasse...

Vamos, pois, cogitar da "efetivação" dos nossos incontestáveis direitos.

Consegui-lo-emos (Deus quer), pela educação e levantamento moral, intelectual e econômico, bem como pela organização das nossas famílias, e especialmente da nossa mocidade, esperança de melhor futuro — dentro do espírito tradicional da nacionalidade, único que pode conservar e preservar o Brasil brasileiro.

Não precisamos consultar a ninguém para vermos a verdade dos direitos, a realidade tétrica da nossa situação, a rapidez da nossa decadência. Isso tudo não está nos livros europeus, nem norte-americanos.

O Brasil, diz Castro e Silva, precisa de uma metafísica sociológica, mas de metafísica brasileira. Auscultando a nossa realidade, tiraremos da consideração dela o remédio para nossos males, negando atenção àqueles que queiram "salvar-nos" contra as nossas tradições e contra o Brasil.

Tenhamos fé, e esta fé nos indicará o caminho a seguir. Seja cada um de nós um obreiro desta reação contra o sonegamento dos direitos sagrados da Gente Brasileira de cor; seja cada qual um soldado contra a decadência dos nossos costumes, contra o derrotismo dos perversos e traidores, contra a ignorância e os preconceitos existentes, embora muitos queiram negar; contra o imperialismo dos advenas, contra a idéia e a política estrangeira arianizante; e sobretudo, mais que tudo, contra a negação do que foi feito, pode fazer e quer ainda fazer o nosso Sangue — cuja nobreza foi conquistada nas artes, nas ciências, na política e na guerra, pela identidade, unidade e a independência nacionais.

Gente Negra, sede digna dos pretos e índios que ergueram Palmares, primeiro baluarte da Pátria Livre, nas serras gloriosas do Norte.

Pregai o Congresso.
Pais negros chamai a postos vossos Filhos.
Moços patrícios, cheios de boa vontade e esperança de vencer, acorrei ao vosso Congresso, para alimentar a vossa fé e retemperares o vosso coração para o bem e para o ideal.
Sede aderente ativo do Congresso da Mocidade Negra Brasileira!
Pela Raça e pela Pátria!
P/ Comissão Org. Arlindo Veiga dos Santos

A conjuntura em 1930 atingia e confundia-se em cheio com o fermento do protesto negro: a luta contra as oligarquias tradicionais; a agudização da pressão econômica sobre o meio social por conta da crise de 1929, especialmente grave no subemprego; o amadurecimento das discussões e reivindicações originadas do pós-I Guerra, abrindo, por isso, espaço para o surgimento de lideranças que pregavam, de forma inovadora, a autonomia e a especificidade desse meio social e de suas bandeiras de luta. A hora era de enfrentar os obstáculos mais visíveis que estavam a manter esse meio social em situação de penúria. Identificados na pressão desigual exercida pela onda imigratória européia, cujos elementos, por sua vez, ao se beneficiarem, incorporaram as ideologias discriminatórias e preconceituosas subjacentes; ou na necessidade de recuperar o orgulho da "raça" espezinhado nas ideologias de inferioridade, contrapondo a essas o papel historicamente construtivo desempenhado pelo negro, mesmo que na condição de escravo. Para quem não dispunha dos argumentos que somente mais adiante seriam plenamente desenvolvidos pelas ciências sociais, enfrentava-se com extrema lucidez as idéias não somente arianizantes, como também aquelas da "aculturação", tidas como receituário da "civilização", a negar valores intrínsecos às tradições africanas. Igualmente, quando se remetiam aos preconceitos e discriminações, sem subterfúgios, os motivos fundamentais que explicavam a realidade daquela situação específica.

Em conseqüência de toda essa movimentação, surgiria na cidade, em 1931, a Frente Negra Brasileira (o termo "frente" era bastante usado na época, à exemplo da Frente Única Paulista, unindo o PRP ao Partido Democrático), que exerceria notável influência no meio social das gentes de cor, quer direta, quer indiretamente, por meio do efeito simbólico de sua simples existência, e cujo raio de ação ultrapassaria os limites da cidade de São Paulo e mesmo do estado. Seus fundadores (os irmãos Arlindo

Veiga dos Santos e Isaltino Veiga dos Santos, Eugênio da Silva, Pires de Araújo e Roque Antônio dos Santos) aprovaram o estatuto, alugaram sede, criaram um jornal (*A Voz da Raça*) e, com a expansão do número de associados, desenvolveram serviços de escola primária (com professoras nomeadas pelo estado), gabinete dentário, barbearia, conjunto regional e banda de música, cursos profissionalizantes e educativos, e formaram um grupo de teatro infantil. A estrutura de funcionamento da Frente regulava-se pela formação de um Grande Conselho, composto por vinte membros, assessorado por um Conselho Auxiliar, composto pelos Cabos Distritais da capital; efetivaram-se delegados representantes no interior do estado de São Paulo e em outros, a exemplo de Rio de Janeiro, Minas Gerais, Rio Grande do Sul e Bahia. Seus objetivos e metas principais seriam os de estimular o estudo, o ingresso no mercado de trabalho, a aquisição da casa própria, a necessidade da ascensão social. Para ampliar o número de sócios, organizaram-se domingueiras e reuniões doutrinárias; foram realizadas campanhas de formação de pecúlio junto à Caixa Econômica Federal etc. Dotou-se a entidade de hino e bandeira representativa. A tiragem do jornal *A Voz da Raça* chega a bater 5.000 exemplares, alcançando Angola e os Estados Unidos, além dos estados brasileiros com representação da entidade.[9]

Predominariam, nos estatutos da Frente Negra e no discurso de seu presidente, aspectos culturais que se aproximariam dos ideais de um nacionalismo exarcerbado (chamado patrionovismo), muito em voga na época, de influência integralista, imprimindo-lhe marca de forte centralização nas decisões. Tais características criariam cisões políticas no interior da Frente, culminando com o afastamento de figuras cujos ideais já se aproximavam da perspectiva socialista, a exemplo da importante liderança representada por José Correia Leite, entre outros. Não obstante, a entidade teria seus estatutos reconhecidos na Justiça, obtendo ainda autorização para a sua transformação em partido político, em 1936 — iniciativa logo depois abortada pela instalação do Estado Novo, em 1937, e conseqüente fechamento dos partidos políticos. Em 1938, a repressão política também impossibilitaria a circulação de seu jornal, definhando ainda mais suas atividades.

Abdias Nascimento veria, desiludido, mais esta situação de constrangimento. Nascera em Franca, interior de São Paulo, e já na escola primária tivera um primeiro sinal do que lhe preparava a vida em termos étnicos: tinha sempre negada sua participação no teatrinho das festividades anuais da escola. Em 1928, juntamente com Aguinaldo de Oliveira Camargo e Geraldo Campos de Oliveira, e com o apoio do professor e sociólogo Nelson Menha, organiza o I Congresso Afro-Campineiro, de modestos resultados. Conta-se que, à época, em Campinas, havia lugares públicos, com placas indicativas que avisavam: "Lugar para brancos, lugar para negros". Na capital do estado, Abdias manifesta-se contra a proibição de negros ingressarem na Guarda Civil, o que lhe garante um processo na justiça, obrigando-o a uma saída estratégica da cidade. Esta proibição seria finalmente derrubada por ingerência da Frente Negra Brasileira, por meio de contatos diretos com Getúlio Vargas no Rio de Janeiro. Este fato possibilitou que vários negros ali ingressassem, alguns fazendo carreira, a exemplo do Marcelo Orlando, que, como relata José Correia Leite, superando-se, aprendeu inglês, tornando-se o primeiro intérprete da corporação, sendo posteriormente chefe desse serviço.[10]

Abdias atrela-se ao grupo teatral Santa Hermandad Orquídea e viaja pela América do Sul. Em Lima, 1941, presencia, indignado, um ator branco representando Brutus Jones da peça de O'Neill; ainda ali, tem a idéia de fundar um teatro experimental que promovesse a estética negra. De volta ao Brasil, é preso em Carandiru (penitenciária de São Paulo), onde permanece por dois anos. Lá escreve uma peça que ensaia com outros presos, criando o Teatro do Sentenciado. De volta às ruas, procura Mário de Andrade e o escritor Fernando Goes em busca de apoio para a idéia do teatro experimental, sem sucesso. Transfere-se, então, para o Rio de Janeiro, onde encontraria ambiente mais propício para expandir suas idéias. O Bar Vermelhinho, em frente à ABI, no centro da cidade, tornar-se-ia um importante referencial de seus contatos. Ali conheceria inúmeros intelectuais, jornalistas e artistas, vários deles tornando-se cúmplices de seu projeto, no mínimo, fora de esquadro para o universo teatral de época: Aníbal Machado, Carlos Lacerda (então secretário de *O Jornal*), Nelson Rodrigues, Vinicius de Moraes, Santa Rosa, Solano Trindade, entre vários outros.[11] Funda então, em 1944, o Teatro Experimental do Negro, com os amigos Aguinaldo de Oliveira Camargo, Teodoro dos Santos, José Herbal e o pintor e escultor Tibério. A fundação do teatro o põe em contato, a receber apoio, estímulo e parceria, de gente como Abigail Moura, Mercedes Batista, Gerardo Mello Mourão, Lúcio Cardoso, Ricardo Werneck de Aguiar, Ziembinski, Willy Keller, Enrico Bianco, Cacilda Becker, Joaquim Ribeiro, os próprios Eugene O'Neill e Albert Camus, Léo Jusi, Rosário Fusco, Guerreiro Ramos etc.[12]

Abdias Nascimento tivera alguma militância na Frente Negra Brasileira e assistira a seu fechamento em 1937. O Teatro Experimental do Negro (TEN) não poderia, em seu entendimento, limitar-se à teatralidade. Desse modo, sua concepção pressupunha-o matriz de iniciativas que retomassem as lutas de integração das gentes de cor na sociedade; por outro lado, que viesse a promover um estímulo para o (re)exame, à luz das ciências sociais, dessas questões, sob a égide de um conhecimento "militante", para além dos "vícios" do academicismo, de forma a indicar os rumos das soluções práticas.[13] Para aquele grupo, a preliminar da criação do Teatro Experimental fora a compreensão de que o processo de libertação da massa das gentes de cor de seu estado de marginalização deveria se assentar na educação, na cultura e na criação de condições sociais e econômicas para que aquelas pudessem se efetivar. No TEN, partia-se do marco zero: organização de cursos de alfabetização nos quais operários, empregadas domésticas, pequenos funcionários públicos etc. se reunissem à noite, após o trabalho, para aprender a ler, a escrever, a se conscientizar dos problemas trazidos ao grupo étnico pelas ideologias da democracia racial brasileira. Usando o palco como tática desse processo de educação, a experiência viu rapidamente o êxito da iniciativa. Por meio de Aníbal Machado, conseguiu-se o empréstimo dos salões e do restaurante da União Nacional dos Estudantes (UNE), onde, após as atividades diárias, limpava-se tudo e tinham início as atividades do TEN: além das aulas de alfabetização, aulas de iniciação cultural, testes para ator, palestras — nas quais colaboraram Raimundo de Souza Dantas, Maria Yeda Leite Linhares, José Carlos Lisboa, José Francisco Coelho, Rex Crawford (ex-adido cultural da embaixada norte-americana). O elenco de *O Imperador Jones* formou-se a partir desses cursos, eis que, seis meses após o início das atividades, já existia gente em condições de pisar num palco e representar dramas de responsabilidade, como ficou efetivamente provado.

Entretanto, alerta a outras demandas, o TEN organizou, convocou e patrocinou, em 1946, uma Conferência Nacional do Negro, realizada em duas sessões, uma em São Paulo, outra no Rio de Janeiro; e uma Convenção Nacional do Negro, em 1949, no Rio de Janeiro, preparatória do I Congresso Nacional do Negro, realizado na ABI, em 1950. O caráter cultural e político dessas iniciativas seria uma reação explícita ao estilo dos Congressos Afro-Brasileiros do Recife e de Salvador, de 1934 e 1937, em que o negro, entendia-se, fora estudado como uma espécie de fóssil ou múmia cultural, ou quando menos, sob um ponto de vista descritivo — literário, antropológico, etnográfico. A intenção agora era a de superá-los, inaugurando uma outra fase desses estudos.[14] De fato, como apreciaremos mais detalhadamente adiante, desses eventos patrocinados pelo TEN participariam estudiosos da questão que romperiam com toda uma tradição anterior de trabalhar esse tema, a exemplo de Oracy Nogueira, Roger Bastide, Guerreiro Ramos, Luis Costa Pinto.

A leitura da convocatória da Convenção Nacional do Negro de 1946 nos dá idéia do grau da atualidade das reivindicações desse movimento social em sua própria época. De saída, a cobrança para que o preconceito se transformasse em matéria de lei. Igualmente, dá-se a preocupação de que esta legislação se estendesse ao universo do emprego, público e privado. Antecipava-se, assim, o que viria a ocorrer, em 1951 — de certa maneira à revelia do movimento social negro e, portanto, sem as especificações por ele colocadas —, com a lei Afonso Arinos, de caráter absolutamente inócuo. Presente também estava a reivindicação, que ainda em 1996 vimos ser discutida no Congresso Nacional, a propósito da isenção de taxas para pequenas empresas, com capital não superior a uma determinada quantia. Sem discriminar, especificando a questão da "cor", o movimento social, sabia que bastava a concessão ao pequeno e microempresário, para que segmentos do meio social negro e mulato fossem beneficiados. Decerto, lá também estavam as inexoráveis solicitações de medidas de política econômica que viessem a atenuar as desigualdades econômicas e sociais entre os brasileiros. É inevitável a comparação com o texto convocatório do Congresso da Mocidade Negra proposto pelo *Clarim da Alvorada*, em 1928, que reproduzimos anteriormente. Observa-se, então, a confirmação da autonomia do movimento, no sentido de negar a necessidade da tutela, para o diagnóstico da crueza da situação, o que se faz inclusive mantendo-se a mesma redação. E isso repete-se quando da firme recusa à "aculturação", sob o argumento dos que querem "salvar-nos" de nossas tradições obviamente "bárbaras" e "primitivas". Solapa-se, como no texto de 1928, tanto brancos quanto negros que ainda persistiam em negar a existência dos preconceitos marginalizadores. Inseriam-se, pois, tais reivindicações, no bojo do processo de redemocratização de 1946, aliando-se "às forças vivas da nação"; quiçá conferindo um toque voluntarista à sua própria iniciativa, pois considerava que o que faltara até então fora a "coragem" (*sic*) dos antepassados em utilizar sua própria força, segundo sua própria orientação.[15]

Um apanhado da repercussão das atividades artísticas do TEN na imprensa, entre 1946 e 1964, nos dá uma dimensão de certa empatia de crítica e público: "*O Imperador Jones*: Teatro Experimental do Negro e sua próxima temporada nas segundas-feiras no Fênix" (*Diário Trabalhista*, 21 de maio de 1946), "*Todos os filhos de Deus têm asas*, pelo Teatro Experimental do Negro, no Fênix" (*Diário de Notícias*, Rio de Janeiro, 17 de junho de 1946), "Teatro Experimental do Negro" (*O Globo*, 18 de junho de 1946), "O Teatro Experimental e a cultura do povo contra o despejo do conjunto de cor, protesta o poeta Solano Trindade" (*Diário Trabalhista*, 25 de agosto de 1946), "Abdias Nascimento, o negro autêntico" (Nelson Rodrigues, *Última Hora*, Rio de Janeiro, 21 de agosto de 1946), "*Aruanda*, a peça que Joaquim Ribeiro escreveu para o Teatro Experimental do Negro" (*Diário Trabalhista*, 23 de junho de 1946), "*O Imperador Jones* está de partida" (Vera Pacheco Jordão, *O Jornal*, Rio de Janeiro, 7 de junho de 1946), "Levando as massas ao teatro social" (*Diário Trabalhista*, 25 de agosto de 1946), "O TEN homenageia Castro Alves" (*O Globo*, 28 de março de 1947), "Além da macumba" (*Diário Trabalhista*, 25 de agosto de 1946), "*O filho pródigo*, pelo Teatro Experimental do Negro, no Ginástico" (*Correio da Manhã*, 9 de dezembro de 1947), "*Filhos-de-santo*, de José de Moraes Pinho" (*Correio da Manhã*, 1 de fevereiro de 1949), "*Aruanda*" (Sérgio Magaldi, *Diário Carioca*, 22 de julho de 1950), "O João Caetano transformado em terreiro" (*Última Hora*, São Paulo, 22 de outubro de 1952), "O Teatro Experimental do Negro" (Miroel Silveira, *Folha da Manhã*, São Paulo, 11 de abril de 1953), "Uma realidade: o Teatro Experimental do Negro" (Oscar Nimtzovitch, *Correio Paulistano*, 12 de abril de 1953), "O objetivo do Teatro Experimental do Negro" (Rosário Salazar, *Última Hora*, São Paulo, 10 de abril de 1953), "O'Neill e o TEN" (*Tribuna da Imprensa*, 13 de janeiro de 1954), "Concurso do Cristo de Cor" (*Forma*, abril de 1955), "*Sortilégio* é mistério negro" (Gasparino Damata, *O Globo*, 5 de outubro de 1957), "O TEN já proporcionou o aparecimento de uma floração de artistas negros de alta categoria" (*Folha da Manhã*, São Paulo, 20 de setembro de 1957), "*Sortilégio* levará ao público toda a intensidade do drama de uma raça" (*O Globo*, 19 de agosto de 1957), "*Sortilégio*, peça de Abdias Nascimento — Teatro Experimental do Negro" (Augusto Maurício, *Jornal do Brasil*, 27 de agosto de 1957), "Curso de introdução ao teatro negro" (*O Globo*, 19 de outubro de 1964).[16]

Até para os próprios futuros atores e atrizes do TEN, a repercussão desse trabalho na imprensa seria importante. Veja-se o caso de Léa Garcia, que atuaria na peça *O Imperador Jones*, apresentada já em São Paulo: "Conheci o Teatro Experimental do Negro por intermédio do Abdias. Uma vez, li numa revista — tinha 16 anos — uma matéria sobre o grupo, com uma foto de Ruth de Souza. Descobri, assim, a primeira atriz negra, também brasileira, em minha vida. Foi uma impressão muito forte. Ruth me influenciou muito, comecei a admirá-la".[17] Léa Garcia interpretaria, entre outros papéis, na época, a personagem cômica Serafina, na versão cinematográfica de *Orfeu da Conceição*, peça teatral escrita por Vinicius de Moraes, feita sob nítida influência da repercussão do trabalho do TEN na sociedade, e que seria encenada pelo grupo. O desempenho no filme de Marcel Camus (que lhe deu o nome de *Orfeu do Carnaval*) valeria a Léa Garcia um segundo lugar como melhor atriz no Festival Internacional de Cinema de Cannes, competindo com Anna Magnani e Simone Signoret. Já Ruth de Souza diz, a propósito de sua aproximação com o TEN: "Li uma vez, num número da revista *Rio*, sobre um grupo que pretendia fazer um teatro de negros. Aquilo me encantou. Mrs. Lambert me acompanhou à UNE, para o meu primeiro contato com esse grupo. Fiz um pequeno teste, lendo um trecho, já para participar da montagem de *O Imperador Jones*. Era um bando de gente — eu nunca tinha feito nenhum curso de teatro. Tinha 17 anos e me entreguei de corpo e alma. Desde aquele dia comecei a ensaiar *O Imperador Jones*. Sem dinheiro e sem teatro".[18]

Essa última frase de Ruth de Souza era uma realidade: as dificuldades apresentavam-se imensas. Se aulas, cursos etc. abriam espaço para os alunos tentarem a carreira no palco, empenhavam-se bens pessoais para ajudar na montagem das peças; era difícil obter um local apropriado para os ensaios, chegando-se, no limite, a ensaiar nas escadarias do Ministério da Educação, em protesto. No trabalho inovador, buscava-se uma metodologia de encenação teatral que se aproximasse da "espontaneidade" da representação africana, o que demonstrou ser extremamente complexo, a exigir exaustivos ensaios técnicos, estando longe de ser "primário" ou simplesmente "espontâneo". Paralelamente, tinha-se em mente estabelecer uma ruptura com o que se fizera com o negro em termos teatrais; procurava-se, agora, uma nova estética de valores culturais, que rejeitasse a aculturação, sem, no entanto, cair no folclórico vulgar.[19] Buscou-se ainda ultrapassar um limite crucial: a ausência de gente de cor na platéia. Imaginou-se, então, o projeto *A Barraca*, inspirado em ação desenvolvida na Espanha por García Lorca, e que consistia em levar o teatro a um contato mais próximo do povo. Na versão de Lorca, os espetáculos tanto poderiam ser a montagem de um clássico do teatro espanhol como um espetáculo de números variados de dança, canto e declamação — de caráter experimental. A idéia aqui seria a de criar uma espécie de posto avançado do TEN, com o objetivo de despertar o interesse popular pelo teatro. Este, sobre um palco improvisado, representaria, cantaria, bailaria em conjunção com o público. Tomar-se-ia por base o folclore inesgotável, em números ao sabor popular, de encenações leves, mas com dignidade dramática e artística suficiente para divertir educando, preparando, assim, o ambiente receptivo a futuras excursões de caráter mais profundo, com companhias teatrais estáveis, donas de repertórios menos digestivos do que o inicial de *A Barraca*.[20]

Um outro limite quase intransponível ao TEN foi o da quantidade e, sobretudo, da qualidade temática das peças a serem apresentadas. Peças que correspondessem aos anseios renovadores a que o grupo se propunha, especialmente as combativas, desconstrutoras dos valores e mecanismos ideológicos opressivos da democracia racial brasileira. Especialmente no teatro, vinha de longe a tradição cultural de estereotipar, marginalizando, negros e mulatos em cena, como se fazia também fora da representação: personagens subservientes, coadjuvantes da ação de famílias brancas, geralmente gaiatos, moleques de recado etc. Fixaram-se as figuras emblemáticas dos Pais Joões, das velhas babás, das criloulinhas ou mulatas sapecas, quase sempre ridículas etc. — e, ainda assim, encenados por atores brancos pintados de preto. Raríssimos, praticamente inexistentes, os casos de textos em que não fossem esses o tratamento existencial e a configuração estética.

Ora, superar mais esse desafio seria exigir demais das iniciativas do TEN, já enfrentando obstáculos de toda sorte. Além disso, o talento e a genialidade para a literatura — no caso, teatral — não poderiam ser criados artificialmente, de um momento para o outro, por simples esforço ou dedicação. Ciente dessa fragilidade estrutural, o TEN enfrentaria o problema apelando, de início, para textos estrangeiros ligados à problemática racial (a exemplo de O'Neill), ou exortando a que autores solidários dedicassem esforços no sentido de cobrir essa exigência, ou ainda saindo do próprio grupo textos temáticos. Os resultados nem sempre foram os esperados, em trabalhos de Lúcio Cardoso (*O filho pródigo*), Joaquim

Ribeiro (*Aruanda*), José de Moraes Pinho (*Filhos-de-santo*). Todavia, o teatro brasileiro não poderia ser mais o mesmo a partir dali.

JONES. *Deixa-se ficar desalentadamente sentado, os ombros caídos, olhando as botas em suas mãos, como se relutando em lançá-las fora. Enquanto ocupa assim sua atenção, a clareira é silenciosamente invadida por uma multidão de personagens, que vêm de todos os lados. Vestem-se à maneira sulista de 1850. São homens de meia-idade, evidentemente plantadores abastados. Há um indivíduo enfatiotado, autoritário: o leiloeiro. Há um grande grupo de espectadores curiosos, constituído principalmente por beldades e janotas que vieram ao mercado de escravos por diversão. Todos trocam cerimoniosos cumprimentos (em pantomima) e conversam uns com os outros (silenciosamente), com algo de tenso, rígido, irreal, sugerindo um teatro de marionetes. Agrupam-se ao redor do toco. Finalmente, um subalterno introduz pela esquerda um magote de escravos: três homens de idade diferente e duas mulheres, uma delas amamentando uma criança. Eles são colocados à esquerda do toco, ao lado de Jones.*
    Os plantadores brancos olham-nos avaliadoramente, como fariam com cabeças de gado, e emitem julgamentos sobre cada um deles. Os janotas apontam-nos com os dedos e fazem espirituosas observações. As beldades riem à socapa, como fascinadas. Tudo isso passa-se em silêncio, enquanto prossegue a vibração sinistra do tantã. O leiloeiro levanta a mão, tomando seu lugar atrás do toco. Os circunstantes se acercam, atentos. Ele toca o ombro de Jones com um gesto peremptório, fazendo-lhe sinal para subir o toco, que vai servir de plataforma para o leilão.
    Jones levanta os olhos, vê as figuras que o cercam por todos os lados, procura desesperadamente uma aberta por onde escapar, não a encontra, lança um grito e salta selvagemente sobre o toco para colocar-se o mais possível afastado da multidão. Aí permanece, agachado, paralisado de terror. O leiloeiro inicia sua arenga silenciosa. Aponta para Jones, convida os plantadores a examinarem a mercadoria. Ali está um bom trabalhador para o campo: largo de peito, sólido de membros. Muito vigoroso ainda, apesar de um tanto maduro... Vejam este dorso, estes ombros... Vejam os músculos dos braços, das pernas... Ele é capaz de agüentar qualquer trabalho, por tanto tempo quanto se desejar. E, além disso, é de boa índole, inteligente, dócil... Qual dos distintos cavalheiros fará o primeiro lance? Os plantadores levantam a mão, fazem seus lances. Aparentemente todos estão empenhados em comprar Jones. O leilão é animado, a multidão se empolga. Enquanto isso, Jones é possuído da coragem do desespero. Ousa

olhar para baixo e ao seu redor. Sobre sua fisionomia, o terror abjeto cede lugar à perplexidade, depois a uma progressiva compreensão. (Tartamudeando:)

JONES — Que qui vocês 'tão fazendo, brancos? Qui é qui é isto? Por que 'tão oiando pra mim? O que qui querem cumigo, afinar? (Súbito, presa de ódio e terror raivoso:) — Isto é um leilão? 'Tão querendo mi vendê cumo si fazia antes da guerra? (Sacando o revólver, no momento justo em que o leiloeiro adjudica-o a um dos plantadores, e olhando alternadamente plantador e leiloeiro:) — E é tu qui me vende? E tu qui me compra? Pois eu mostro qui sô um preto livre, seus mardito! (Atira no leiloeiro e no plantador com tal rapidez que as duas detonações são quase simultâneas. Como se isso fosse o sinal, a floresta se fecha. Restam apenas as trevas e o silêncio, rompido por Jones, que foge precipitadamente com um grito de pavor, e pela acelerada e sempre mais intensa vibração do tantã.)

(Quadro Quinto, de O *Imperador Jones*, de E. O'Neill)[21]

2. NEGROS E MULATOS TAMBÉM FALAM

Temos a consciência de nossa valia no tempo e no espaço (...). Devemos ter o desassombro de ser, antes de tudo, negros, e como tais os únicos responsáveis por nossos destinos, sem consentir que os mesmos sejam tutelados ou patrocinados por quem quer que seja... Não precisamos mais consultar ninguém para concluirmos da legitimidade dos nossos direitos, da realidade angustiosa de nossa situação e do acumpliciamento de várias forças interessadas em menosprezar e em condicionar, mesmo, até o nosso desaparecimento. Auscultando a nossa realidade, tiraremos de sua consideração o remédio necessário aos nossos males, negando atenção àqueles que querem "salvar-nos" contra as nossas tradições e contra o Brasil.[22]

Eis como as lideranças abriam os trabalhos da Convenção Nacional do Negro de 1946, antecipando aquele que seria o mais importante dos eventos organizados pelo Teatro Experimental do Negro no contexto da redemocratização: o I Congresso do Negro Brasileiro, realizado na ABI, Rio de Janeiro, de 9 a 13 de maio de 1950. Havia na época como que uma necessidade de contraposição aos Congressos Afro-Brasileiros ocorridos no Recife (1934) e na Bahia (1937), já agora onde o negro pudesse colocar a marca de sua originalidade, sem intermediários. Considerava-se que os Congressos anteriores tinham sido demasiadamente acadêmicos e descritivos, e neles o negro fora sobretudo "objeto de estudo". Era preciso superar a tônica que destacava o lado mais "vistoso" e "ornamental" da vida negra, a exemplo da musicalidade, da capoeira, do candomblé. Tratava-se também de propor, ao lado das análises, medidas práticas e objetivas que atendessem aos diagnósticos mais prementes.

De fato, a estrutura organizativa do I Congresso foi concebida de maneira a ter nos debates sua principalidade. As teses e contribuições foram apresentadas em sessões plenárias, e discutidas a partir de parecer escrito dos respectivos relatores. Aos autores, cabia um tempo para a defesa das idéias, mas também aos demais participantes do plenário caberia espaço para discutir cada trabalho.[23] O temário, aprovado ainda quando da sessão de encerramento da Conferência Nacional do Negro, ocorrida em 1949, dispunha de assuntos tais como História (a escravidão, o tráfico, os quilombos, a participação nas transformações da sociedade), Vida Social (demografia, sistema de vida, condições de trabalho, formas de organização etc.), Religião, Folclore, Línguas e Estética.[24] Para que possamos ter uma idéia mais precisa do que efetivamente se discutiu, assim como ter em conta quem participou, a fim de avaliarmos o leque de solidariedade abrangido pelo I Congresso, vejamos a lista das teses, indicações, contribuições e comunicações apresentadas e publicadas nos Anais: "O Negro — O preconceito — Meios de sua extinção" (Jorge Prado Teixeira e Rubens da Silva Gordo — relator: Abdias Nascimento); "A posse útil da terra entre os quilombolas" (Duvitiliano Ramos — relator: Édison Carneiro); "Há um problema do negro no Brasil?" (debate em mesa-redonda); "O negro na Ilha Grande do Marajó" (Nunes Pereira — relator: Édison Carneiro); "Fórmula étnica da população de Salvador (Thales de Azevedo — relator: Darcy Ribeiro); "A UNESCO e as relações de raça" (Guerreiro Ramos — relator: Darcy Ribeiro); "A criminalidade negra no Estado de São Paulo" (Roger Bastide — relator: Charles Wagley); "Considerações a propósito do nível geral do preto no Brasil e os meios para a sua elevação" (parecer sobre a tese de Edgard Teotônio Santana); "Escravidão e abolicionismo em São Paulo" (parecer sobre a tese de Oracy Nogueira — relator: Roger Bastide); "Apreciação da raça negra pelo positivismo" (parecer sobre a tese de Venâncio F. Veiga); "Inutilidade dos Congressos" (parecer sobre a tese de José Bernardo da Silva — relator: Aguinaldo de Oliveira Camargo); "A regulamentação da profissão de doméstica" (exposição de Guiomar Ferreira de Mattos); "Iemanjá e Mãe-d'Água (discussão sobre a tese de Édison

Carneiro — relator: Sebastião Rodrigues Alves); "Racismo no interior de São Paulo (discussão sobre a tese de Albertino Rodrigues e Franklin Golden — relator: Guerreiro Ramos); "Os Palmares" (discussão sobre a tese de José da Silva Oliveira — relator: Édison Carneiro); "O negro e a campanha de alfabetização (indicação de Roberto J. Taves); "O quilombo da Carlota" (Édison Carneiro — relator: Roger Bastide); "Estética da Negritude" (Ironildes Ribeiro — relator: Abdias Nascimento); "Beleza racial do negro" (exposição fotográfica — Luis Alíneo de Barros); "Escultura de origem negra no Brasil" (contribuição de Mário Barata); "Negros deformados" (Domingos Vieira Filho).[25]

Infelizmente, por idiossincrasias de época, capazes de opor homens que, no fundo, estavam do mesmo lado, partilhando as mesmas angústias — e os fatos assim o comprovam —, um número substancial de contribuições ao I Congresso perdeu-se definitivamente, não podendo ser publicadas nos Anais. Tal desvio se deveu a um tumulto entre os congressistas, quando, em seu encerramento, os assim denominados cientistas propuseram-se a redigir uma "Declaração" paralela à oficial do Congresso, peremptoriamente rejeitada pelo plenário. Acontece que a leitura de ambas as "Declarações" — a oficial do I Congresso e a dos cientistas (também publicada nos Anais e que não contou com a assinatura de vários dentre os cientistas sociais profissionais que participaram do encontro) — nos leva a concluir que elas em nada se contradizem ou entram em rota de colisão. De toda forma, o calor das discussões em torno dos estranhamentos causados pela iniciativa resultou em pequenos ódios e vinganças. Isto deve explicar por que Luis Costa Pinto — que desempenhara funções importantes durante os debates, presidindo várias mesas —, tendo em mãos parte do material que constituiria o total das atas do Congresso, levou-as consigo, nunca mais devolvendo.[26] A resultante é que não se pode dispor dos pareceres e discussões sobre diversos temas interessantes.

A leitura dos Anais do I Congresso nos passam a sensação de um acontecimento extremamente vivaz, de participação intensa nos debates, a cada contribuição apresentada. Sua diversidade contrastante de opiniões, opondo homens simples a outros de reflexões amadurecidas pela militância na causa, e àqueles temperados pela cultura acadêmica, dispondo todos de igual tempo para expor suas idéias, contribuiu para torná-lo um evento prenhe de significações, a projetar dúvidas e perplexidades, a apontar caminhos e contradições.

No discurso de abertura, Abdias Nascimento, em nome da comissão organizadora, assinalava o fato de o Congresso abrir uma nova fase dos debates sobre os problemas das relações de raça no Brasil. Inaugurada, no caso, pelo papel que os brasileiros de cor estavam sendo chamados a exercer na elaboração de um pensamento que impedisse ou endossasse a cristalização de uma política cujo conteúdo ideológico permitisse a supremacia de um grupo étnico sobre os representantes de outras etnias. Se constatada estava a marca da miscigenação como formadora de uma democracia a servir de modelo para outros povos do mundo, esta ênfase não implica automaticamente a negação ou a diminuição da importância de que se revestem os aspectos da convivência defeituosa de pretos e brancos no país. Decorridos à época sessenta anos da Abolição, o ônus negativo que os brasileiros negros ainda apresentavam, antes de uma insuficiência, de uma incapacidade para as tarefas e responsabilidades cívicas e sociais que se lhes impunham, reflete o débito que as classes dirigentes da nação tinha para com o povo de cor negra. Veja-se, a propósito, que, após o 13 de maio de 1888, aquela gente não mereceu, como era justo e necessário, qualquer apoio econômico da República, nenhuma educação ou instrução profissional a fim de habilitar o uso das franquias legais. Destacando a ausência de ressentimentos, Abdias vinculava a iniciativa de se reabrirem os estudos, pesquisas e debates às preocupações que vários intelectuais, entidades e eventos tinham naquele momento, a exemplo dos Congressos Afro-Brasileiros ocorridos no Recife e na Bahia. Entretanto, já agora, não apenas se teria a preocupação estritamente científica, porém buscar-se-ia aliar, à face acadêmica, o senso dinâmico e normativo que conduz a resultados práticos.[27]

A bem da verdade, não se tinha tanta segurança sobre o caráter novo de um pensamento elaborado a propósito do tema, haja vista que a "moção de homenagem" realizada pela comissão organizadora do I Congresso iniciava reverenciando exatamente Nina Rodrigues e Sílvio Romero, intelectuais, como se sabe, tributários de toda uma corrente de pensamento ainda de viés preconceituoso diante de negros e mestiços.[28] De toda forma, é inegável a franqueza com que o I Congresso debateria suas próprias fragilidades, ao discutir, por exemplo, se havia ou não um problema do negro no Brasil.[29] No limite, debater-se-ia mesmo, a propósito do parecer de José Bernardo da Silva, sobre a própria utilidade dos congressos, no fundo, estáticos, objetivando muito mais satisfazer a vaidade de meia dúzia de intelectuais.[30] Sendo nossa intenção perquirir a construção da emergência de uma nova consciência sobre a questão da democracia racial brasileira, no caso a partir do próprio negro organizado, analisemos, pois, em detalhes, o que de principal foi ali exposto e discutido.

O gráfico Duvitiliano Ramos abre os trabalhos apresentando a tese "A posse útil entre os quilombolas",[31] buscando distinguir a maneira pela qual os negros aquilombados utilizavam economicamente a terra. Apesar de não ser um profissional da área das ciências sociais, demonstra o autor sensibilidade notável para o trato dessa questão histórica — o que pode faltar àqueles comprometidos com interesses dominantes —, baseando sua argumentação em documentos que ficaram das expedições holandesas e luso-brasileiras contra o quilombo da Serra da Barriga, além de estar atualizado com a (precária) bibliografia de época sobre Palmares. Tais características foram ressaltadas no parecer escrito apresentado pelo relator do trabalho (que também escrevera sobre o quilombo), Édison Carneiro.[32] A idéia central de Duvitiliano é a de que o tipo de exploração agrícola e o padrão de trabalho nos Palmares eram diferentes e, de certa forma, superiores àqueles baseados no latifúndio e na monocultura do açúcar. Entre os quilombolas, a economia baseada na pequena propriedade, na policultura e no trabalho pessoal da família livre resultou na abundância de colheitas e na produção de excedentes comercializáveis com as povoações próximas. Fato que se destacava do quadro geral de escassez econômica típico das vilas das redondezas do quilombo, assoberbadas (como Palmares) pela guerra contra os holandeses. Extraía dali o gráfico como que um libelo das lutas pela reforma agrária, tão dramaticamente em pauta na conjuntura da realização do I Congresso.

Thales de Azevedo, apresentando a tese "Fórmula étnica da cidade de Salvador",[33] relatada em parecer por Darcy Ribeiro — que lhe recomenda a publicação nos anais —, contribui estudando ali, à base de estatísticas e avaliações das mesmas, como prepondera naquela cidade, historicamente, o elemento de cor. Ressalta a importância da composição étnica para a compreensão estrutural dos problemas das relações raciais, confirmando para Salvador essa preponderância, desde os tempos coloniais. O contínuo e gradual crescimento da mestiçagem explica que se tenha chegado, em 1950, à proporção de um terço de brancos no conjunto da população negra e mulata. Essa proporção distingue o estado da Bahia da média do Brasil, sendo o percentual de brancos inferior à média nacional, e o mais baixo entre os estados da Federação. Também o percentual dos negros excede a média nacional, mas, em números totais, fica inferior a quatro outros estados: Rio de Janeiro, Ceará, Maranhão e Piauí.

Guerreiro Ramos expõe "A UNESCO e as relações de raça",[34] propugnando àquela instituição atenção ao que ocorre no I Congresso do Negro Brasileiro, como experiência de atenuação dos conflitos étnicos no país. Igualmente o faz pelo Teatro Experimental do Negro, para que sejam examinados seus esforços no sentido de servir como instrumento de integração cultural, "desrecalcamento em massa" e luta contra a discriminação, exortando à criação de instituições semelhantes nos países em que existam minorias discriminadas. Propõe ainda que a UNESCO organize um Congresso Internacional de Relações de Raça.

Parece-nos importante resgatar o debate suscitado pela exposição de Guerreiro Ramos, como fórmula de apreender o jogo entre as diversas posições, os contrastes culturais entre os participantes. Assim, ao ceder a palavra ao plenário à mulher que presidia a mesa (Guiomar F. Matos), ouve do sr. Joviano Severino de Melo o seguinte:

> *Toda vez que o sr. Guerreiro Ramos fala, eu não entendo quase nada, porque ele é tão profundo que não consigo compreender o que diz. Gostaria que trocasse isso numa linguagem comum, para saber de fato o que ele quer dizer. O Congresso é de negros, e ele já vai pedir coisa lá fora. Pergunto: Qual a utilidade que vai trazer para nós essa tese do Prof. Guerreiro Ramos? Que vamos fazer dela? Vesti-la? Gostaria de saber como usar isso. Onde? No pescoço? Aperfeiçoamos o quê, se nada temos? Eu não tenho nada; não tenho educação aprimorada; não posso compreender. Amanhã vão me dizer: "Você está fazendo drama" (teatro), e eu responderei: "Que drama? Eu não sou artista!". Pergunto novamente: Que utilidade pode ter para nós, semi-analfabetos, essa sugestão? (...) ir à UNESCO... Pedir o quê? (...) Estamos cansados de ouvir falar de África! África! África! Com a África não temos relação de amizade!*[35]

Roger Bastide apresenta, a seguir, a tese "A criminalidade negra no Estado de São Paulo",[36] relatada por Charles Wagley. Analisam-se, então, os motivos que estão a explicar o fato, comprovado pelos índices estatísticos estudados, de uma maior incidência de crimes cometidos por negros e mulatos, se comparados aos brancos. Identifica-se na sociologia, e não na "raça", o porquê do fenômeno. Resultava, pois, dos baixos padrões educacionais, sociais e econômicos, assim como de uma situação existencial de frustrações, especialmente agravada nos mulatos, redundando em agressividade particularmente demonstrada na percentagem elevada de homicídios, que se volta muitas das vezes contra o próprio grupo. Relacionam-se ainda tais índices ao fato de a justiça ser muito mais severa para com as gentes de cor do que para com os brancos, sendo esta criminalidade mais elevada nas cidades do norte do estado, comparada com as zonas rurais ou com as cidade do sul do estado, justamente devido à desorganização social consecutiva à chegada em massa dos imigrantes de cor nessas cidades. Trabalha-se com três épocas históricas distintas (a escravidão, a transição e São Paulo no "presente"), apontando-se motivações sociológicas específicas para a criminalidade de cada fase. Assim, os crimes resultantes da vingança contra os maus-tratos infligidos pelos senhores e feitores (muitas vezes, inclusive, contra os "bons senhores", como a provar que a revolta era contra a escravidão, e não necessariamente contra as pessoas), ou entre os próprios escravos, como atitude compensatória ao clima exasperado típico da escravidão em São Paulo do século XIX, formada pelo tráfico interno de escravos, separando-os abruptamente de suas famílias, hábitos e vantagens adquiridas. Muitas vezes, a criminalidade era estimulada pelos próprios senhores, mandando escravos matarem inimigos políticos ou pessoais. Na fase de transição para o trabalho livre e assalariado, dado o êxodo rural de ex-escravos, concomitante à entrada dos imigrantes europeus, a situação sofre uma tendência sintomática: em 1898, o número de homicídios praticados por brancos é dez vezes superior àqueles cometidos por negros, cuja criminalidade tende a se concentrar no furto, no alcoolismo e na vagabundagem.

Nos anos de realização da pesquisa (1940 a 1944), o perfil da criminalidade entre negros e mulatos destaca: 1) a herança da escravidão já é então mais ou menos liqüidada, atestada na maior presença proporcional de crimes cometidos por brancos, dado serem esses maioria da população; 2) mantém-se alto o percentual de criminalidade do homem de cor (em termos proporcionais e relativos), inclusive devido a uma jurisprudência que incorporava nos tipos de delitos comportamentos comuns nesse grupo. Sociologicamente, observam-se distinções interessantes, como a presença de crimes em que praticamente estão ausentes os homens de cor, a exemplo dos relativos a direitos individuais, segurança do Estado, falências fraudulentas, moeda falsa etc. Portanto, insistia-se reiteradamente no caráter social desses fenômenos, eliminando, radicalmente, os resquícios das explicações com base em estereótipos e arquétipos.

É instigante captar, do I Congresso, o clima vivaz dos debates em plenário, avaliando-se cada tese, cada parecer. Roger Bastide, numa dessas sessões, afirma que impressionava o fato de aquele evento não ser unicamente um Congresso de Estudos Afro-Brasileiros, mas como estava acontecendo, um trabalho de ação. É um Congresso, afirma, em que se discutem idéias por um Brasil maior. É com franqueza que acusa estar feliz por constatar que, no Congresso, "ninguém dorme"; todos discutem, dando bom exemplo de democracia social e política.[37] Com efeito, após a defesa da tese denominada "O Quilombo da Carlota", de autoria de Édison Carneiro, o relator teve a surpresa de partir do plenário a exigência de maior detalhamento do trabalho, sem o que o mesmo não poderia ser aprovado. Diz então uma dessas pessoas:

> *Estamos aqui para tomar conhecimento dos ensinamentos que este Congresso vai trazer para nós. As teses já são recebidas dentro de envelopes. Não está direito. Precisamos de liberdade e de conhecimento; se não, para que estamos nós aqui? Também a ata não foi discutida e vai ser aprovada ou não na 3ª reunião. Para que estamos aqui afinal? As teses não devem ficar somente dentro da opinião do sr. Relator.*[38]

Levantaram-se posições divergentes; Darcy Ribeiro, por exemplo, garante que não havia nada de anormal naquele procedimento; que não se poderia mesmo ler cada tese por inteiro, sob pena de o Congresso jamais terminar etc. Levantou-se o caso da defesa dos estatutos do Congresso, previamente divulgado e onde, de fato, o que acontecia seguia-lhe as normas. O plenário insiste, rebate, contra-argumenta a necessidade, ao menos, de se ampliar o número de pessoas com acesso às teses — numa comissão, por exemplo; tinham vindo de longe, não tinham tempo a perder etc.; tratava-se de ampliar o entendimento e as possibilidades de julgamento por parte do plenário. Avaliam que estavam ali para levar tudo o que se passava, e não bastava a simpatia do autor da tese, suas vivências, mas sim suas idéias. Até que finalmente o representante da Bahia, sr. Jorge Teixeira, propõe, em conciliação, que se modificasse o regimento interno do Congresso nesse aspecto, criando-se uma comissão de dois ou três membros para o estudo e o relato da cada tese — tarefa perfeitamente exeqüível, pois os congressistas de vários estados do Brasil estavam ali exclusivamente para participar e concordavam em abdicar dos passeios pela cidade durante o dia, gastando mais tempo em benefício do Congresso. Proposta aprovada.[39]

O parecer e a discussão sobre a tese apresentada pelo médico paulista Theotônio Santana ("Consideração a propósito do nível geral do preto no Brasil e os meios para a sua elevação")[40] transformam-se em mais uma demonstração da franqueza e do despojamento com que foi realizado o I Congresso. Haja vista que o relator Walfrido Moraes, já então endossado pela comissão de dois membros que o acompanhavam na análise (os srs. José Bernardo da Silva e Sebastião Rodrigues Alves), viu-se obrigado a opinar pela não-publicação do referido trabalho nos anais. Segundo o relator, não havia "substância"; o autor da tese não teria ultrapassado a tentativa de entrar no assunto, ficando na superfície. Critica ainda duramente o fato de o autor confundir com o tema suas opiniões pessoais, eivadas de sentimentalismo e destituídas de qualquer estrutura de pesquisa histórica ou sociológica; aponta-lhe as contradições do discurso, mesmo considerando que ele próprio — o autor da tese — fosse um exemplo da evolução histórica do negro, eis que médico respeitado em São Paulo.

A mesa-redonda "Há um problema do negro no Brasil"[41] reafirma a vocação do I Congresso em expor o que pensavam os participantes, independentemente das origens sociais ou nível cultural. Abertas a todos os congressistas, as discussões alcançaram nesse tema o grau mais alto das tensões, patenteadas na variedade radical das posições defendidas, às vezes provocando brados insistentes de "não-apoiado", "não-apoiado", ou mesmo sonoras gargalhadas devidas ao pitoresco de certas colocações — a solicitação da proteção de São Benedito, por exemplo —, demandando enérgicas intervenções do presidente da mesa, Luis Costa Pinto, a fim de manter a ordem. A controvertida posição defendida pelo sr. Romão da Silva, afirmando que todas as instituições criadas em defesa do negro seriam contraproducentes, sem utilidade, visto que, no Brasil, o que existia mesmo era o preconceito social contra o pobre — haja vista a convivência de pretos e brancos nas favelas —, acabou por centralizar as discussões da mesa-redonda. O sr. Alvarino de Castro, por exemplo, contra-argüiu com o seguinte:

Sr. Presidente (da mesa), srs. Congressistas. Quem vai falar-lhes é um analfabeto, é um homem que há pouco saiu do escuro e vem acompanhando com carinho o que se diz sobre a vida do homem de cor. Ouvi muitos oradores. Vim tratar de um assunto que é mais um desagravo meu e de meus irmãos de cor. Infelizmente, vejo neste Congresso uma voz discordante, e ela parte de um homem de cor, que é congressista e que é contra as sociedades já formadas na nossa capital, como seja a União Cultural dos Homens de Cor etc. Tenho a dizer sobre isso que, dessas sociedades já formadas, não fazem parte os Romões. Quero dizer que nós não temos a infelicidade de ter como amigos pessoas como o sr. Romão, porque, se as tivéssemos, estaríamos traindo a nós mesmos.[42]

Numa das últimas exposições do I Congresso de 1950, a sra. Guiomar Ferreira de Mattos apresenta o tema "A regulamentação da profissão de doméstica", ainda hoje atual. Em sua apreciação, a autora, ex-empregada doméstica e advogada, relata a necessidade de pôr em vigor o decreto-lei de 1941, que dispunha sobre esse tipo de serviço. Ainda em estudo, o decreto-lei previa a inclusão da empregada doméstica em um dos institutos de previdência, a concessão de aviso prévio, férias, repouso semanal remunerado, obediência às folgas de feriados, horário limitado da jornada de trabalho, indenização quando da dispensa. Redundante é apontar para o aspecto étnico dessa questão, dado o caráter de nicho ocupacional da mulher negra, fortemente discriminada no mercado de trabalho. A autora lembra que o Teatro Experimental do Negro, como desdobramento de suas atividades, criara o Conselho Nacional da Mulher Negra, formado, em grande medida, por empregadas domésticas, e que pretendia atuar nas áreas da educação e da cultura, com cursos de orientação de mães, de alfabetização, de desrecalcamento cultural; planejou-se a criação de um departamento social, com a prestação de serviços jurídicos e formação de uma associação sindical. O Conselho objetivava dar atenção especial à criança negra desamparada, criando abrigos dotados de cursos de socialização e arte, como o balé infantil, em reação à proibição do Teatro Municipal da aceitação de crianças negras.

O I Congresso concluiu-se com a análise e a discussão da tese apresentada por José da Silva Oliveira, denominada "Os Palmares". Veja-se o parecer da comissão relatora: "O trabalho não merece o nome de tese; sua informação é nenhuma. Parece supor que as três coisas são uma só, isto é: que só houve quilombo nos Palmares e que Palmares foi a única revolta de escravos havida no país. A par disso, apesar do pequeno espaço de que dispunha, deu-se a divagações acerca do livre-arbítrio e da sociologia. Mesmo no caso de Palmares, a sua exposição não vai além da expedição de Fernão Carrilho, vinte anos antes da destruição do quilombo, não tomando conhecimento nem mesmo da expedição de Domingos Jorge Velho. É assim um trabalho que nada acrescenta ao nosso conhecimento do assunto e, na verdade, está aquém desse conhecimento. Sugere-se que a contribuição não seja publicada nos anais, embora seja louvável o esforço do autor por dar a sua ajuda ao Congresso. Parecer colocado em votação. Aprovado."[43]

Encerraram-se os trabalhos com a "Declaração final do I Congresso do Negro Brasileiro". Nesta, condenar-se-ia, com veemência, a exploração política da discriminação de cor; as associações de cidadãos brancos ou negros organizados sob o critério do exclusivismo étnico; o messianismo racial e a proclamação da raça como critério de ação ou como fator de superioridade ou de inferioridade física, intelectual ou moral entre os homens; os processos violentos de tratamento dos problemas suscitados pelas relações interétnicas. Recomendava-se a ação governamental e privada no sentido de implementar medidas que viessem a superar o despreparo e a desigualdade social evidenciadas pela solução abolicionista.[44] Não se pode negar a atualidade dessa "Declaração", quando se lê, 46 anos depois, no *Jornal do Brasil*, por exemplo — a matéria seria publicada em toda a grande imprensa do país —, o seguinte, na edição de 28 de fevereiro de 1996: "O presidente Fernando Henrique Cardoso criticou o racismo e o preconceito no Brasil, durante cerimônia de instalação de um grupo de trabalho que vai estudar políticas de valorização do negro". "Existe, sim, preconceito no Brasil. A valorização do negro implica também a luta contra o preconceito, porque ele existe. E nós temos que desenvolver formas civilizadas de convivência que reconheçam o diverso. E a formação de uma sociedade democrática implica que o governo atue muito claramente nessa direção", afirmou, na ocasião, o presidente Fernando Henrique — não por mera coincidência um dos componentes do que aqui denominamos "sociologia da ruptura", como analisaremos mais adiante.[45]

Dois intelectuais militantes da causa negra, na época do I Congresso, destacar-se-iam do conjunto, pela força de seu ímpeto organizativo e pelos espaços conquistados para exporem suas idéias. Nesse sentido, consideramos a análise de suas avaliações como uma espécie de síntese-limite alcançada naquelas jornadas. Com efeito, o estudo crítico desse pensamento possibilitar-nos-á dimensionar uma das formas de consciência possível dos problemas atinentes ao dilema de democracia racial brasileira, sob a ótica dos próprios negros, visto que podemos considerá-los "intelectuais orgânicos" desse movimento na época. São eles Alberto Guerreiro Ramos e Abdias Nascimento.

Guerreiro Ramos desenvolveria todo um conjunto de reflexões sobre a chamada questão do negro, a partir da revisão crítica de como a sociologia produzida no Brasil trabalhara o tema. Essencialmente buscava, em sua expressão, "desmascarar" os equívocos daquela sociologia no trato do tema, ao mesmo tempo em que procurava denunciar o que considerava sua (dela) "alienação". Tinha em conta, pois, que aquela literatura era, ela mesma, um material ilustrativo do que existia de problemático sobre a condição do negro na sociedade brasileira.[46]

De saída, Guerreiro Ramos busca reconhecer o viés "artificial" que estigmatiza a produção antropológica e sociológica então realizada no Brasil, visto que, em grande medida, utilizava-se de análises feitas por e a partir de outros contextos históricos, europeus e norte-americanos. Não que negue o caráter universal do conhecimento positivo, mas considera, em vários sentidos, a importância crucial do conhecimento nas ciências sociais a partir da funcionalidade e da autenticidade de experiências cognitivas originais, genuinamente vividas por situações históricas concretas. Considera o comportamento científico comandado pelas necessidades práticas da sociedade. Argumenta que o saber, nesse tipo de ciência, forma-se por um crescimento evolutivo regular, com gerações e gerações de cientistas articulando-se no sentido de um labor contínuo de crítica e autocrítica. Em conseqüência, reconhece que, até aqueles anos, o conhecimento produzido no Brasil sobre a questão do negro, em sua quase totalidade, estava em contradição com as tendências da autonomia espiritual e material do país. Isto porque a sociologia e a antropologia careciam, entre nós, de autenticidade, fosse por não contribuírem para a autodeterminação da sociedade, fosse pelo fato de serem ainda, via de regra, repetidoras de conceitos pré-fabricados, e assim pobres de experiências cognitivas vividas. A existência de uma coleção de obras, por si só, não formaria necessariamente uma ciência; esta seria resultante da compreensão de uma circunstância historicamente concreta, ainda inalcançada pela antropossociologia no Brasil, demasiadamente alienada do meio brasileiro, já por suas categorias de análise, já por sua temática.[47]

Com efeito, na antropologia especialmente, as categorias de análise tinham a nítida marca do transplante literal originado alhures. Entretanto, no tocante às questões étnicas, a antropologia européia e, principalmente, a norte-americana da época estavam longe de se terem depurado de resíduos fortemente ideológicos. Conceitos equívocos como o de "raça" se tornaram basilares nessas correntes de pensamento. Igualmente os conceitos de "aculturação" e "mudança social", que supõem uma concepção quietista da sociedade, contribuindo, assim, para a ocultação "terapêutica" dos problemas humanos em países subdesenvolvidos. Num país como o Brasil, tais concepções tornavam-se poderoso fator de alienação.[48] Contundente, Ramos assevera que a "descrição" dos comportamentos como implicações da estrutura social da comunidade, em contraposição à precariedade das explicações históricas dali inerentes, concorre para obscurecer os fundamentos econômicos e políticos em alteração, fundo de referência essencial daqueles comportamentos. Assim, por exemplo, conceber processos de "aculturação" supondo o "valer mais" de uma cultura em face de outra torna indecifráveis, a esse tipo de estudo, os grandes problemas da antropologia e da sociologia do país, já que carecem de uma teoria geral da sociedade brasileira, impondo-se-lhes perspectivas sempre dispersivas em suas conclusões. E isso é particularmente notado diante da forma como tradicionalmente havia sido tratada a questão do negro no Brasil, estigmatizada pela análise do "comportamento", e trazendo como corolário o propósito de "transformar" a condição humana do negro na sociedade.[49] Discute, então, de forma crítica, trabalhos que se encaixariam nesse viés, a exemplo de Nina Rodrigues, Sylvio Romero, Euclides da Cunha, Alberto Torres, Oliveira Viana e Arthur Ramos.[50]

Guerreiro Ramos faz a si mesmo uma pergunta fundamental: "Que é que, no domínio de nossas ciências sociais, faz do negro um problema, ou um assunto?". Ou seja ainda: "A partir de que norma, de que padrão, de que valor, se define como problemático ou se considera tema o negro no Brasil?".[51] Responder a tal questão, entretanto, indicaria um impasse a que chegariam as próprias formulações de Ramos. Se não, vejamos.

O autor argumenta que determinada condição humana é erigida à categoria de problema quando, entre outras coisas, não se coaduna com um ideal, um valor, uma norma. O problema, no caso, seria o anormal. Com efeito, o negro é objeto de estudo como problema porque discreparia de que norma, ou valor? Avalia, então, que os primeiros estudos nesse terreno trataram da religiosidade do negro. Nesse caso, porém, pergunta se, entre nós, o negro teria religião específica. E conclui que "não" (!). Para ele, a grande massa de negros e mestiços, desde a época colonial, abraçara a religião predominante no Brasil, a católica. Ora, convenhamos que o autor demonstra, com isso, tremenda ignorância do que seria um legado cultural negro, de base africana, exemplificado na religiosidade que influiria em tantos aspectos de uma sobrevivência cultural peculiar. Por certo que iria tornar-se predominante nos meios populares, sem tanta distinção de cor, o que, por sua vez, não é motivo que explicasse uma recusa do veio original de onde provinha. Pelo contrário, a força da religiosidade afro-brasileira — com o seu panteão de deuses, toda uma cultura ritualística própria, de valores, estéticas e práticas litúrgicas — transcenderia os limites do sagrado e influenciaria toda uma maneira de ser das pessoas, estigmatizando-lhes formas de alimentação, vestuário, musicalidade etc. O que escapou à analise de Guerreiro Ramos, embora negro e baiano, foi o detalhe de ver nessa cultura a capacidade de conviver com outras, por meio de estratégias que não somente lhe garantiam a sobrevivência num meio hostil como permitia que, ao mesmo tempo em que se readaptava, conseguisse manter-se fiel a seus preceitos mais originais — processo dialético que seria percebido com perspicácia por Roger Bastide.[52] Nesse assunto, Ramos ver-se-ia emaranhado nos mesmos arquétipos daqueles que buscava criticar — a exemplo de Nina Rodrigues —, analisando tais fenômenos socioculturais não à luz dos processos reais impostos pela sociedade colonial, que trariam necessárias e fundas transformações naqueles valores e visões de mundo (o que inclui as deformações daí conseqüentes), mas, ao contrário, mantendo-se nos limites dos estereótipos, tais como "apanágio do comportamento das classes pobres", "cultos primitivos" etc.[53]

Para Guerreiro Ramos, o negro se comportaria sempre essencialmente como brasileiro, e as diferenças para com o branco dar-se-iam em conformidade com as contingências de "região" e "estrato social". A prova mais eficaz dessa afirmação estaria na presença de elementos de cor em todas as camadas da sociedade, havendo restrições somente identificadas em algumas instituições nacionais, nas quais vigorariam fortes obstáculos a seu acesso em determinadas esferas.[54] Certamente, nesse último exemplo, o autor se refere aos casos conhecidos do Ministério das Relações Exteriores do Brasil e à Marinha. Entretanto, o aspecto quantitativo — o fato de poder estar presente apenas em "determinadas esferas" nessas instituições — não elimina a violência simbólica da discriminação, conferindo-lhe aspecto qualitativo altamente estigmatizante, pois se refere a casos de instituições nas quais as barreiras se explicariam pelo fato de serem elas representativas do país no exterior. O afã de superar o negro como um "problema" leva Ramos a cair na armadilha que subestima os mecanismos eficazes do preconceito e da discriminação em nome da existência das desigualdades entre as classes sociais, como já o fizera Donald Pierson.

Enfim, na impossibilidade radical de negar totalmente a questão racial na sociedade brasileira, Guerreiro Ramos vai, então, atribuir à "cor da pele" a anormalidade a sanar. Ou seja, atribui a questões de "estética social" o motivo da "patologia coletiva" identificada na busca do "embranquecimento".[55] Por aqui, haveria como que um etnocentrismo de país ex-colonial, onde se perpetuaram os padrões europeizantes de ver a si próprio — critério válido tanto para o brasileiro de cor quanto para o claro. O patológico identificar-se-ia pelo fato de essa psicologia coletiva traduzir critério artificial, estranho e alienado para a avaliação da beleza humana.[56] Abdicar-se-ia, desse modo, dos padrões locais ou regionais de julgamento do belo, por subserviência inconsciente a um prestígio exterior. Tal alienação seria o fundamento da criação sociológica do chamado "problema do negro" no Brasil.[57] Nesse sentido, o "problema", tal como estaria abordado desde Nina Rodrigues até Arthur Ramos — e mesmo, segundo Guerreiro Ramos, até os "atuais" estudos sobre relações de raça patrocinados pela UNESCO —, malgrado ter sido nuançado pela substituição dos critérios de "raça" pelos de "cultura", continua um equívoco.[58] Guerreiro Ramos, portanto, limitava os processos de marginalização social e de desigualdades cumulativas a uma questão "estética". Esta solução explicativa somente tem sentido quando novamente a remetemos ao terreno das classes sociais, estas sim, nessa concepção, únicas a explicar tantas disparidades entre brancos e negros. Dessa forma, entende-se o esforço de Guerreiro Ramos no sentido de conferir ao tema um significado sobretudo psicológico. Ou seja, desde que se definisse o negro como um ingrediente "normal" da população, como povo brasileiro, careceria de significação falar do "problema" do negro, destacado do problema geral das classes desfavorecidas. Erigir o negro à categoria de povo brasileiro, como representante de sua mais importante matriz demográfica, eis a principal tarefa da sociologia das relações raciais. Para ele, será de fundamental importância tomar consciência daquela alienação estética original. E essa tarefa não se apresenta como uma tarefa simples, mas, ao contrário, exige esforço de criação metodológica e conceitual. Conclama a que o homem de cor seja, ele mesmo, um elemento dessa compreensão. Partir da afirmação do *niger sum* transformar-se-ia em procedimento de alta rentabilidade cognitiva, dada a particularidade do significado da questão no Brasil.[59]

Há, para Guerreiro Ramos, o tema do negro e a vida do negro. No primeiro caso, estaria o negro examinado, olhado como um ser curioso, mumificado, um traço da nacionalidade que chama a atenção, vasculhado pela sociologia e pela antropologia. No segundo caso, existiria o negro-vida, assumindo seu destino, protéico, multiforme, que não se deixa imobilizar, e onde não se entra duas vezes. Aí, toda tentativa de formalização conduz a apreciações ilusórias, inadequadas e enganosas, fato que estaria na raiz de quase todos os estudos sobre o tema. Malgrado ser esta distinção difícil de ser aceita do ponto de vista sociológico, Guerreiro Ramos complica sua argumentação afirmando, num tom de desforra étnica, que, entretanto, as condições objetivas da sociedade em inícios da década de 1950 colocavam como "problema" não mais o negro, mas o "branco" — o que resultaria na perda de atualidade dos estudos do primeiro.[60] Ora, convenhamos que uma coisa é o tema do negro eventualmente trabalhado nas ciências sociais sob prismas inadequados, legitimando ideologias sociais inferiorizantes ou justificando o lugar marginalizado ocupado na chamada democracia racial, obviamente merecedoras de severa revisão crítica; outra, bem diferente, é destituir, a partir daí, de qualquer credibilidade cognitiva os estudos sobre o tema do negro, o que nos parece tão nocivo quanto a primeira alternativa — ainda mais sob o argumento da impossibilidade de sua formalização. No fundo, percebemos que o que Guerreiro Ramos deseja é atingir aquela produção acadêmica de viés praticamente racista, cujo acúmulo do saber produzido se transformou em verdadeiro obstáculo à superação dos impasses a que chegaram os mitos da democracia racial. Não obstante, combatê-la com as mesmas armas, eivadas de argumentos simplesmente éticos, levou Guerreiro Ramos aos mesmos impasses, conotados de certa superficialidade científica, na crítica indistinta a todos os que escreveram sobre o tema. Este é o caso da considerada inutilidade dos estudos que privilegiavam as relações entre as estruturas de classes e os fenômenos do preconceito, pois os problemas residiriam, ao contrário, em aspectos "estéticos", "psicológicos", de "consciência". Assim, aquelas relações ficariam restritas às discussões atinentes à vida das classes populares.[61]

Para o autor, a emergência de uma nova configuração da questão do racismo estaria caracterizada, nos anos 50, pela contradição entre as idéias e os fatos. No plano das idéias, haveria ainda a hegemonia das ideologias do branqueamento, mas, na práxis (no plano dos fatos), a dominante seria mesmo a existência de uma camada populacional de origem negra distribuída nos diversos escalões da sociedade. Essa contradição tornava mais do que nunca flagrante o aspecto "patológico" das relações de raça no país, especialmente reconhecido naquilo que seria o "problema do branco". Estes tendiam, em sua auto-avaliação estética, a um protesto contra si próprios, negando sua condição étnica objetiva — fenômeno recorrente principalmente no Norte e Nordeste do país. A ilustração dessa afirmação seria a dificuldade do brasileiro diante do item "cor" proposto pelo recenseamento geral de 1950. A confusão, instalada entre os próprios recenseadores, é particularmente notada diante do termo "pardo", revelador de toda a iniquidade da situação de perturbação psicológica suscitada pela definição da condição étnica do brasileiro. Levando o censo a resultados paradoxais, aqueles informes não só demonstram o sentimento de inferioridade incutido, como também apontam para certas deformações visíveis. Assim, os resultados indicam que "o negro é mais negro nas regiões onde os brancos são maioria e é mais claro nas regiões onde os brancos são minoria".[62] Ora, dado que, antropologicamente, o branco brasileiro é um mestiço, haveria uma pequena minoria de brancos não portadores do sangue negro. Os "brancos" sofreriam, assim, de séria instabilidade auto-estimativa, disfarçando sua condição étnica e utilizando-se de mecanismos psicológicos compensatórios do que julgam ser uma inferioridade. Com efeito, nessa medida, desenvolve-se um padrão de estética social que rejeita a cor escura como negativa, quando deveria acontecer justamente o contrário.

Guerreiro Ramos, analisando o fenômeno, atribui esses disfarces à "tematização" do negro na antropologia e na sociologia aqui produzidas. Autores como Sylvio Romero, Arthur Ramos, Gilberto Freyre, Thales de Azevedo, René Ribeiro etc., especialmente por serem originados do Nordeste — onde seria mais forte essa tradição ideológica —, ao tomarem o negro como tema, "tornam-se mais brancos, aproximando-se de seu arquétipo estético — que é europeu".[63] Seriam estas as razões pelas quais a literatura sobre o tema tem naquela região seus cultores, considerando também que tais estudos soam como "um protesto de uma minoria interiormente inferiorizada". Tais personagens seriam muito mais sensíveis a quem quer que pusesse em questão sua "brancura", exibindo-a de tal maneira a não deixar dúvidas. O desajustamento do "branco" brasileiro a seu contexto étnico o leva a forjar ficções a propósito da auto-imagem do país. Entretanto, na década de 1950, a miscigenação e a capilaridade social, absorvendo grande parte do contingente branco, superavam as situações estruturais que confinavam a massa pigmentada nos estratos inferiores da escala econômica. O que restava então de brancos puros seria uma quota relativamente pequena, confirmando um país eminentemente mestiço. Em conseqüência, os fatos da realidade étnica iluminavam a consciência do mestiço brasileiro, levando-o a perceber a artificialidade, em nosso meio, da ideologia da brancura. Esta ideologia postava-se como uma sobrevivência que embaraçava a maturidade psicológica do brasileiro, contribuindo para enfraquecer a integração social dos elementos constitutivos da sociedade nacional.[64]

Portanto, desviando das origens a questão dos processos sociais e culturais postos pela realidade, o autor atribui ao conhecimento produzido sobre o tema a exclusividade da persistência das deformações ainda existentes. Para ele, os estudos sobre o negro — a exemplo daqueles expostos nos Congressos Afro-Brasileiros de Recife e Salvador — seriam dotados de perspectiva "cruel" e "má-fé", contribuindo para "minar" nas pessoas de cor o sentimento de segurança.[65] Essa crítica que fazemos à reflexão de Guerreiro Ramos não deixa de concordar com ele no tocante ao papel reacionário ocupado por aqueles estudos, enquanto legitimadores de uma democracia racial falida. O problema é que sua argumentação deixa ainda muitas perguntas sem resposta, a exemplo de uma suposta superação do fenômeno do preconceito e da discriminação a partir da presença de elementos mestiços nas diversas camadas sociais, visível nos anos 50. Que esta presença tenha suscitado maior poder de reação às arbitrariedades do preconceito, também com isso estamos de acordo — e a própria existência de um intelectual como Guerreiro Ramos é prova disso, aliada a outras manifestações de inconformismo na época. Entretanto, parece-nos subestimada a capacidade de os processos racistas se readaptarem ao novo contexto e ganharem sobrevida por meio de mecanismos diversos. Por exemplo, a seletividade com que se dá essa ascensão social referida, ou o preço cultural que se paga por ela; mesmo os efeitos comparativos dos ganhos ocupacionais e de renda obtidos, ainda traduzidos em termos muito aquém de condições minimamente satisfatórias para uma verdadeira igualdade democrática etc. Ao centrar a atenção na produção antropossociológica, Guerreiro Ramos atribui-lhe a responsabilidade pelo "falso problema" criado por uma minoria de brancos, reflexo de sua "patologia social", de sua dependência "psicológica". Daí a necessidade de se (re)examinar o tema das relações de raça no Brasil, a partir de uma posição de "autenticidade étnica". Obcecado — não sem razão — pelo dilema da desigualdade étnica, o autor vai cobrar dos estudiosos não apenas uma análise dessa condição, mas sobretudo soluções que transformassem o drama,[66] confundindo momentos distintos da produção do conhecimento, mesmo que não se anulem. Faltou ainda a Guerreiro Ramos uma exegese profunda dos diversos pensadores arrolados em sua crítica, a fim de lhes perceber as nuances teóricas e metodológicas, e, sobretudo, os avanços alcançados por suas reflexões. Fica difícil entender no mesmo diapasão crítico Nina Rodrigues e Roger Bastide, por exemplo, sem os devidos ajustes teóricos entre eles existentes.

Insólito, Guerreiro Ramos também especularia sobre um tema que somente uma personalidade inquieta, ousada, comprometida com a causa do negro, como a sua, poderia fazê-lo. Trata-se de suas reflexões sobre o que denomina "o negro desde dentro".[67] Argumenta que a dominação imposta no planeta por povos brancos criou condições para que o mundo fosse concebido à sua imagem e semelhança. O que é especialmente válido num país como o Brasil, onde os valores mais prestigiados e aceitos são, na origem, os do colonizador. Entre esses valores, está o que Guerreiro Ramos denomina de "brancura" como símbolo do excelso, do sublime, do belo. Já Deus é concebido como branco, e em branco são pensadas todas as perfeições. Na cor negra, ao contrário, estaria investida toda a carga milenária de significados pejorativos, todas as imperfeições, todo o negativo. Assim como o demônio, os espíritos maus, os bichos malignos, afora as expressões do comércio verbal (destino negro, lista negra, câmbio negro, missa negra, alma negra, miséria negra etc.). A cor humana perde aí seu caráter de contingência, tornando-se verdadeira substância ou essência.

Ora, por que não sair desse "nevoeiro de brancura"? — pergunta-se o autor. Por que não olhar para essa contingência em sua precariedade social e histórica? Para Guerreiro Ramos, somente nos libertaremos das trevas da brancura à luz da negrura. Ou seja, revelando a negrura em sua validade intrínseca. Enxergar a beleza negra, beleza que vale por sua imanência e que exige ser aferida por critérios específicos; extirpar-lhe o conteúdo alienado. Beleza negra não de criação cerebrina, espécie de racionalização ou autojustificação, mas um valor eterno, que vale, ainda que não seja descoberto. E não é uma reivindicação racial o que confere positividade à negrura: é uma verificação objetiva.[68] Na constatação da existência de corpos negros, masculinos e femininos, que valem por si mesmos, do ponto de vista estético, em que cabelos duros e outras peculiaridades, somáticas e antropológicas, formam uma autêntica norma estética, propugna pela não-necessidade de aculturação para aproximar-se dos padrões da brancura. Associar a beleza negra ao exótico, ao ingênuo, ao folclorismo, diz Guerreiro Ramos, supõe um preconceito larvar, mesmo na poesia, em que tal visão constitui sintoma de autodesprezo ou inconsciente subserviência aos padrões estéticos europeus. No Brasil, os espíritos mais generosos seriam assim atingidos e domesticados pela brancura, até quando imaginam o contrário, pois encontram-se exemplos dessa visão subalterna da estética negra em Mário de Andrade, Jorge de Lima, Nicolas Guillén etc. É comum, resguardando-se o propósito generoso de tais poetas, surpreender-se nos refolhos de suas produções o estereótipo.

Talvez fosse interessante citar aqui trecho do paradigmático *Improviso do mal da América*, escrito por Mário de Andrade em 1928, como ilustrativo do que afirma o autor:

Grito imperioso de brancura em mim...
Eh coisas de minha terra, passados e formas de agora,
Eh ritmos de síncopa e cheiros lentos de sertão,
Varando contra corrente o mato impenetrável do meu ser...
Não me completam mais que um balango de tango,
Que reza de indiano no templo de pedra,
Que a façanha do chim comunista guerreando,
Que prantina de piá, encastoado de neve, filho de lapão.

São ecos. Mesmos ecos com a mesma insistência filtrada
Que ritmos de síncopa e cheiro do mato meu.
Me sinto só branco, fatalizadamente um ser de mundos que
                                             [nunca vi.

Campeio na vida a jacumã que mude a direção destas igaras
                                             [fatigadas.
E faça tudo ir indo de rodada mansamente
Ao mesmo rolar de rio das aspirações e das pesquisas...
Não acho nada, quase nada, e meus ouvidos vão escutar
                                             [amorosos
Outras vozes de outras raças, mais formação
                                             [mais forçura.
Me sinto branco na curiosidade imperiosa de ser.
(...)

Guerreiro Ramos ressalta, nesse particular, a importância de Luis Gama antecipando movimentos contemporâneos, assim como os intelectuais da negritude, ao destacarem a etnia. Antevia nesses movimentos a rebelião total dos povos de cor para se tornarem sujeitos de seu próprio destino. Recupera Sartre, quando este observa que o branco tem desfrutado do privilégio de ver o negro até agora, sem por ele ser visto. Para Guerreiro Ramos, a palavra é "autenticidade", como significado de idoneidade consigo próprio, adesão e lealdade ao repertório de suas contingências existenciais, imediatas e específicas. Outra coisa, afirma, é o negro desde dentro.[69]

Abdias Nascimento situa-se inegavelmente como o mais importante personagem das jornadas de lutas contra os preconceitos e discriminações raciais que impregnam a condição histórico-sociológica do negro e do mulato em meados do século XX no Brasil. É notável seu dinamismo organizativo, a verve incansável de seu discurso indignado, a intrepidez com que se lança à frente de seu próprio tempo. Parafraseando a expressão de Édison Carneiro, se Nina Rodrigues foi a grande sombra que pairou sobre os Congressos Afro-Brasileiros em Recife e Salvador, a de Abdias Nascimento o foi certamente para os principais acontecimentos afirmativos do protesto racial dos anos 40 e 50. Esteve, pois, à frente da fundação do Teatro Experimental do Negro, onde desempenhou funções de diretor, autor e ator, contracenando lado a lado com atrizes que se tornariam famosas, a exemplo de Ruth de Souza, Cacilda Becker e Léa Garcia. À medida que o TEN transformou-se em centro dinâmico do protesto negro, sua ação organizativa estaria presente nas várias e marcantes atividades então desenvolvidas, a exemplo das Convenções Nacionais do Negro, da Conferência Nacional do Negro, do I Congresso do Negro Brasileiro, da I Semana de Estudos Afro-Brasileiros etc.

Não obstante, não se pode buscar, em suas reflexões, o sistematismo e os rigores teóricos e metodológicos típicos de um cientista social de profissão. O que certamente não impede a análise de seu pensamento, até porque esgrime uma argumentação muito pouco usada nesse terreno: sua revolta. Abdias extrai as lições de seu pensamento da observação penetrante, da sensibilidade apurada com que pressente os menores sinais indicativos da opressão étnica. Sua ação lembra Marcus Garvey, quando, em pleno início do século XX, num ambiente mundial totalmente hostil, contra tudo e contra todos — inclusive os paradigmas científicos de época —, inspirando-se apenas na certeza de sua condição humana, no

legado milenar de sua ancestralidade, proclamava, acendendo o pavio:
— *Black is beautiful!*

Nascimento considerava em sua ação que somente um "choque traumático" ou um "grito patético" de revolta poderiam romper a crosta da estereotipia, dos clichês e condicionamentos estratificados que mantinham a sociedade brasileira em hábito e torpor racial. Tratava-se de sensibilizar a classe detentora de privilégios econômicos e sociais para a secular marginalização, o inconformismo submetido, mas não aniquilado de todo.[70] "Estar-se-ia exagerando? Seriam criadores de um problema artificial, inexistente no país, conforme eram acusados?" — pergunta-se. "Por que não um Cristo Negro?"[71] Para Nascimento, a Lei Áurea significou a liberdade de não trabalhar, de não comer, não morar, não vestir, não viver. Baixo *status* social, educacional, econômico, político, eis o elenco de frustrações, potencializado em justos ressentimentos. Era necessário canalizar esse sentimento subjacente em atos positivos da coletividade negra; metamorfoseá-lo em revolta profundamente criadora. A opressão contra o negro no Brasil possuía semelhanças com o que ocorria nos Estados Unidos, África do Sul, Angola, Moçambique, Rodésia etc. Sua essência seria a mesma. Não existia, portanto, "doação" de bem-estar social, como fruto da utopia paternalista. O importante é chegar-se à consciência de que somente seríamos dignos da liberdade se a conseguíssemos conquistar, à custa de preço, já de saída, bastante alto, dadas as agressões de todo tipo, intimidações, violências, incompreensões irracionais — conseqüências do "romper a barreira".

A recusa do Hotel Serrador do Rio de Janeiro, em princípios de 1947, de hospedar a antropóloga negra Irene Diggs, que viera a trabalho, em missão do Departamento de Estado — ironicamente, estudar a situação social e histórica dos negros na Bacia do Prata e no Brasil —, e cuja reserva no hotel fora feita pela própria embaixada norte-americana, soou como uma bofetada em todos os negros do país. Bem à brasileira, a direção do hotel saiu-se com a desculpa hipócrita de que não sabia que a Dra. Irene Diggs era negra, daí porque ficaram "atrapalhados" quando a moça se apresentou na portaria. Não por mera coincidência, mas de toda forma acirrando os ânimos, repetir-se-ia o fato em 1950, já agora em São Paulo, no Hotel Esplanada, com a bailarina Katherine Dunham, também com reservas, para ela e o marido, feitas com dois meses de antecedência, por seus agentes. Flagrando o ato, a secretária de Katherine fora recebida no mesmo hotel sem nenhum problema.[72] Diz então Katherine Dunham, na entrevista concedida ao jornal Correio Paulistano:

> *O que mais seduzia à distância, neste país, era a convivência fraterna dos brancos, negros, mulatos e índios, e isso, a meu ver, é o que há de básico e substancial numa democracia... Foi com essa ilusão que cheguei ao Rio (...). Agora estou convencida de que no Brasil há mais preconceito do que em qualquer outro país da América, com exceção dos Estados Unidos. Explico por que: os negros americanos são hoje o grupo negróide mais avançado do mundo. Alcançaram tal grau de cultura e bem-estar econômico que já não podem ser tratados como párias (...). Ainda não nos amam, mas já nos respeitam, nos Estados Unidos (...). Revelarei então o que todo mundo ignora em meu país, isto é, que este grande país, onde a raça negra já produziu gênios e heróis (...), dissimula o seu preconceito de raça como a brasa debaixo da cinza. Há racismo no Brasil, e com tendência a aumentar. Digo mais: é o país latino-americano onde mais se cultiva tão odioso preconceito. Estou desencantada.*[73]

Por aqui, argumenta Nascimento — ele próprio decepcionado por causa de inúmeras experiências de discriminação, desde a infância —, a estratégia do preconceito tem sua crueldade medida pela impossibilidade de qualquer oportunidade de defesa. O próprio negro sofre o torpor da névoa ideológica que mascara e confunde a existência da questão. A fuga à sua própria cor, a vergonha de sua herança cultural africana, o só prezar a contribuição "branca" de nossa formação, eleita padrão de beleza, ideal de vida, são as provas mais contundentes da eficácia da mitologia da democracia racial. Nesse ponto é que o autor dirige sua crítica à sociologia da "aculturação", tida como a fórmula "natural" de solução do "problema" no Brasil. Considera-a, pois, a mistificação mais chocante e sutil que o negro teria de enfrentar para garantir o sobrevivência de seus valores peculiares.[74]

Considera também o autor que a Revolução de 30, em sua luta contra as oligarquias tradicionais, abrira novo espaço para o avanço organizativo do negro, amadurecido pelas iniciativas já realizadas na São Paulo dos anos 20 e das quais ele próprio participara ou tivera informações diretas. Descobre-se então, mais e mais, a insidiosa discriminação nos mais diferentes aspectos da vida social, no comércio, nos escritórios, cinema, teatro, consultórios, escolas, portarias, bares, hospitais, empresas estrangeiras, no esporte. Veladamente, o preconceito ocorre por considerar que o negro e o mulato não se acham preparados psicologicamente para certas funções; isto explicaria a perpetuação em cargos primários da hierarquia, a não-visibilidade em ocupações de maior contato com o público, o não causar estranheza a predominância de negros em trabalhos braçais, nos portos, armazéns, lojas, bancos, repartições públicas, instituições acadêmicas etc. — fato verificado também no seio do próprio operariado de função especializada na indústria. O peculiar disso tudo está no esforço sub-reptício para que o preconceito não aflore, mantendo-o subjacente, a fim de que não venha a se constituir em outra grave questão social do país. Sobredeterminando esses mecanismos do imaginário, está o mito da democracia racial, que a tudo incorpora e explica, inclusive cooperando no sentido de um utópico desaparecimento, não somente cultural, mas também físico do negro.

O Teatro Experimental do Negro viera para rasgar a seda desse falso decoro. Denunciar, pela primeira vez, uma certa alienação dos estudos antropossociológicos realizados na República Velha sobre o tema, deformações que se repetiriam em plenos anos 30, quando a realidade finalmente abria espaço para uma reação mais forte e conseqüente a partir do meio social negro. Atacar de frente o imobilismo das propostas de "aculturação", os estudos de um negro mumificado no tempo, pitoresco, folclórico; desconstruir a falácia do mito da democracia racial, escamoteador de tantas injustiças sociais; denunciar os males disfarçados do branqueamento; tentar efetivar propostas de cunho econômico, político e social que viessem a atenuar ou corrigir esses processos; construir uma estética da negritude para resgatar o orgulho espezinhado; buscar alianças nos setores progressistas mais avançados da sociedade, eis a que se propunha o grupo liderado por Abdias Nascimento. Para ele, a miscigenação nunca fora sinônimo de ausência de preconceito, já que, em sua origem, já revelara o caráter opressivo, violento e abusivo, somente aceita como estratégia de sobrevivência.

Ao buscar o "choque traumático", o TEN organizaria os concursos de beleza para negras e mulatas, estabelecendo como critérios, além da beleza física, o de formação cultural das candidatas, a fim de fugir aos estereótipos. Igualmente, em 1955, por ocasião do Congresso Eucarístico, promove um concurso de artes plásticas para a criação da figura de um Cristo Negro — o que escandalizou setores da sociedade, mas mereceu o apoio dos cardeais D. Jaime Câmara e D. Hélder Câmara.[75] Enveredando pela literatura teatral, Nascimento escreveria *Sortilégio: mistério negro*, em que discute a trajetória de um negro alienado de sua condição étnica, preço pago por sua ascensão social como advogado. Entretanto, nas contradições entre a teoria da igualdade de direitos e prerrogativas e a prática das relações interétnicas, descobre um mundo de frustações flagradas na profissão, no casamento com uma branca, na perplexidade de sua própria alienação. Nessa linha, o TEN conseguiu a solidariedade de vários autores brancos e negros, no sentido de preencherem a lacuna existente na dramaturgia nacional, na qual o negro e o mulato quase invariavelmente desempenhavam papéis subalternos e estereotipados. Buscou nos estrangeiros assunto para as suas realizações, a exemplo de O'Neill, Langston Hughes e Albert Camus. Nesse contexto, autores como Joaquim Ribeiro, Antonio Callado, Nelson Rodrigues, Vinicius de Moraes, Lúcio Cardoso, Rosário Fusco etc. escreveriam peças temáticas destinadas à representação por aquele Teatro Experimental.[76]

Nelson Rodrigues, que escolhera Abdias Nascimento para representar o papel de Ismael na peça *Anjo Negro*, por ele escrita em 1948, e que ficara de queixo caído diante da proibição da escolha pelo Teatro Municipal — "haveria cenas de amor e intimidade entre um negro e uma loura", alegaram no Teatro[77] —, comenta o seguinte a propósito do personagem central desse drama terrível:

> *O negro Ismael é belo, forte, sensível e inteligente. Esse desfile de qualidades não é tudo, porém. Se ele fosse perfeito, cairíamos no exagero inverso e faríamos um negro tão falso quanto o outro. Ismael é capaz também de maldades, de sombrias paixões, de violências, de ódios. Mas, no ato de amor ou de crueldade, ele é, e será sempre, um homem, com dignidade dramática, não um moleque gaiato.*

Para Nascimento, lutar contra o "embranquecimento", como posto pela democracia racial, é perseverar pelo lugar das expressões culturais étnicas no jogo das interinfluências, sem supremacias ou inferioridades. Julga que o negro brasileiro se diferencia à medida que seu protagonismo histórico advém da condição de "raça espoliada". O flagelo sociológico daí resultante imporia a necessidade de resgatar os liames com as origens e a tradição fincadas na África milenar. Reivindica, nesse ponto, o tema da "Negritude", a exemplo do defendido à época por Aimé Cesaire e Leopold Sedar Senghor, entre outros.[78] A integração assim compreendida não pode ser realizada por meio do embranquecimento compulsório, do desaparecimento do negro e da negritude. A miscigenação, no sentido de "melhorar a raça", tida como o valor mais alto de nossa civilização, e a manipulação do regime imigratório são os símbolos mais caros a pregar o fim da "raça" negra. Propõe, então, a integração não-racista, correspondendo à abertura de oportunidades reais de ascensão econômica, política e cultural, respeitando-se a origem africana. A "má consciência de ser negro" deve ser aposta à sua negritude, que lhe traria "visibilidade" frente ao "outro". Critica a "faixa de segurança" social constituída por uma pequena classe média e pequena burguesia negras e mulatas, ciosas de atitudes dependentes, cautelosas e domesticadas, a garantir a não-existência do problema dos preconceitos e discriminações, sem se aperceberem de que as próprias conquistas alcançadas não se devem a esse tipo de conformismo.[79]

A crítica pioneira ao caráter imobilista, presente nas vertentes evolucionistas e culturalistas dos estudos sobre o negro no Brasil, colocaria as atividades desenvolvidas pelo TEN numa evidente vanguarda de superação daquelas perspectivas, confundindo-o com a emergência de uma nova fase de tratamento e, sobretudo, enfrentamento dessas questões. Já a Convenção Nacional do Negro (que prepararia o temário do I Congresso do Negro Brasileiro), realizada na ABI, em 1949, apresentou em suas sessões ordinárias exemplos indicativos das novas posturas: "Ilhas culturais, consciência de cor e enquistamento étnico" (por Roger Bastide), "Questão negra face à assistência social" (por Sebastião Rodrigues Alves), "Personalidades humanas e literárias de Machado de Assis e Lima Barreto" (por Francisco de Assis Barbosa), "Alfabetização de Machado de Assis e Lima Barreto" (por Ironildes Ribeiro), "Preconceito de cor nos contratos de trabalho" (Elza Soares, chefe da seção de emprego do SESI), havendo ainda depoimentos sobre o preconceito de cor nos colégios secundários, sobre preconceitos do negro contra o próprio negro etc. A importância desse evento fora então reconhecida pela própria ONU, por meio de representante oficial, que presidiu a seção de encerramento da Conferência.[80]

3. A ACADEMIA DESCE A ESCADA

Finalmente, para os próprios negros — e isto, afinal, era o que mais importava —, o debate sobre os limites da democracia racial na sociedade brasileira saía do torpor em que mergulhara desde a abolição da escravatura. Em meados dos anos 40 e inícios dos anos 50, tudo era favorável no sentido da eclosão do tema. Quanto mais não seja, a conjuntura política tornara-se mais favorável: a ditadura do Estado Novo (1937-1945) cedera lugar às jornadas pela redemocratização, resultando, minimamente, num ambiente de maior liberdade para a expansão de manifestações culturais represadas e debate político; por outra parte, o incremento da industrialização e da urbanização adensara o proletariado e diversificara as classes médias, conferindo-lhes maior peso político e abrindo espaços para as novas demandas culturais. As transformações demográficas dos grandes centros urbanos passaram a ter origem em migrações internas, aumentando a presença do segmento negro/mulato na estratificação sócio-profissional dessas cidades. Por sua vez, as oportunidades educacionais, relativamente ampliadas pelas necessidades dos mesmos desenvolvimentos industrial e urbano conjugados, tenderam a aumentar o número das pessoas de cor com acesso à alfabetização, embora se mantivesse em reduzidíssima escala o acesso ao nível universitário. Naqueles anos, também aumentaram, em termos relativos, as possibilidades de acesso à informação, dado o incremento das atividades ligadas aos meios de comunicação e à cultura, como o teatro, o cinema, o rádio, a expansão das casas editoriais e a circulação de jornais e revistas. Tudo isso facilitava a circulação de idéias e aumentava a influência do papel dos intelectuais e cientistas na vida cultural do país, de forma mais orgânica, integrados de maneira mais profunda na sociedade, ultrapassando os limites de um pequeno círculo social restrito exclusivamente às elites. A própria vida universitária firmou-se em experiências sólidas, a exemplo do que ocorreu na Universidade de São Paulo a partir dos anos 30.

O I Congresso do Negro Brasileiro de 1950, a criação do Teatro Experimental do Negro em 1944 e o projeto de pesquisa sobre relações raciais patrocinado pela UNESCO — iniciado em 1950 — são sintomas do espaço adquirido pelas novas demandas represadas, que vinham ganhando atualidade nos quadros da sociedade brasileira da época. Em diversos momentos, entrecruzando-se, esses eventos e pessoas contribuíram para que se fortalecesse a crítica ao estabelecido, com a peculiaridade da presença da análise acadêmica fornecendo sólidos argumentos que desconstruíam, em vários aspectos, muitos dos mitos de que se compunha o ideário da democracia racial entre nós. Particularmente importante tornou-se um grupo de sociólogos — participantes do momento de afirmação da vida universitária acima referido — cujos projetos de estudo delimitariam uma ruptura com o passado das interpretações da questão dita racial, apontando, com as inovações, uma nova fase desses estudos. Há que se remarcar ainda o intercâmbio entre esses pesquisadores e a atividade militante do movimento social, em diversas oportunidades e ações, responsável, em boa medida, por certa solidariedade explícita e aberta. Assim, por exemplo, Roger Bastide tornou-se constante e entusiasta colaborador das iniciativas do Teatro Experimental do Negro; Florestan Fernandes fez questão de anunciar sua solidariedade ética à causa, já no prefácio de sua obra clássica sobre o assunto; e assim, em graus variados, sucedeu com Oracy Nogueira, Luis Costa Pinto, Fernando Henrique Cardoso, Otávio Ianni — estes dois últimos já num segundo momento do prosseguimento das pesquisas relativas ao projeto da UNESCO, nos anos 60.

Alguns outros aspectos diferenciais importantes marcariam o conjunto desses trabalhos: de uma parte, o fato de estarem preocupados sobretudo com a contemporaneidade das relações interétnicas e, conseqüentemente, com o caráter da assim denominada democracia racial, que se torna objeto de todo um trabalho de decodificação. Como no dizer de Luis Costa Pinto, era necessário retirar a questão do negro da área dos "arquétipos" (a escravidão, o estoque das "influências", o tráfico), ou da área das "sobrevivências" culturais ao estilo da "aculturação"; era, enfim, mais do que necessário deixar de estudar o negro como "espetáculo", de estudar "aquilo que o negro tem de diferente de nós", trazendo as pesquisas para a realidade cotidiana.[81] Por outra parte, conseqüência dessa escolha, bem ao modelo de um certo viés dos estudos sociológicos, à maneira dos *surveys*,[82] as pesquisas referidas desenvolveriam métodos e técnicas de intervenção na realidade social imediata, de modo a alavancar processos correntes, dando forma aos problemas por meio da "viva voz" das coletividades-alvo. Por último, diferençaram-se ainda pelo fato de trabalharem com a perspectiva de que o conhecimento das relações étnicas somente se torna pleno quando se levam em conta as circunstâncias objetivas, não-étnicas, envolvidas na configuração total considerada. Nesse caso, muitas vezes, o quadro geral que envolve essas relações pode estar ligado a fatores de ordem completamente diversa, a exemplo da estrutura das classes sociais, o modelo de desenvolvimento econômico e assim por diante. É digno de nota o fato de esses estudos a que nos referimos trazerem como fator diferencial importante, em relação a toda uma tradição anterior, o suposto — e não sua negação ou escamoteação — de que o preconceito e a discriminação existiam, sendo, na verdade, inerentes ao tipo de desenvolvimento e sociedade. Constatado o aprofundamento a que chegaram sobre o caráter excludente e opressivo da democracia racial brasileira, desvendando-lhe os mecanismos essenciais, vamos considerar esses estudos como compondo uma "sociologia da ruptura" frente ao que, até então, se tinha produzido sobre o tema, passando a influir, como um paradigma, sobre os estudos que se realizariam dali em diante. Vejamos, pois, a crítica dessas contribuições, atentos ao que de novo trouxeram para o repertório das interpretações, mas buscando, concomitantemente, suas insuficiências. Nosso parâmetro metodológico será o de acompanhar como as categorias lógicas do conhecimento científico proporcionaram a esses autores o salto de qualidade a que chegaram, assim como as mesmas — acompanhadas de soluções explicativas — puderam levar a determinadas incongruências.

Oracy Nogueira e o racismo comparado

Em seu texto denominado *Preconceito racial de marca e preconceito racial de origem*, escrito em 1954, Oracy Nogueira objetiva, de um lado, deixar patente a existência da problemática racial na sociedade brasileira e, de outro, assinalar as diferenças entre o preconceito aqui existente e o que vigora nos Estados Unidos. Nogueira, já no bachalerado de Ciências Sociais e Políticas na recém-fundada Escola Livre de Sociologia e Política de São Paulo, entrara em contato com as obras seminais de Nina Rodrigues, Manoel Querino, Oliveira Vianna, Arthur Ramos, Gilberto Freyre. Na Escola referida, fora aluno de Donald Pierson e Emílio Willems, tornando-se, inclusive, auxiliar de pesquisa do primeiro, e vindo a colaborar na tradução de seu livro sobre a situação racial na Bahia. Entre 1945 e 1947, permaneceria nos Estados Unidos, onde viria a doutorar-se pelo Departamento de Antropologia e Sociologia da Universidade de Chicago. Nessa ocasião, aprofunda seu relacionamento com o meio social negro norte-americano, por meio da ampliação do conhecimento erudito sobre o tema das relações raciais naquele país, e da condição de observador-participante, visitando e freqüentando associações e atividades dessa minoria social, ocasiões em que conheceu pessoas e construiu amizades.[83] Na volta ao Brasil, já tendo decidido estudar como tese de doutoramento o município paulista de Itapetininga, sob o viés da história das relações raciais, desde o período escravista até a situação vigente à epoca da pesquisa, foi convidado a participar do projeto patrocinado pela UNESCO para o estudo das relações raciais em diferentes pontos do país — incumbindo-se, no caso, de aprofundar suas pesquisas sobre Itapetininga.[84] O estudo a que nos referimos de início situa Nogueira, portanto, como um intelectual de larga bagagem de conhecimento sobre o tema, a ponto de poder realizar reflexões em profundidade sobre o dilema das relações étnicas, tanto no Brasil quanto nos Estados Unidos, comparativamente. E seus estudos nessa área, como confirmariam outros pesquisadores, a exemplo de Marvin Harris e Conrad Kottak,[85] seriam efetivamente inovadores.

Nogueira considera, pois, que os Estados Unidos e o Brasil constituem exemplos de "situações raciais" em que o preconceito é manifesto e insofismável num, e tem dado margem a controvérsias, noutro. Sublinha o fato de, no caso do Brasil, os estudiosos brasileiros dessa situação tenderem a negar ou subestimar o preconceito, ao passo que, afeitos ao preconceito tal como este se apresenta em seu país, os norte-americanos tendem a não "vê-lo" tal como ele aqui se manifesta. A principal questão que coloca Nogueira é, então, a de saber se, num e noutro país, o preconceito apenas difere em intensidade, ou se a diferença deve ser considerada como qualitativa.[86]

Suas pesquisas e reflexões o levariam a concluir que as diferenças ocorridas nas respectivas manifestações são de uma diversidade quanto à natureza desses preconceitos. Introduz nesse ponto, em abordagem pioneira, os conceitos de preconceito de "marca", para identificá-lo tal como se apresenta no Brasil, e preconceito de "origem", para a modalidade que aparece na sociedade norte-americana.[87] Alerta ainda Nogueira para o fato de esses conceitos indicarem situações "puras", abstratas, para as quais propendem os casos concretos, sendo as proposições que os configuram entendidas como indicativas de tendências e como hipóteses a serem aferidas. Aponta então, entre o preconceito racial de marca e o preconceito racial de origem, as seguintes diferenças fundamentais:[88]

1. O preconceito de marca determina uma preterição; o de origem, quanto ao modo de atuar, caracteriza-se por uma exclusão incondicional em relação a situações de competição. Obviamente, Nogueira trabalha com dados relativos aos fins dos anos 40, anteriores, portanto, à "revolução negra" dos direitos civis, ocorrida nos anos

60, que transformaria, significativamente, a "exclusão incondicional" nas situações de competição referidas.
2. Onde o critério é de marca, a aparência racial define o discriminado diante do discriminador; ao passo que, onde é de origem, seja qual for a aparência ou proporção de ascendência do grupo discriminador ou discriminado, o que importa é sua filiação racial a este último grupo. Sabemos o quão importante é, no Brasil, o detalhe da aparência racial na composição do ritual da etiqueta conseqüente às situações virtuais de discriminação, a ponto de originar verdadeira babel detalhante dos traços físicos de gradação das pessoas negras ou mulatas: autodenominações diversas nos censos, especificações quanto aos tipos de cabelo, nariz, cor da pele etc., de maneira a disfarçar o modelo mais evidentemente discriminado.
3. O preconceito de marca tende a ser mais intelectivo e estético frente aos traços indesejáveis ou de "inferioridade" do grupo discriminado; onde é de origem, a carga afetiva do preconceito tende a ser mais emocional e mais integral. Assim, por exemplo, no Brasil, o preconceito, não sendo incompatível com manifestações de amizade, solidariedade e simpatia, varia na proporção direta dos traços negróides — os quais podem causar pesar, à maneira de um "defeito" físico. Nos Estados Unidos, o preconceito tende a assumir o caráter de confronto ou ódio intergrupal, tomando a forma de segregação ocupacional, residencial, escolar, em instituições culturais, recreativas, de assistência social e sanitária, em logradouros públicos, veículos etc. Esse caráter "intelectivo" e "estético" do problema, na sociedade brasileira, assume proporções alarmantes, sendo seguramente um dos atributos mais importantes das deformações da democracia racial. Não conhecemos mais profundamente os meandros da questão do negro em outros países, a exemplo dos Estados Unidos, entretanto consideramos que dificilmente um outro caso social apresente a sofisticação e a densidade intelectual e estética do fenômeno discriminatório como no Brasil, a penetrar generalizadamente o âmago das manifestações cultas do espírito — na contingência dos pequenos detalhes que, somados, dão resultante de peso —, em poesia, literatura, teatro, cinema, história, ciências sociais, arrolando nossa melhor tradição intelectual, muitas vezes composta dos próprios negros e mulatos, todavia quase sempre "míope" a esta questão.

4. Nas relações interpessoais, em que o preconceito é de marca, as amizades e a admiração cruzam facilmente as fronteiras de cor; já onde o preconceito é de origem, as relações entre indivíduos dos grupos distintos são severamente restringidas por tabus e sanções de caráter negativo. O que explica, no Brasil, o fato de o indivíduo ser preconceituoso contra as pessoas de cor, tendo, em geral e ao mesmo tempo, amizade por determinada pessoa de cor, sem que isso modifique sua compreensão do caráter discriminatório da sociedade, ao passo que, nos Estados Unidos, a mesma atitude torna a própria pessoa branca objeto de discriminação. Esta característica do preconceito de marca, no Brasil, funciona como a mais estonteante prova da ambigüidade com que se desenvolve o racismo existente, confundindo a todos, tornando-o quase inextricável a "olho nu", muito embora, por outro lado, contraditoriamente, talvez passe exatamente por aí a possibilidade da regeneração desse dilema em nossa sociedade, dada a quebra de rigidez que poderiam ter as ideologias e práticas discriminatórias e que têm nessa característica tipicamente brasileira um contrapeso.

5. Ideologicamente, o preconceito de marca é, ao mesmo tempo, assimilacionista e miscigenacionista. Isto é, criou-se a expectativa geral de que o negro desapareça fisicamente, incorporado pelo estoque branco da população, por um lado; por outro, espera-se que os traços culturais específicos da herança africana sejam abandonados, em processo de aculturação, de tal modo a vir predominar a "cultura nacional", "ocidental", "civilizada", de base luso-brasileira. Revelando forma velada de discriminação, esse mecanismo simbólico, contraditoriamente, envolve uma valorização ostensiva do igualitarismo étnico, constituindo-se num ponto de referência para a condenação pública de manifestações ostensivas ou intencionais de preconceitos, ou mesmo contra as reações, quando originadas do protesto do discriminado. Verdadeiro nó górdio do dilema racial brasileiro, pedra de toque no imaginário da democracia racial do país, retira-se desse argumento um dos elementos mais definidores da nacionalidade, supostamente identificada na índole pacífica do povo, na ausência de conflitos sociais sérios, a justificar severa censura contra tais tipos de manifestações. Nos Estados Unidos, ao contrário, defende-se como expectativa a endogamia e o nucleamento da minoria discriminada, de modo a preservar, cada qual, seu mun-

do social à parte, cuja "pureza" racial e característica se considera necessário preservar.
6. A distinção entre os diferentes tipos de etnias, em que o preconceito é de marca, se dá com a prevalência do dogma da cultura sobre o da raça; onde o preconceito é de origem, dá-se o oposto. Assim, nos Estados Unidos, aponta-se freqüentemente como atenuante o fato de as minorias preservarem suas próprias tradições. Obviamente, a noção de "raça" referida tem sentido popular de pertencimento étnico, de divulgação ordinária mas corrente, e não aquele atribuído pelos cânones cientificistas que vigoraram até aproximadamente a década de 1920.
7. Há uma verdadeira etiqueta das relações preconceituosas e discriminatórias que põem ênfase no controle do comportamento do discriminador ou do discriminado, conforme o caso. Assim, no Brasil — preconceito de marca —, não é de bom-tom puxar o assunto diante de uma pessoa preta ou parda; em contraposição, em caso de rixa, a primeira atitude que se pode ter é a referência à condição étnica. Nos Estados Unidos, ao contrário, a ênfase da etiqueta está em expressar a assimetria das relações entre brancos e negros, demarcando-se a supremacia do primeiro: "mister" por você; a reserva no atendimento comercial etc. Esta característica é a que mais aproxima os dois casos, ensejando, inclusive, estudos comparativos elucidadores.
8. Na sociedade em que predomina o preconceito de marca, a consciência da discriminação tende a ser intermitente, ao contrário do caso em que predomina o preconceito de origem, que tende a impor sua presença de forma contínua e obsedante. Isto explica o fato de, no Brasil, a consciência de cor vir à tona sobretudo nos momentos de conflito, de fracasso ou humilhação, evidenciados pela discriminação. Afora esse contexto, a pessoa de cor pode passar longos períodos sem se envolver (diretamente) em qualquer situação relacionada com a identificação racial, o que é particularmente constatável em pequenas comunidades, em que predominam os contatos primários, quando os indivíduos se conhecem pessoalmente uns aos outros. Nos Estados Unidos, a consciência da identificação racial por parte dos negros é permanente, seja pela auto-afirmação, seja por atitudes defensivas ou por aguda e peculiar sensibilidade a toda referência, explícita ou implícita, à questão racial. A valorização da estética da raça, o esforço de qualificação intelectual, de va-

lorização moral e cívica, assim como de destruição dos estereótipos correntes, tornaram-se uma preocupação constante do movimento social organizado. É inegável a importância dessa diferença essencial para os dois casos tratados. No caso do Brasil, certamente esse aspecto, tão desenvolvido na sociedade norte-americana, seria regenerador do fenômeno, sendo sua qualidade entre nós ainda ponto que fragiliza as conquistas já realizadas.

9. Quanto ao efeito da variação proporcional do contingente discriminado, em que o preconceito é de marca, a tendência é para a sua atenuação nos lugares em que há maior proporção de indivíduos de cor; ao passo que, onde o preconceito é de origem, ao contrário, a tendência é para que se apresente agravado nos lugares em que há maior proporção de indivíduos do grupo objeto da discriminação. Assim, no Brasil, a impressão generalizada é a de que o preconceito é mais forte nos estados do Sul, a partir de São Paulo, onde negros e mulatos constituem massa relativamente reduzida, inverso da situação do Rio de Janeiro e da Bahia, por exemplo. Nos Estados Unidos, as restrições mostram-se mais fortes justamente nas regiões em que o negro representa-se com um percentual elevado no conjunto da população.

10. Onde o preconceito é de marca, a ascensão social disfarça, sob o pertencimento de classe, os valores étnicos discriminados. No outro caso, a separação entre os grupos étnicos tende a permanecer rígida, mesmo quando no mesmo *status*. Essa peculiaridade, no caso do Brasil, tem particularmente ajudado a reforçar o mito da ausência de preconceito de tipo "racial", minimizada em favor daquele especificado nas classes sociais, a exemplo do influente estudo de Donald Pierson sobre essas relações na Bahia. Este ponto nos parece merecedor de interessante estudo comparativo, a fim de que se diferenciem, no detalhe, as conseqüências existenciais e outras, reveladoras de aspectos-limite dessa problemática, já então num nível puramente cultural, dada a superação das vicissitudes meramente econômicas.

Brancos e negros em São Paulo (Roger Bastide e Florestan Fernandes)

Fruto de projeto de estudo patrocinado pela Editora Anhembi, de Paulo Duarte, vindo a vincular-se, em 1950, àquele projeto que seria desenvolvido pela UNESCO, este trabalho de Bastide e Fernandes, *Relações raciais entre brancos e negros em São Paulo*, seria um marco das pesquisas de vultosa envergadura a que os autores dariam prosseguimento, conjunta ou separadamente, destinando-se a transformar o quadro do entendimento das relações raciais na sociedade brasileira. Fixemo-nos, de saída, nos critérios técnicos e metodológicos que nortearam as pesquisas desse trabalho e que serviriam de referência a outros desenvolvidos pelos autores, especialmente para o caso de *A integração do negro na sociedade de classes*, que viria a ser escrito por Florestan Fernandes.

De pronto, cabe salientar a dimensão da capacidade de recolha de dados representada nesse ambicioso projeto de pesquisa. Pioneiramente, mergulhava-se fundo no universo das condições de vida do meio social negro e mulato, no período imediatamente pós-abolicionista, em São Paulo. Frise-se que este tema fora solenemente tornado "invisível", dada a proeminência de outros, tais como o proletariado, a imigração européia, a formação do capitalismo, as fases do Estado republicano etc. A pesquisa de campo de Bastide e Fernandes, ao contrário, privilegiaria o levantamento exaustivo de como o próprio meio social negro percebia suas vicissitudes, nas primeiras décadas do século XX, naquela cidade. Investigava igualmente como o branco, fosse das famílias tradicionais, fosse o imigrante recém-chegado, fosse o empresariado nascente, via seu relacionamento com as pessoas de cor. A originalidade patenteava-se na organização de grupos de trabalho com representantes do meio negro, envolvendo intelectuais de tipo orgânico, militantes da causa negra, comissões feminina e da infância, lideranças de entidades. Levaram-se as pesquisas até os bairros populares de visível concentração de pessoas de cor, extraindo daí as versões da problemática, segundo coordenação técnico-metodológica: enquetes, entrevistas formais, biografias, histórias de vida, entrevistas ocasionais, anotações avulsas dos entrevistadores, questionários padronizados, registro de conversas ouvidas em circunstâncias variadas. A pesquisa, também apoiada pela reitoria da Universidade de São Paulo (USP), contou com a colaboração de alunos e ex-alunos da USP, a exemplo de Maria Isaura Pereira de Queiroz, Fernando Henrique Cardoso, Ruth Correia Leite, Maria Sílvia Carvalho Franco e Yuko Kitahara, entre outros. Roger Bastide contabiliza em mais de cem as pessoas envolvidas diretamente, de forma esporádica, com a realização dos trabalhos.[89] Note-se que mesmo as análises dedicadas à passagem do trabalho escravo para o trabalho livre — que, na verdade, se constituíram em eixo central da pesquisa — foram realizadas com base nas entrevistas de memória oral, investigando-se sistematicamente as "fontes vivas", dada a proximidade temporal ainda existente entre aquele período e a realização das enquetes.

Estudar brancos e negros em São Paulo partia de uma tábua rasa: discutir inicialmente se o preconceito era ou não suscetível a receber tratamento analítico. Submetia-se, pois, o problema a indagações sociológicas que pudessem dar conta da relação entre o preconceito e as condições materiais e morais da sociedade. Ao mesmo tempo, buscavam-se as regras formais e informais, subordinadas a códigos éticos e de etiqueta, que estabeleciam contornos ao comportamento individual, sob esse aspecto. Indagar-se-ia sobre a medida da integração dos preconceitos à cultura, vinculando-os a interesses sociais determinados. Desse modo, objetivava-se questionar sua função social e, por efeito dialético, inferir as relações dos preconceitos com a dinâmica social — distinguindo, por exclusão, os vários tipos ou subtipos de preconceitos. Por fim, verificar-se-ia a possibilidade de transformação do preconceito, consoante à transformação da ordem social.[90] Por conseqüência, buscou-se distinguir as velhas famílias tradicionais das que provieram da imigração; ou examinar os setores econômicos industrial, comercial, bancário, a fim de julgar as barreiras profissionais, os estereótipos da classe patronal, as ideologias dos brancos, ao longo do tempo e das transformações — geralmente realizando essas pesquisas por amostragem: fábricas grandes e pequenas, nacionais e estrangeiras, mão-de-obra feminina e masculina etc.[91]

A cidade de São Paulo foi considerada modelo paradigmático, já que vivera, num período de tempo relativamente curto, a passagem de uma sociedade escravista para a posição de maior centro industrial da América Latina. Por sua vez, durante a escravidão, o preconceito possuíra funções mais ou menos óbvias, mas e agora? A convivência de antigos estereótipos numa sociedade de tipo capitalista tornara-se a grande e paradoxal questão a ser avaliada, sendo que os autores partiam de um diagnóstico claro: o preconceito e a discriminação existiam. O que restava fazer era conhecer as funções que preenchiam.[92] Ainda, os autores explicitam que, muito embora não tivessem a pretensão de tomar partido contra o branco ou contra o negro, foi-lhes impossível ficar impassíveis diante das expectativas etnocêntricas comuns aos círculos letrados brasileiros, estritamente baseados nos interesses e valores das camadas brancas dominantes.[93] Destarte, anotam os autores, não faltaram as críticas ácidas, apontando seus estudos como um aporte "perigoso", que contribuiria para aumentar as tensões e os conflitos latentes ou abertos existentes na sociedade — a própria crítica transforma-se em objeto de estudo, como se vê.

Partiriam, então, os autores de três hipóteses diretrizes essenciais, que tinham como fundamento comum a noção de ser o preconceito resultante de um processo social — obviamente não-biológico, nem estritamente cultural: eis o grande salto qualitativo empreendido pelos autores em relação às correntes anteriores! A primeira hipótese vai lidar de maneira homogênea com os casos individuais, aparentemente desconexos, ligando diferentes exteriorizações (de classe, de grupos, intraclasse, intragrupos) de atitudes e comportamentos. Desse modo, supõe-se que as flutuações da conduta constituem sintomas da existência do preconceito "racial" (o termo continua sendo usado, no sentido sociológico), e não seu contrário. Importa avaliar o grau de intensidade da ocorrência do fenômeno até um limite extremo. A segunda hipótese é formulada no sentido de apreender a vinculação do preconceito de cor junto à dinâmica social. Buscar-se-á, com tal procedimento, perceber a variação desse tipo de comportamento frente ao desenvolvimento das classes sociais e do regime econômico capitalista em formação na cidade de São Paulo, em contraste com a antiga ideologia racial da sociedade dita arcaica — tanto no que se refere ao lado branco quanto ao lado negro e mulato. A terceira hipótese tenta uma análise prospectiva, seja considerando que o preconceito de cor perderia lentamente sua força inibidora ou coatora sobre o comportamento dos negros, seja admitindo que assumiria, provavelmente, expressão mais ostensiva nos círculos sociais ou nos grupos brancos em que se perpetua o preconceito como símbolo social de *status* (real ou compensatório) e/ou como meio de defesa econômica. O suporte básico a alicerçar uma ou outra possibilidade é a de que o preconceito de cor modificar-se-á inexoravelmente, de maneira a se adequar às novas condições sociais de ajustamento inter-racial na sociedade de classes em desenvolvimento.[94]

Tais parâmetros do vigoroso projeto de pesquisa dariam pertinência ao esquema geral ao qual se submete o que deva ser trabalhado: I — Do escravo ao cidadão; II — Brancos e pretos em uma sociedade de classes, perguntando, basicamente, como a população de cor se integra — como setores especiais? Diluída nas classes existentes?; os efeitos causados pelas migrações de pretos das áreas rurais; a criação de avaliações culturais negativas "recicladas": os negros incrementaram alguma "contra-ideologia"?; III — As manipulações do preconceito racial: consideradas como uma das partes centrais do projeto e de mais difícil realização, dado o caráter fragmentado e nem sempre exteriorizado do problema; IV — Os efeitos do preconceito racial; V — Impactos da mudança social, em que se estuda a desagregação da antiga ideologia racial na sociedade de classes emergente.[95]

Teoricamente, os autores lidariam todo o tempo com a idéia central de que, em determinada concepção sociológica, os "fatores sociais" podem modificar-se concomitantemente à influência dos "processos sociais", com intensidade variada. O que explicaria os fatos de, em São Paulo, o sistema de relações raciais não se ter transformado tão rapidamente quanto o sistema total, e de, após o esfacelamento da ordem escravocrata e senhorial, continuarem a ter "plena vigência" normas sociais e tipos de controle que só tinham sentido naquelas estruturas pretéritas (*sic*). Segundo os autores — o que é, certamente, discutível, como detalharemos mais adiante —, as condições estruturais que lhes davam suporte, ou o paralelismo entre o "nível social" e a "cor", não foram destruídas com a transição para a nova ordem. Daí que as mudanças operadas não produziram a assimilação dos negros e mulatos coletivamente. Ou ainda que as diferenças de posição social e de padrão de vida não perderam a "função" de servir como fundamento material ou como fonte de justificação e disfarce às manifestações do preconceito de cor.[96]

De toda forma, destacam os autores o fato de a sociedade paulista já ter dado provas suficientes de que, quando se trata de decidir, quer sobre a prevalência dos princípios de integração estrutural da sociedade, quer sobre as diferenças étnicas ou culturais, venceram as primeiras. Fosse quando os fazendeiros paulistas inauguraram os sistemas de parceria com colonos europeus em condições extremamente duras, análogas mesmo às da escravidão; fosse quando do tratamento coercitivo dos contratos de trabalho de operários em fins do século passado; fosse ainda quando a industrialização e a urbanização, na escala assumida pós-30, mas sobretudo após a Segunda Guerra, passaram a absorver negros e mulatos, até certo ponto, "sem olhar para a cor". Com todos esses pressupostos, a que conclusões fundamentais se chegou com essas pesquisas? Vejamo-las, a seguir, na obra já clássica, que é sua continuidade e condensação mais acabada.

A integração do negro na sociedade de classes (Florestan Fernandes)

O subjetivismo, a opinião meramente pessoal, o juízo de valor, enfim, não são bons companheiros do fazer nas ciências sociais. Entretanto, negá-los de forma absoluta é um ato de ingenuidade, reconhecido por aquele mesmo fazer. Então, por que amordaçá-los doentiamente, evitando que saiam pela boca, mas deixando que escapem pela respiração? Sabe-se que o mais acatado procedimento é o de vigiá-los, mantendo-os sob controle, evitando o grosseiro das intervenções tacanhas do meio social ou da classe a que se pertence. Feita essa ressalva, vamos iniciar esta análise a partir de uma forte impressão: a de culpa. Sim, culpa histórica, esta é a mais poderosa sensação que nossa consciência de negro, ou mulato, "como queiram" — parafraseando passagem famosa de Lima Barreto em sua autobiografia[97] —, tem ao concluir a leitura crítica do tema da "integração" do negro na sociedade de classes, como exposto nesse trabalho basilar de Florestan Fernandes.

Como temos procurado pontuar, nossa preocupação de pesquisa mais importante tem sido a de sistematizar, de forma crítica, a história do pensamento social, que, no Brasil, mudou por inteiro a forma de conceber a questão do negro. Superando antiga tradição eivada de etnocentrismos, e contribuindo assim, por conseqüência, para desnudar aspectos insuspeitos das relações entre os grupos étnicos e as classes sociais. O tempo temático dessa característca marcante são os anos 40, 50 e 60 do século XX. Consideramos, com Emília Viotti, que nenhum outro momento histórico no país possibilitou tantas oportunidades — plenamente aproveitadas — para o desnudamento crítico daquele modelo reacionário hegemônico. E conclui a autora: o ataque ao mito adveio das lutas políticas contra as oligarquias tradicionais, que atingiram o clímax nos anos 60, sendo este o contexto de onde podem ser compreendidas as denúncias contra as mitologias da democracia racial.[98] Thales de Azevedo, já em 1985, prefaciando livro de Oracy Nogueira, alerta para a necessidade de um reexame, de uma reavaliação dos estudos que, justo no contexto assinalado por Emília Viotti, romperam com os limites teóricos e metodológicos de enfocar o tema, assumindo, por isso, importância paradigmática para a compreensão dos estudos que os sucederam.[99]

Favorecidos pelos avanços das pesquisas posteriores e mais recentes sobre o tema, analisamos as reflexões de Florestan Fernandes portando duas advertências importantes. A primeira nos alerta para o perigo de considerar a situação de verdadeiro emparedamento existencial, econômico, social, político e cultural das pessoas de cor, nas décadas imediatamente subseqüentes à abolição até os anos 30, como resultante principal da transferência de valores, mentalidades e ideologias que, vindos do período dito arcaico, continuaram a enclausurar o meio social negro, já agora em estruturas sociais totalmente diversas daquele. Apenas parcialmente isto pode ser aceito como argumento decisivo.[100] A segunda advertência viria do alerta de serem também perigosamente próximas a visão de Florestan Fernandes e aquelas veiculadas pelas classes dominantes, no momento da transição para o trabalho livre e assalariado, a propósito dos conceitos de "anomia" ou "patologias sociais", utilizados por este autor para explicar a situação de desajustamento do meio social negro à época. Isto porque, nas concepções e práticas desenvolvidas ou estimuladas por aquelas classes dominantes, era nítido o projeto de controlar e disciplinar a força de trabalho de acordo com a nova ética das relações econômicas, transformando os pobres — e, entre eles, sobretudo, os negros e mulatos — em protótipos dos vícios sociais, sobremaneira amorais, tendentes "naturalmente" à desordem e ao crime. É óbvio que há uma distância qualitativa enorme entre as concepções do autor referido e a difusão daquele controle social. Não obstante, cabe perguntar, com Gilberto Velho, sobre o que seja propriamente, em termos de coletividades sociais, "normal".[101]

Vamos direto ao cerne do problema — o que não é tarefa fácil, dado o estilo barroco assumido por Fernandes para a exposição dos assuntos ali tratados, recuperando inúmeras vezes argumentos e exemplos, para somente aos poucos expressar soluções explicativas, também elas muitas vezes reiteradas. Atente-se para a necessidade de termos de reproduzir, às vezes, falas, termos empregados, conceitos explicativos, dada a pertinência de nossas próprias preocupações de pesquisa. Apontamos, em outro momento, a importância de flagrar a singularidade das percepções estereotipadas como uma espécie de marca cultural típica da maneira de o fenômeno se vir construindo no Brasil: por intermédio do detalhe. É sobremaneira decisivo estar atento para o fato de a democracia racial entre nós ser construída de fragmentos aparentemente dispersos — um tanto na literatura, outro tanto nas ciências sociais, na estetização dos costumes, na linguagem "descompromissada" do cotidiano da vida —, mas que, no conjunto, forjam círculo de ferro de difícil discernimento, já confundindo mito e realidade. Um exemplo modelar: o importante e competente livro de Carlos Hasenbalg sobre as discriminações e desigualdades raciais no Brasil, escrito em fase posterior aos estudos temáticos aqui examinados e, de certa forma, fruto daquelas inovações, mesmo constatando a iniqüidade histórico-sociológica das desigualdades cumulativas que incidem sobre as pessoas de cor nos diversos aspectos da vida cotidiana, conclui com a seguinte afirmação: "Nenhuma ideologia racista elaborada ou formas de organização brancas para lidar com uma 'ameaça negra' são [na sociedade brasileira] distinguíveis".[102]

Por sua vez, sustentar que o liberto tornou-se "abruptamente" senhor de si mesmo, sem dispor de meios morais e materiais para a "proeza" de sua inclusão nos quadros de uma economia competitiva, como faz Florestan Fernandes,[103] é solução explicativa que pode desviar a análise do impacto negativo, carregado de ideologias preconceituosas e processos discriminatórios, resultantes dos efeitos "perversos" dos rumos assumidos pelo desenvolvimento econômico-social do pós-abolição. De resto, não se conhece caso, na história da humanidade, em que as revoluções sociais tenham sido precedidas por uma "preparação" das classes para um melhor desempenho na fase histórica subseqüente. Teria ocorrido isso na supressão da servidão feudal? Nas revoluções industriais ou burguesas? Na própria revolução socialista? Por sua vez, as estimativas demonstram que o número de escravos já era, quando da abolição, bastante inferior ao número de negros e mulatos livres, mesmo no Sudeste do país, última grande área escravocrata. Se o contraste é com o imigrante europeu, para a inclusão nos quadros da economia competitiva, sabe-se também que apenas uma parte deles possuía capital (tanto no sentido material quanto no sentido de uma educação moderna), tão avantajado em relação ao trabalhador nacional, tratando-se, em boa medida, de grupos que não possuíam habilidades ou qualificações especiais, sendo seus pontos de partida bastante assemelhados aos dos negros e mulatos — podendo ser piores, em muitos casos individuais. Do ponto de vista estritamente técnico, negros e mulatos tinham sido, além de trabalhadores de foice e enxada, carpinteiros, pedreiros, marceneiros, barqueiros, pescadores, ferreiros, alfaiates, barbeiros, costureiras, impressores, pintores de tabuletas, artífices de objetos de ouro e prata, litógrafos, vendedores ambulantes, trabalhadores nas manufaturas urbanas de bens de consumo movidas a energia a vapor etc. Dada a mobilidade social característica do século XIX, sobretudo com relação aos mulatos, inúmeros destacar-se-iam como engenheiros, médicos, advogados, professores, escultores, músicos, pintores, poetas, romancistas, jornalistas, políticos. A assertiva de Fernandes, contraditoriamente, ganha maior coerência quando, limitando-se ao caso de São Paulo, mas com nítidas possibilidades de ampliar a exemplificação, admite que aquela ausência de meios materiais e morais das pessoas de cor devia-se à sua herança cultural, sob todos os pontos de vista "funesta", eivada de um tradicionalismo "tosco e inoperante", impedindo-as de participar sequer superficial e esporadicamente das "tendências do progresso". Assim, as orientações culturais do negro não haviam sido suficientemente "fortes", "envolventes" e "plásticas" para se redimensionar, resultando num horizonte cultural de conteúdo pré-letrado e anti-urbano. Fator invisível de bloqueamento, de inércia, de malogro do negro na história cultural de São Paulo, ao contrário dos demais grupos étnicos.[104] Nesse ponto, sua análise extravasa São Paulo, pois utiliza como exemplo o fato de o negro ter perdido a proeminência mesmo na macumba, dado o número de "brancos" que praticam esta religiosidade no Rio de Janeiro — o que seria uma prova da "debilidade estrutural" da cultura herdada pelo negro.

Ora, é possível que, em São Paulo, o vertiginoso processo de declínio relativo do negro e do mulato na composição demográfica da cidade, por um fator exógeno (a entrada maciça de imigrantes europeus), tenha, de fato, obstaculizado um redimensionamento do legado cultural negro-africano. Até porque, como afirma o próprio Fernandes, os órgãos policiais tratavam com extrema severidade quaisquer reuniões das pessoas de cor, a fim de resguardar o sossego e o decoro públicos — quando não por motivos da própria segurança e manutenção da ordem igualmente pública —, peculiaridade que foi levada, durante a Primeira República, à exaustão, até à percepção de que não havia mais qualquer "risco". Todavia, a generalização dessa conclusão para outras ciadades, ou mesmo o país, é certamente uma conclusão precipitada. Em verdade, não se pode negar a evidência de que o legado cultural afro-brasileiro foi suficientemente forte, plástico e envolvente a ponto de se redimensionar e influir sobremaneira no panorama cultural do país, em especial na cultura popular, provavelmente tornando-se a mais notável prova da singularidade cultural do país, em termos de cultura popular, religiosidade, culinária, sensualidade, linguagem, musicalidade.

O suposto acima referido, do não-preparo cultural, teria desdobramentos lógicos que levariam a uma série de outros impasses conclusivos. Assim, por extensão, os ex-escravos (e, em conseqüência, negros e mulatos de uma maneira geral) seriam "socialmente incapazes" de tomar consciência da própria liberdade. Não estando "preparado" para enfrentar a concorrência com a mão-de-obra importada da Europa, o negro teria sido largado ao penoso destino que estava em condições de criar para si e por si mesmo. Daí a "culpa histórica" a que nos referimos no início deste debate. Pois, se a resultante social e econômica foi a que se deu, não nos resta senão assumir a exclusividade da sub-representação e do fracasso enquanto coletividade. Por outro lado, o imigrante europeu "não temeu" a "degradação" (*sic*) pelo confronto com o negro e, por isso, absorveu as melhores oportunidades de trabalho livre e independente, mesmo as mais "modestas", como vender jornais e engraxar sapatos[105] — fato que abrilhantaria o panegírico das bem-sucedidas famílias estrangeiras, mais adiante. Assim, aos negros e mulatos teria faltado "coragem" para enfrentar essas ocupações "degradantes", tomando-se claramente os efeitos pelas causas e, o que é pior, camuflando o aspecto racista do fenômeno, a envolver a distribuição do mercado de trabalho com a chegada — na verdade, com a própria concepção — do imigrante. Afinal, o que seria exatamente trabalho "degradante" ao se comparar com o negro? O negro não foi escravo (tampouco quilombola) porque quis. Qual é a moral de um imigrante europeu, analfabeto ou semi-analfabeto em sua própria língua, praticamente escorraçado de seu próprio país por condições sociais iníquas, de considerar "degradante" competir com o negro ou mulato? Esta constatação não estaria sendo envolvida pelas ideologias de época, estas sim, interessadas em "ensinar" tais parâmetros aos imigrantes, que rapidamente percebiam as vantagens que esse imaginário lhes traria? Por que será que em São Paulo, nesse momento, um europeu sentia-se melhor na cidade que um brasileiro comum? Ora, politicamente se sabe ou se intui não existir vácuo. Como falar de empregos "modestos", trabalho que o negro consideraria "degradante", quando efetivamente os mais modestos dos modestos empregos e ocupações acabaram mesmo nas mãos negras — e, assim mesmo, para o caso de São Paulo, quando já não havia o interesse do imigrante, como aponta a própria pesquisa? E era simples, pois bastava um olhar "estético", "cultural", para definir as regras do jogo, no comércio, nos serviços, na indústria, na ciência, na poesia, na literatura, nas artes plásticas, no serviço público. Esta argumentação do autor foi, em boa medida, retirada dos próprios depoentes negros e mulatos, envolvidos no imaginário de como a sociedade os via e os levava a se ver, o que, por sua vez, nos leva a considerar a necessidade de uma (re)leitura de como foram construídas essas fontes. Em outras palavras, temos dúvidas a respeito desses depoimentos orais coletados, considerando-os, também eles e a percepção que passam da problemática, objeto de crítica revisora. Ou seja ainda, teríamos novas e outras questões a serem postas sobre aqueles mesmos processos sociais e existenciais, considerando aquelas pessoas trabalhadas. Feliz ou infelizmente (não é esta a questão principal), o roteiro construído por Fernandes está definitivamente feito. Os depoimentos, com uma grande competência técnica e metodológica, foram recolhidos e expostos. Aquelas pessoas provavelmente, em sua maioria, já faleceram, não se tendo outra opção se não a de aceitar seus depoimentos como um fato consumado. Não obstante, e apesar de não se ter acesso à íntegra dos depoimentos originais, eles podem e devem ser analisados à luz de novos supostos, surgidos sobre o entendimento daquelas mesmas questões, a partir de outras demandas culturais, interesses e descobrimentos, os quais mudaram a percepção das coisas. Esta tem sido a dinâmica da construção do saber em história.

Negros e mulatos, ao contrário dos italianos, não seriam suficientemente "industriosos" para fomentar a poupança e a acumulação de riquezas,[106] apegando-se a modelos pré e anticapitalistas. Nesse sentido, as condições nascentes do capitalismo tornaram-se até — é esta a expressão — "perigosas" para a massa de libertos e homens de cor. Transformaram-se, pois, em figuras deslocadas e "aberrantes" (*sic*) no cenário da "febre do café". E tudo isso teria ocorrido malgrado as oportunidades "fluidas", "acessíveis" e "elásticas", da extrema mobilidade imperante no meio econômico e social burguês em formação.[107] Todavia, reconhece-se, a seguir, que o imigrante era tido e havido como "a grande esperança nacional", agente "natural" do trabalho livre.

Veja-se como os próprios depoentes negros e mulatos estigmatizam, nos depoimentos, seu "lugar" no processo: inconsistência no trabalho, fascínio por ocupações nobilitadas (*sic*), tendência a alternar períodos de trabalho com outros de ócio (*sic*), indisciplina, ausência de estímulo para competir e fazer a independência econômica.[108] Entretanto, contraditoriamente, reconhece-se que não houve praticamente nenhuma área das novas ocupações criadas que não fosse maciçamente ocupada pelos imigrantes e correspondentes valores éticos e estéticos — o que ocorreu mesmo na área rural de São Paulo.

Segundo esta linha de interpretação, já nas lutas contra o cativeiro, escravos e libertos foram o pólo "alienado", incapaz de formular o que queriam coletivamente. Ora, esta afirmação não tem consistência histórica, seja contraposta à tradição das lutas intestinas dos escravos contra o regime, sempre em busca de negociar a liberdade; seja no papel historicamente ocupado pelas centenas (se não milhares) de quilombos, espalhados onde quer que tenha havido a escravidão, desde o início; seja ainda no teor reivindicatório das grandes rebeliões (Balaiada, Malês); seja, enfim, na representação emblemática de um Luis Gama, um Cruz e Sousa, um José do Patrocínio, um Lima Barreto, um João Cândido. Não se estaria tomando a abolição por seus resultados? E aí, obviamente, a conversa não seria outra? Entretanto, pensar a história do povo negro — não há como separar essas categorias — dessa maneira, no Brasil, tem sido sempre um suporte a mais na sustentação de todo um imaginário preconceituoso e discriminador, queira-se ou não. Ou será que garantir a condição "alienada" do escravo não seria atribuir-lhe o "primitivismo", a "incivilização", a "brutalidade atávica"? Os próprios quilombos não eram reconhecidos, até recentemente, como empreendimentos inócuos, meras fugas utópicas incapazes de alterar o sistema, verdadeiras reproduções do retorno tribal? Naquela interpretação, mesmo após a abolição, nossos antepassados estavam condenados a não ser livres por inteiro, com segurança, prestígio e dignidade. A "fuga" (não se fala, por exemplo, em "êxodo rural") para as cidades significou um protesto de desespero. Não obstante, ficar na lavoura de subsistência, como a atitude anterior, era também um procedimento dito "irracional" e aparecia como triste desafio do destino. Pateticamente, chega-se à conclusão de que a conquista da liberdade foi um cataclisma que se abatera sobre esses seres indefesos (!), restando, como recurso final, a autodestruição, a autocondenação, o ostracismo, a dependência, como protesto ou efeito suicida dos complexos de desilusão social — únicos e derradeiros recursos de afirmação (*sic*). No fundo, estavam todos privados dos meios para organizar a vida em liberdade, segundo "os ideais ou as exigências de sua concepção de mundo".[109]

Ainda os relatórios coletados denunciam que os brancos consideravam os negros e mulatos "sem ambição"; os próprios informantes de cor revelaram "realismo" ao se demonstrar convencidos de não possuirem meios para se inserir no processo de competição. Em suma, identificada estava a situação de "anomia social" que estigmatizava este contingente da população, expoliado material e moralmente, impedido da integração em categorias sociais "abertas" (*sic*) à sua participação[110]. Sob a aparência da liberdade, tinham "herdado" a pior servidão. A sociedade de classes se transformara numa miragem, no momento mesmo em que esses personagens nasciam para a vida. Faltaram-lhes a autodisciplina e o espírito de responsabilidade do trabalhador livre, como fatores psicossociais herdados da escravidão, transplantados à sociedade competitiva. De toda forma, após a abolição não existiria tolerância para reuniões de negros. Os estereótipos calariam fundo: vagabundos, desordeiros, cachaceiros, mulher à-toa, ameaça constante ao decoro, à propriedade, à segurança das pessoas. Não obstante, sob o regime de igualdade jurídica, e sob a acatada idéia — inclusive pelo meio negro — da inexistência de preconceitos ou discriminações.

Alguma diversificação profissional havia permitido a uma parcela do meio social negro elevar-se, constituindo-se numa espécie de "elite". É óbvio que foram posições só penosamente alcançadas e que tinham de ser resguardadas a qualquer custo, em especial por serem posições constantemente ameaçadas de rebaixamento. Ciosas então dos espaços conquistados, resguardando-os da situação de miséria e promiscuidade típicos do meio étnico, essas pessoas primavam pelo vestir-se bem, mantendo acesa a chama da ambição de subir ainda mais na escala social, buscando comportar-se como quaisquer outras pessoas de sua condição, plenas de uma certa dignidade e responsabilidade. Comumente sentiam-se ofendidas com o modo de viver e as concepções dos "pretos largados", mantendo diante destes certa distância de convivência.

Pois a análise de Fernandes, a partir dos depoimentos de negros e mulatos, vai considerá-los (a suposta "elite") como um empecilho à solidariedade étnica que poderia abrir uma brecha questionadora no sistema! Suas (deles) atitudes e seu comportamento são então considerados "alienados", verdadeira cópia dos padrões "brancos" de sociabilidade, a feitio da existência de um modelo de exclusividade comportamental, privilégio dos brancos. Esses pretos, comenta um informante, "desprezam, de certa maneira, os outros pretos que não têm os mesmos ideais de vida, vendo nos companheiros de situação mais baixa ou inferior uma ameaça ao seu prestígio social, que *depende do que os brancos pensam a seu respeito*" [grifos nossos].[111] Exigem-se, desse modo, reações alinhadas e de solidariedade utópica, como uma obrigação moral sem restrições. E isto ao mesmo tempo em que se cobra, como fórmula de êxito social dessas pessoas, a integração na sociedade competitiva. É difícil aceitar assim os argumentos de que todos os negros deveriam ter obrigatoriamente, em todos os aspectos, "causas e objetivos comuns". Mesmo porque, numa sociedade como aquela que nascia, a regra seria a diversificação das pessoas em classes sociais distintas, coisa diferente de um pertencimento étnico.

A acusação da falta de solidariedade, politicamente contraproducente, fica ainda mais contraditória quando se apontam características de um fenômeno inverso. Ou seja, o caso do chamado negro "ordeiro" ou "direito". Este tipo tem o perfil do trabalhador regularmente empregado, mas repugna a "marginalidade" e busca a orla convencional da sociedade, adotando atitudes contrárias, por exemplo, à humilhação do trabalho do filho menor (em vez do estudo) ou da companheira (nos lugares normalmente reservados às negras). Luta, então, obstinadamente pela dignidade familiar. Não obstante, passará, nas análises e nos depoimentos do livro, a imagem de alguém dotado de atitudes "pré-capitalistas" ou de "orgulho inócuo". O que ele deveria fazer era orientar a colaboração doméstica no sentido "produtivo", capaz de propiciar a poupança, a aquisição da casa própria, a educação (*sic*) dos filhos etc. Lutar da maneira como faz se revela às análises como atitude "patética" ou de "otário", vítima do "negro sabido". Aquelas atitudes, no fundo, exporiam a família a situações de insegurança e miséria diante da primeira crise, fosse provocada pelo desemprego, fosse por uma moléstia grave, quando, então, todo aquele "moralismo" desabava.

Tudo isso seria agravado pela forma de relacionamento que esse tipo de negro ou mulato manteria com os parentes — e, mesmo, dizem os depoimentos, frente a amigos e conhecidos necessitados. Os "atendidos", justo aqueles que apelavam para a sua assistência, sob o argumento de que "fulano está bem", "tem emprego", "ficou rico" etc., são remarcados pelas análises como exemplo típico da plena vigência de valores tradicionais dos tempos da escravidão, quiçá recuando mesmo a um "tribalismo", justificadores desse atender compulsivamente a este ou aquele: alojar, alimentar, arcar com despesas de várias pessoas por certo ou indeterminado tempo. O retorno de tamanha generosidade seria invariavelmente a indiferença, o ânimo hostil, a falta de gratidão e cooperação para com a família hospedeira: desfrutar, depenar, desonrar a família anfitriã com incursões sexuais, eis a que se resumia o pagamento da hospitalidade. Ressaltam-se, repetidamente, tais ações como prova dos comportamentos "tradicionais", herança da escravidão, agrestes e extramorais, a colidir com o individualismo do meio urbano, caracterizando, então, o perfil "sociopático" do meio negro e mulato. Portanto, aquele comportamento primeiro, considerado de "elite", de adesão "alienada" ao padrão "branco", e insinuado como "racista" ao reverso, passa agora — no caso do "preto ordeiro" — a ser tido como compondo atitudes típicas de anacrônico "tribalismo", "pré-capitalista" etc., tudo a explicar a brutal desvantagem na competição com o branco.[112] Um único exemplo, de dar inveja, desmonta toda a iniquidade da desorganização familiar do negro: um depoente conta que, por volta de 1911, passando a viver (na verdade, a trabalhar) na casa de um italiano, viu o que era a vida no seio de um modelo familiar, viu o que era "viver como gente".[113]

A liberdade de competir e de viver não teria sido frustrada pela cidade, mas por um equívoco da razão. O negro teria tido, de acordo (*sic*) com os próprios depoentes de cor, a coragem (!) de optar pela fome, a miséria e a humilhação.[114] Ele seria portador, contra a sua vontade, de uma herança cultural que o vinculava a outro período histórico. Não obstante isso, contraditoriamente, vai se defender que seus anseios o remetiam à assimilação imediata dos valores alternativos típicos dos homens livres. Nesse caso, duas conclusões são daí resultantes, em si mesmas. Em primeiro lugar, a repulsão oferecida pela cidade não foi nem "racial" nem "anti-racial". Antes, foi um produto "natural" da incapacidade do negro de sentir, pensar e agir socialmente como homem livre. A recusa da cidade foi ao "escravo", ao "liberto" alojado no coração do negro. A repulsão tivera, inclusive, significado positivo (!): despojar a natureza humana adquirida anteriormente, dotando-a de atributos psicossociais e morais novos. Os dados compulsados pela pesquisa sugerem que a repulsão só houve uma vez que não se deu essa adaptação. Segundo ponto: embora recebesse a exclusão como uma afronta humilhante — sem conseguir entendê-la ou explicá-la —, teve o negro a sabedoria (!) de preservar e até fortalecer suas identificações com a ordem social existente. Em suma, somente uma vez que descobre penosamente, aos poucos, o que lhe fora negado, é que se torna capaz de construir sua própria história.[115]

Garante-se que o que o negro aprendera como escravo inviabilizara sua possibilidade de inserção na nova ordem, eis então o estado de "anomia social" característico daí resultante. Não obstante, possuir uma profissão não era garantia de emprego. Os depoentes relatam casos aviltantes: os que eram obrigados a trabalhar gratuitamente até provar que eram profissionais; escriturários sendo mandados a engraxar os sapatos dos chefes, pois isso era "coisa de negros"; atitudes dos companheiros de trabalho (brancos) envenenando seu comportamento junto às chefias; a impossibilidade de haver negros ou mulatos dando ordens; os pequenos tratados como "moleques"; os exemplos são inúmeros, chocantes, tidos como "inconcebíveis" à realidade brasileira (*sic*).

Criou-se, com o tempo, toda uma tradição de representações que envolvia a miséria existencial do meio social negro, uma espécie de "folclore" de sua vida. Consolida-se, por exemplo, o mito da potência sexual dos homens e das mulatas. A tudo isso, misturavam-se causas e efeitos. É assim com a promiscuidade da vida nos cortiços, envolvendo amantes, crianças e adolescentes. Igualmente não se deixa de apontar saídas, tidas como exemplos típicos do arcaísmo e sentido anticapitalista, a se contrapor à frugalidade e à parcimônia do imigrante: vestir-se bem, ter mesa farta etc. O alcoolismo torna-se assunto longamente avaliado, mesmo considerando-se que o número de alcoólatras era relativamente pequeno, comparado ao número de pessoas negras freqüentadoras de bares, padarias, esquinas, espaços baldios. Reconhece-se que esses ambientes eram alternativos à falta de outros mais convencionais, e pontos socializadores para conversar fiado, combinar jogos de entretenimento e atividades lúdicas, escapar dos ambientes apertados das casas e quartos de cortiço. Todavia, a visibilidade ajudou a construir representações, em parte exageradas e infundadas ou improváveis, da "vida de negro".[116]

Afinal, apontemos as conclusões essenciais a que chegam as análises da "integração" do negro à sociedade de classes.

1. A "apatia", como função histórica.[117] Teria sido esta, deliberadamente, a única forma de resistência e de comportamento adaptativo que esteve ao alcance do negro e do mulato no período de gênese da ordem burguesa em São Paulo. "Reconhecer a derrota", saber suportar o destino, eis a modalidade de "auto-afirmação" pessoal e coletiva. A tal ponto chegou a desorganização social do meio negro que não lhe ficara reservada nenhuma função social construtiva. O acervo cultural dessa gente, obsoleto e inconsistente, afastava-a da possibilidade da tomada de consciência face às exigências do momento, marginalizando-a do curso histórico. Também confinava-a em um mundo material e moralmente sufocante, não lhe retribuindo segurança, muito menos possibilitando fomentar conquistas sociais satisfatórias. A apatia é tida como elemento sociologicamente positivo e fundamental. Teria sido graças a ela que o negro e o mulato abririam caminhos para "viver como gente", já que funcionara como uma carapaça insensibilizadora que serviu para reduzir o desgaste físico, mental e moral a que se viam impiedosamente submetidos.[118]

Ora, convenhamos o seguinte: Fernandes já salientara os rigores com que os órgãos policiais de São Paulo tratavam quaisquer reuniões de gente de cor, sob os mais diversos motivos. Levantara sobre prisões arbitrárias e, inclusive, a suspeita de que se difundia nos meios policiais a norma de que matar negros não era crime. Salientara exaustivamente as enormes dificuldades de obtenção de empregos, sequer como operários; avaliando (também com enquetes) os recursos ideológicos de toda sorte utilizados pelos patrões para a rejeição. Analisara os processos de solapamento com que se viam atingidos negros e mulatos quando empregados, vítimas, seja da intriga dos próprios colegas de trabalho brancos, seja de atitudes depreciativas quanto ao valor de seu trabalho. Constatara estatisticamente a quase inexistência de gente de cor atendendo no comércio paulista, ou nos serviços de trato com o público. Por sua vez, descrevera minuciosamente a tragédia existencial desse meio social. Podemos, então, considerar "apatia" matar, roubar, suicidar-se, prostituir-se, delinqüir-se enquanto crianças? Seria a via "política" da contestação àquela situação a única maneira "correta" de reagir? Por sua vez, é desnecessário voltar a discutir nesse momento — trataremos desse tema em outro contexto — a capacidade do legado cultural afro-brasileiro de se readaptar, demonstrando enorme plasticidade e vigor. Ora, mesmo considerando o caso de São Paulo, onde o massacre foi particularmente avassalador, não teria restado uma semente em algum canto dos Jardins da Liberdade? No fundo, constatamos, aterrados, que a sociedade brasileira foi, à época, muito mais preconceituosa e discriminatória do que supúnhamos quando iniciamos este trabalho. E, é necessário que se diga, quanto custa caro a um jovem negro ou mulato brasileiro viver sem possuir a dimensão histórica disso: o quanto tal desconhecimento vive a transpassar sua cama, sua mesa, seu bolso, seus sonhos...

2. Não foram os preconceitos e a discriminação que criaram a situação de desigualdade econômico-social existente entre o negro e o branco. Esses mecanismos tinham outra função: a de manter a "distância social" e o "padrão" correspondente de isolamento do meio negro, pela simples perpetuação indefinida das estruturas parciais arcaicas.[119] O regime extinto não teria desaparecido completamente após a abolição: permanecera na mentalidade, no comportamento e até na organização das relações sociais dos homens. Dessa forma, o negro e o mulato foram enclausurados nessa condição, assim perma-

necendo ainda por longo tempo — daí a razão pela qual Fernandes insiste na necessidade de uma "segunda abolição". Os preconceitos e as discriminações não visavam instituir privilégios para beneficiar a "raça branca". Antes, objetivavam defender, com barreiras, privilégios que já existiam, garantir o branco como "raça" dominante.[120]

Esse enfoque nos parece decisivo para desviar a análise de Fernandes de um aspecto essencial da nova configuração do preconceito e da discriminação. Que outro nome dar aos processos de seleção ocorridos no mercado de trabalho? Muito mais do que interiorizado no negro, estavam os estereótipos e arquétipos, provenientes da escravidão, sendo agora reutilizados como uma arma poderosa para lhe limitar o acesso a novas e "abertas" (sic) oportunidades no mercado. Garantir, neste caso, que as barreiras visavam defender privilégios que "já existiam" parece-nos insuficiente, dados exatamente os limites dos quadros sociais daquela economia e sociedade, predominantemente rural e agroexportadora, ao passo que a competição nos novos tempos se passava em outro ambiente econômico e social, incorporando centenas de milhares de outras pessoas originadas em sociedades totalmente diversas ao escravismo. E essas pessoas se beneficiaram sobremaneira dos estereótipos que pesavam sobre o meio social negro? É óbvio que sim. Esta é a questão fundamental: não se pode garantir — como faz Fernandes — que os imigrantes não incorporem (e rapidamente) a cultura da discriminação e do preconceito, até certo ponto preexistente, mas recriada e reutilizada em novas bases. Infelizmente, não temos base empírica para contra-argumentar; entretanto, todos os indícios nos levam a crer que eles, os imigrantes, transformam-se nos grandes beneficiários do racismo à brasileira na época — quando se ensaiavam os primeiros passos da montagem do ideário da democracia racial. Muito mais do que os brancos das famílias tradicionais, que já de há muito gozavam desses privilégios, em quase nada ameaçados até então — sobretudo considerando-se a forma como se concluíra o processo abolicionista. Portanto, em São Paulo, a nova discriminação efetivava-se não só do ponto de vista material (com as centenas de milhares de imigrantes açambarcando praticamente todas as novas frentes de trabalho abertas pelo desenvolvimento capitalista), mas também do ponto de vista do imaginário, pois, não vindos de sociedades escravistas, esses imigrantes não tinham por que defender privilégios tidos e havidos de uma sociedade que jamais conheceram. Puderam, isto sim, estrategicamente reelaborando-os, incorporar ideologias, visões de mundo, representações e práticas sociais que, no mínimo, lhes garantiam posições de supremacia num mercado avidamente disputado — afinal, não se vinha *faire l'Amérique*?

Claro que tudo com o "jeitinho" que somente se aprenderia por aqui: "O negro não tem problemas no Brasil", "As oportunidades de acumulação de riquezas, de prestígio social e de poder são indistinta e igualmente acessíveis a todos", "Pela índole do povo brasileiro, não existem distinções raciais entre nós", "O negro está satisfeito com sua condição social e estilo de vida", "Abolida a escravidão, cessaram quaisquer outros problemas de justiça social com referência a negros", "O processo, no longo prazo, espontaneamente, solucionará eventuais problemas", "As distorções existentes devem-se muito mais a uma 'incapacidade', ou 'irresponsabilidade', 'naturais' ao negro, cabe — e esta é certamente mais do que verdadeira — ao próprio homem de cor lutar pela integração e soerguimento na sociedade", "Discutir o 'problema' é 'indesejável' e perigoso" etc. Tudo isso sem ódio, sem segregação rasgada.

José Correia Leite, nascido em 1900, mulato, mãe abandonada pelo amante branco e que perderia a razão enlouquecendo, tornou-se, quando adulto, editor de *O Clarim da Alvorada*, principal jornal de protesto negro em São Paulo nos anos 20. Em depoimento de história de vida, feito pelo poeta Cuti, entre 1983 e 1984,[121] comenta, entre muitíssimas outras coisas, o seguinte:

> *A comunidade negra tinha necessidade dessa imprensa alternativa. Não tinha outro meio a não ser copiar o que as colônias estrangeiras faziam. Eu entrei para o meio negro aproximadamente aos 22 anos. Freqüentei sociedades, a princípio sem nenhuma preocupação de fazer jornal, o que se deu depois do encontro com o Jayme de Aguiar. Para mim, o meio negro foi um mundo novo. Eu tinha vivido até então com os italianos. Não sabia nada. Vi negros porque vivia no Bixiga. Mas nunca tinha imaginado encontrar entidades organizadas, com aquele convívio de famílias, de namoro.*
>
> *(...) A dança que os negros utilizavam nos salões era a dança francesa. A dança americana veio bem depois, como o ragtime. Samba era dança de terreiro.*
>
> *(...) No tocante à discriminação, eles seguiam a regra dos brasileiros brancos. Tratavam os negros com distância. Agora, quando eles gostavam de algum negro, não faziam restrição. Isto é, sendo empregado deles, comia na mesa com eles e tudo. Na América parece que ficaram racistas*

como os americanos, ou pior ainda. Na família com que eu morava, muitas vezes eu ouvia eles falarem que eu era negro demais para ser considerado da família, no entanto eles me tratavam muito bem, em outros aspectos. Não podiam criar uma linha de cor, porque os próprios mandões brasileiros não iriam permitir. O italiano adotou direitinho o modelo brasileiro de tratar a gente. Eles sabiam até que ponto podiam ir.[122]

Roger Bastide e a alteridade negro-brasileira

É de impressionar o fôlego inesgotável, a erudição multidisciplinar, a capacidade de visualizar questões gerais, ângulos inusitados, aspectos minimalistas da condição histórico-sociológica do negro brasileiro arrolados pelas reflexões e pelos trabalhos de Roger Bastide. Sua extensa obra, apenas no que se refere ao negro brasileiro, estuda o suicídio, a criminalidade, o teatro, a literatura, a poesia, a religiosidade, a mulher, a imprensa, o folclore, os movimentos sociais, o tipo de integração na sociedade, a cozinha dos deuses africanos, a comparação possível dessa condição considerando as Américas.[123] Rompendo tradições culturais de peso em sua história pessoal, teria ainda Bastide iniciação no candomblé do Brasil, tornando-se filho-de-santo da legendária Mãe Senhora, ialorixá do vetusto Axé Opô Afonjá, de Salvador, sendo tido como filho de Xangô, o orixá da justiça.

Ao colocar, sem dúvida, os estudos sobre o negro brasileiro num outro patamar de entendimento, a obra de Bastide certamente compõe uma das principais referências ao que denominamos "sociologia da ruptura", identificada pela superação que se realizaria frente a toda uma tradição anterior de tratar o tema. E não somente "anterior", pois seus trabalhos debateriam com seus contemporâneos aspectos altamente discutíveis do fenômeno "racial" no Brasil, a exemplo do alegado exclusivismo das explicações baseadas nas classes sociais — como já visto neste trabalho, no primeiro capítulo —, tidas como suficientes para dar conta das diferenças, desigualdades cumulativas e tensões nesse terreno.

Em seu vasto "programa" de estudos, concebido à feição de recolher e classificar representações coletivas, também partiu de um suposto fundamental, que tanto explicaria o salto de qualidade trazido por suas pesquisas: o preconceito existe no Brasil como representação coletiva do negro, e isto era o que importava. Por outra parte, ao trabalhar os conceitos de "corte" (*coupure*) e "participação" (*participation*), extraídos do trabalho sociológico de Melville Herskovits, Bastide pôde dedicar-se a aspectos da vida sociocultural do meio negro, onde as preocupações imediatas com o preconceito e a discriminação deixavam de fazer sentido. São os espaços da alteridade, a exemplo da religiosidade representada pelos candomblés.

Aqui nos interessa ressaltar — como temos vindo alertando — de que maneira os supostos teóricos e metodológicos empregados pelo autor operam no sentido de revelar aspectos das relações ditas raciais que até então passavam despercebidos, buscando, concomitantemente, apontar de que maneira essas operações lógicas de teoria e método possibilitaram o salto qualitativo a que chegaram as soluções explicativas. Desse modo, fixar-nos-emos nas pesquisas em que o objeto de estudo e o tipo de abordagem nos parecem os mais demonstrativos dessa vinculação entre a teoria e os resultados alcançados. Assim também pela importância do assunto para a desconstrução do imaginário da democracia racial brasileira — esta última, sim, nossa principal preocupação heurística. Dessa maneira, estaremos trazendo à tona, mais uma vez, o caldo de cultura retido nos mecanismos sociais que desnudam aquela dita democracia, exorcizando sua crise, em boa medida alcançada exatamente pelo conhecimento que dela se obteve, caracterizando a emergência de uma nova consciência sobre a questão do negro no Brasil.

Assim acontece com a análise dos diversos matizes do preconceito, tal como ele aparece na imprensa negra de São Paulo dos anos 20 e 30 do século XX. Nesse caso, as aspirações, os sentimentos coletivos ali presentes dão-nos, em alguma medida, a extensão da incidência do fenômeno, visto pelo lado do próprio meio social negro, numa espécie de auto-retrato. A escolha do objeto, ela mesma, já é denotativa de um outro tipo de aproximação ao tema, diferente, por exemplo, das leituras da questão a partir do que o "outro" pensava daquele. Assim, ao contrário, os preconceitos têm a oportunidade de aparecer com o traço diferencial de quem (literalmente) os vivia na pele. O que não somente tornava mais difícil a escamoteação do problema, como, quando assim ocorria, não deixava de demonstrar face importante do imaginário que a todos envolve, revelando seja sua interiorização por suas vítimas, seja os mecanismos compensatórios de atribuir a si mesmo os motivos que os afligem, num ângulo inesperado do assunto. Ficam também à vista, com essa aproximação ao tema, em detalhe, valores, ideologias, contrapropostas, enfim, o que é igual e o que é diferente, na visão do meio social singularizado.

É óbvio que a imprensa negra alternativa tenha sido motivada no nascedouro pelo sentimento, não apenas de pertencimento étnico, como também pelo de marginalização e desigualdade social de que se viam presas as pessoas de cor, transformando-se, por isso, num foco de reflexão, debates, denúncias e protesto, além de mero referencial de existência em sociedade. Para o negro, qualquer que seja, a sensibilidade ao desprezo, ao tom de superioridade em relação a ele, é sintoma percebido com extrema rapidez — ainda que não se possa ou não se deva exteriorizar a apreensão. O mundo do emprego, as diversões, o tratamento recebido dos órgãos policiais etc. ofereciam exemplos dolorosos, situações escabrosas, a flagrar o processo de inibição social. A exposição dessa realidade naqueles periódicos, quase todos de pequenas tiragens e vida curta, somente é passível de fundar um objeto de estudo arrazoado, na medida de sua continuada existência no tempo. Por meio de sua (deles) leitura crítica, chega-se a determinados pontos convergentes quanto à existência do preconceito: as dificuldades de ascensão social, motivadas pelos estereótipos inversos aos atributos de um trabalhador minimamente idôneo (preguiça, alcoolismo, falta de moralidade, como características inerentes); a condição socioeconômica, legado do como se "resolvera" a abolição; os severos limites impostos na formação educacional, atribuídos às desigualdades cumulativas, mas também à inferiorização cultural a inibir e traumatizar o jovem no aprendizado. A própria "amenidade" do preconceito à brasileira, quando comparado ao estilo norte-americano, é posta à prova: O que seria preferível? Argumentava-se que a miséria pode ser comum a muitos; sem dúvida, no entanto, à miséria do negro acrescentava-se o flagelo do preconceito. Assim, ainda no interior das classes populares e do proletariado, havia barreiras a superar.

O complexo de inferioridade desenvolvido no negro pelo preconceito transforma-se, por sua vez, em novo obstáculo para a ascensão social. Até certo ponto, os jornais da imprensa negra tenderam a criticar este aspecto; não obstante, é possível encontrar inúmeras ambigüidades em como enfrentar o problema. Os mulatos, por exemplo, não apenas passam facilmente a se considerar do grupo branco (ou, no mínimo, como não-negros), como tendem a rejeitar, esconder suas próprias origens étnicas — como demonstram queixas registradas nos artigos. Combate-se o "branqueamento" no sentido arianizante, mas é possível encontrar-se artigo de jornal deblaterando contra a possibilidade aventada da imigração de negros norte-americanos, argumentando-se o retardamento da formação "de um só povo" — em nítida concessão aos ideais do branqueamento, em sua forma clássica. O caso do imigrante europeu, que no espaço de poucas gerações ascendeu socialmente, pode ser visto como um "exemplo", aprofundando as críticas contra si mesmo, ou seja, "fazer como ele", não gastar, não ser festeiro, não ser vaidoso etc.

Como a provar a existência do preconceito, elemento por demais presente no cotidiano da vida em múltiplos aspectos, a imprensa negra seria um veículo na busca por dar indiretamente à gente de cor confiança em si mesma, exaltando-lhe os valores. Daí a importância dos artigos biográficos dos grandes homens, a propaganda das diversas associações das pessoas de cor e suas programações sociais, a comemoração das datas de passagem dos personagens ilustres ou datas nacionais, as celebrações com vistas ao ecumenismo do negro no plano internacional. Marcantes também serão as preocupações moralistas, que, para Roger Bastide, seriam consideradas uma forma estandartizada de o negro buscar destruir a imagem que o "branco" dele fazia, correspondendo muito mais a um "culto de conveniências" do que a atitudes vindas de dentro para fora.[124] Desse modo, seriam "pequeno-burguesas" as iniciativas dessa imprensa em combater o alcoolismo, o excesso de bailes como lugares de perdição das moças, ou os *footings* que reuniam *don-juans* sem escrúpulos, causadores de cenas escandalosas, pela mistura de homens e mulheres sem a mínima sombra de pudor e compostura; também no apelo à necessidade da reforma dos costumes no meio, abrangendo os gestos, a condenação à preguiça, vagabundagem e mendicidade, que colocavam o preto em situação de inferioridade em relação ao branco que lhe faz caridade. A *Voz da Raça*, por exemplo, jornal editado pela Frente Negra Brasileira, chega a criar uma coluna denominada "O que devemos fazer", com recomendações de comportamento e vocabulário, inspirando a criação de um meio social digno, sério, de trabalho, honestidade, boas maneiras.[125] De fato, constata-se que a imprensa negra em geral, na época,[126] acompanhava o panorama cultural da sociedade inclusiva, àquela altura, influenciada por uma moralidade um tanto enrijecida, dada a ascensão do integralismo e dos ideais emanados dos Estados totalitários em formação. De toda forma, atacava os problemas mais visíveis que acometiam gravemente as pessoas de cor, sendo difícil aceitar que tais iniciativas devam ser enquadradas como simples "cópia" das atitudes do "branco". Tratava-se, isto sim, de padrões universais das regras de convivência social — embora se possam questionar as tentativas de sua "padronização", sobretudo quando não acompanhadas da crítica aos móveis profundos que estavam na base daquilo considerado desviante.

Não obstante, a Frente Negra atuaria como uma referência importante no meio social da gente de cor na época, influenciando vastos segmentos dessa população por sua simples existência e sentido de sua luta.[127]

Tentando dar conta da dimensão evolutiva dos estereótipos que estigmatizam os homens de cor na cultura brasileira, considerando que os mesmos se modificam consoante às transformações estruturais da sociedade, Bastide trabalharia a literatura e a poesia como formas de expressão capazes de dar conta, em parte, dessa evolução, a partir de alguns cuidados metodológicos. Assim, a poesia estritamente lírica, que se restringisse às experiências individuais, ou a satírica, que exagerasse na caricatura, por exemplo, poderiam não se prestar àqueles objetivos heurísticos, eis que possivelmente ultrapassam o que é corrente em sociedade. O mesmo acontece, seja quanto ao gênero, seja quanto às "escolas" literárias, quando dotadas de peculiaridades muito particulares ao expressar o social. Cada caso deve então demandar atenção específica, a fim de se distinguir a dimensão do problema, seja em termos da expressão marcadamente pessoal do autor, seja da denotação do pensamento coletivo contido nos personagens dotados de maiores chances de representar o sentimento social. Entre os romances psicológicos e os de costume, ocorre com nitidez essa problemática, pois é nos segundos que se dá a maior probabilidade de estar presente o que se pensa comumente em sociedade; ao passo que, nos primeiros, a estereotipia, no caso, racial, pode, com muito maior freqüência, estar vinculada às características do personagem, restringindo a dimensão social, dotando-a de grande dose de idiossincrasia. Certamente que tudo isso em tese, pois, se os personagens de uma obra representam, na essência, a maneira de o próprio autor ver o real, não é menos certo que essa representação exprime-se sempre mediada por suas relações com o grupo social em que ele vive — nesse sentido, suas experiências estéticas são sempre experiências sociais. Ao reconhecer isso, Bastide advoga a importância metodológica de se compararem sucessivos autores de uma mesma época, a fim de verificar a possível ocorrência sistemática das mesmas imagens — no caso do nosso exemplo, a estereotipia do negro —, validando, assim, a probabilidade de se firmarem como "imposições coletivas".[128]

Nada linear, a expressão literária dos estereótipos pode variar de forma sutil, metamorfoseando-se em modalidades aparentemente contraditórias, indo da obviedade de sua existência à dissimulação silenciosa e à primeira vista ausente. Indo até as formas invertidas, quando "qualidades" estereotipadas podem converter-se em "defeitos" na visão dos autores. Os exemplos se sucedem. Há casos de escritores negros ou mulatos que jamais se referem a uma condição étnica próxima da sua; escolas literárias em que os autores, na luta contra o meio social, são capazes de passar ao largo das tensões raciais, como um protesto surdo, ou talvez uma fuga; existem os casos de reação explícita e emocionada contra os estereótipos desfavoráveis, como a provar a profundidade de sua importância no meio social. Roger Bastide então trabalharia tanto escritores brancos quanto escritores de cor. Estes, entretanto, no centro da cena, têm sua importância medida pelo fato de poderem alargar os debates num certo sentido, seja demostrando o nascimento de uma reação aos preconceitos dos brancos ou dos próprios negros, seja ainda mostrando como os estereótipos contra si mesmos podem ser repetidos sem nenhuma reflexão, a exemplo de um superego contradizendo seu ego verdadeiro.[129]

Como não poderia deixar de ser, numa sociedade com a historicidade do Brasil, também na literatura e na poesia transparece — quando observadas sob este enfoque — o pesado ambiente das relações raciais. No romantismo, em um primeiro momento, a visão quase sempre estereotipada do escravo, anatematizando sua cor, seu sexo, seu odor, suas feições, sua serventia, sua "barbárie", seu perigo, sua "raça", em suma, tudo. Fosse o artista branco, fosse o artista de cor. No máximo, atenua-se o vilipêndio chegando-se à piedade, à condescendência, sobretudo quando ele corresponde aos atributos que dele se espera, reconhecendo-se-lhe então qualidades, sentimentos nobres etc. E, note-se, o escravo ou o negro jamais aparecem como centro dramático, sendo sempre a sombra que acompanha o "outro" em seus dramas, como se ele próprio não os tivesse. Talvez essa linearidade fosse uma questão relativa à própria sobrevivência "política" (*sic*) dos escritores, empurrada em grande medida pela mesquinhez da realidade: o universo do público leitor, por exemplo. Talvez um beco sem saída estético, cultural ou ideológico, dado o peso esmagador da hegemonia cultural do "branco", do "civilizado", do "Ocidente"... Talvez porque seja o tipo de temática que já não mais se encontre no domínio da literatura e da poesia, tampouco da época nela mesma, transformando-se numa tarefa da história.

Não se está negando aqui a condição iníqua da escravidão e sua capacidade de deformar as pessoas, tanto o negro quanto o branco. O que se questiona é a ótica da interpretação, o peso das ideologias que estigmatizam os personagens, a incapacidade de discernir historicamente causas e efeitos. Falamos aqui da repetição enfadonha do negro e do mulato retratado, regra geral, por concepções estéticas depreciativas: a fisionomia bruta, repulsiva, grosseira, bestial, hedionda, sinistra; os gestos rudes, as narinas móveis, a cor amaldiçoada, a superstição próxima da estupidez; a confirmação da lubricidade animal, o maniqueísmo do "bom escravo" ou do "quilombola cruel e pérfido". As negras tidas como cheias de manhas, tagarelas, plenas de lascívia, de aparência aceitável apenas quando se aproximavam dos traços da branca. As freqüentes comparações dessa gente com os animais — o porco, o gambá, o macaco, o cão. Este tipo de condenação do negro seria substituído ainda no Romantismo, já no período próximo da abolição, por uma tematização não mais eivada pelo preconceito de "raça" — que tanto estigmatizou o escravo —, mas sim pelo preconceito de cor. E não é isso o que se encontra em José Maria Gomes de Souza, Galvão de Carvalho, Melo de Moraes Filho, Bernardo Guimarães, Joaquim Manoel de Macedo, Manoel Antônio de Almeida, José de Alencar? Um povo sujo, feio, cujos traços de aparência estão atrelados à raça, indigna de um país "civilizado", muito mais do que uma imagem remetida às estruturas econômico-sociais? Não se passam dessa forma à sociedade, incluindo as de outras épocas históricas, preconceitos e estereótipos, mesmo quando à guisa do elogio de leve aparência favorável? Perceba-se que não se está negando que negros e mulatos tenham desempenhado posições subalternas na sociedade escravista, nem que tenham sido obrigados a assimilar atitudes de subserviência e outras, que certamente em muitos casos lhes maculou a aparência. Todavia, mesmo assim, fica constatada a resultante estética desigual, a estigmatizar um modelo único depositário das qualidades, pois que até seus defeitos são tidos como superiores. Roger Bastide, de forma praticamente pioneira, levantou tais questões, proporcionando, mais adiante, que outros estudiosos desenvolvessem trabalhos nesta linha.[130]

Aproximando-se o fim do século XIX, superando-se o Romantismo, o tema continuaria um verdadeiro nó górdio para os escritores — que o digam as experiências estéticas de Cruz e Sousa ou de Lima Barreto. Bastide chega a se perguntar por que jamais Machado de Assis se referiria à expressão "mulato" em suas obras. E permanece como uma esfinge, mesmo quando da grande inovação proposta pelo Modernismo — o que demonstra a importância dessa questão na cultura da sociedade brasileira de todas as épocas. Completemos com o paradigmático poema de Mário de Andrade sobre o assunto:

Lá fora o corpo de São Paulo escorre vida ao guampasso dos
                                                [arranha-céus,
E dança na ambição compacta de dilúvio de penetras,
Vão chegando italianos didáticos e nobres;
Vão chegando a falação barbuda de Unamuno
Emigrada pro quarto-de-hóspedes acolhedor da Sulamerica;
Bateladas de húngaros, búlgaros, russos se despejam na
                                                [cidade...
Trazem vodka no sapiquá de veludo,
Detestam caninha, detestam mandioca e pimenta,
Não dançam maxixe, nem dançam catira, nem sabem amar
                                                [suspirado
E de-noite monótonos reunidos na mansarda, bancando
                                                [conspiração
As mulheres fumam feito chaminés sozinhas,
Os homens destilam vícios aldeões na caatinga;
E como sempre entre eles tem sempre um que manda
                                                [sempre em todos,
Tudo calou de sopetão, e no ar amulegado da noite que
                                                [sua...
— Coro? Onde se viu agora coro a quatro vozes, minha
                                                [gente! —
São coros, coros ucranianos batidos ou místicos, Sehnsucht
                                                [d'além-mar!
Home... Sweet home... Que sejam felizes aqui!

Mas eu não posso não me sentir negro nem vermelho!
Decerto que essas cores também tecem minha roupa
                                                [arlequinal,
Mas eu não me sinto negro, mas eu não me sinto vermelho,
Me sinto só branco, relumeando caridade e acolhimento,
Purificado na revolta contra os brancos, as pátrias, as guerras,
                                                [as posses, as preguiças e ignorâncias!
Me sinto só branco agora, sem ar neste ar-livre da América!
Me sinto só branco, só branco em minha alma crivada de
                                                [raças!
                (*Improviso do Mal da América*, fevereiro de 1928)

Na verdade, a supressão do escravismo criava outro grave problema específico para a gente de cor no Brasil, caracterizadamente no plano ideológico, com conseqüências em todas as demais estruturas da sociedade. O dilema alcança, de modo especial, a criação estética vinculada à poesia. De saída, para os próprios artistas de cor, desde a Colônia, o que fazer com a África? O que fazer da ancestralidade? Assumir o mar de tragédia e sangue? A cruz e a espada que estão a atravessar nossos corações? O fel do açúcar? Para que público? Ah! pastores e pastorinhas das arcádias mediterrânias a errar pelos caminhos tropicais das terras sertanejas, salpicadas de trapiches, diamantes e bosta de boi... Ah! o ofuscar da vista provocado pelo espetáculo visguento e tortuoso dos escravos trabalhando, vertendo suor e saudade, a entoar cantigas bantas. O ritmo frenético dos tambores a ecoar na noite das velhas cidades coloniais. Como poetar isso? Tu, Marília, não o verás! Seria exigir muito. A estratificação social correspondia a uma estratificação estética. O negro devia ser expulso da poesia, como imagem deploravelmente desagradável. Exceção pontual ao negro a serviço do branco, de suas causas. Somente na conjuntura da abolição surgiria um outro negro, visto de maneira emocional, passível de ser belo, mostrado à luz, restituído em sua dignidade de ser humano, a exemplo do que faria Castro Alves. Prelúdios? Roger Bastide considera que, enquanto a libertação não fosse consumada, o negro não poderia exprimir sua poesia, ou, se o fazia, era em segredo.

> *Livre! Ser livre da miséria escrava,*
> *arrancar os grilhões que nos flagelam*
> *e livre penetrar nos Dons que selam*
> *a alma e lhe emprestam toda a etérea lava.*
> *(...)*
> *Livre! bem livre para andar mais puro,*
> *mais junto à Natureza e mais seguro*
> *do seu Amor, de todas as justiças.*
> *Livre! para sentir a Natureza, para gozar, na universal Grandeza,*
> *fecundas e arcangélicas preguiças.*
> (Cruz e Sousa. *Últimos Sonetos*)[131]

Considera também que não se passa pela senzala, mesmo que dela se tenha saído, impunemente. Acredita que tenha ficado na alma algum halo secreto, ao sabor da inexistência aparente de barreiras entre os homens, ainda que não "pensados". Aflorações desconhecidas, drenadas dos reinos subterrâneos do psiquismo, destilação, filtragem pela arte das fontes longínquas, que jorram do fundo da raça. Estética sociológica? Crítica literária? História cultural? O fato é que irá desenvolver método de perquirir a etnia ou a "raça" na trama da obra escrita. Irá transitar bastante próximo da psicanálise, mas sem adotá-la por inteiro para buscar, nas imagens poéticas, as imagens do sonho ou do delírio, para avaliar os sentimentos recalcados, penetrando no inconsciente do artista. Antes, sua atenção estará voltada para o meio histórico, não tão profundo. À sua metodologia, não interessaram tanto as metamorfoses da libido, a sexualidade secreta situando o escritor em seu meio familiar, o papel da censura paterna e a reação contra o complexo de Édipo, mas sobretudo o meio social. Nunca sair do terreno dos fatos, um mínimo de construção hipotética, situar-se na fronteira, na região de trocas constantes entre o consciente e o inconsciente, eis a diferença. Portanto, muito mais no terreno da sociologia (de uma "estética sociológica", como diria), seu método não evitaria, por sua vez, o julgamento de valores, visto que o valor de uma obra depende também dos obstáculos que ultrapassa, muitas vezes colocados para além das regras técnicas, leis do gênero, rimas, expressões de idéias difíceis. Os obstáculos podem ser também interiores. E a luta para ultrapassá-los pode acabar em formas suntuosas de escritura. A revelação, por meio da pesquisa, dessas harmonias flutuando sobre a linha principal do arcabouço da obra aproxima seu método, também, da crítica literária.

Profundo conhecedor da literatura brasileira, avalia como o verso livre, o ritmo libertado da rima, da assonância e da monotonia das cesuras iguais, tornando-se independente, pôde entrar em harmonia com o ritmo africano. Este, em uníssono com o ritmo cósmico ou com o do organismo humano, acompanha os movimentos respiratórios ou jogos do músculo dançante. Daí suas incursões na poesia de Cassiano Ricardo, de Jorge de Lima, constatando a importância do que neles se operou quando o verso livre ganhou sua autonomia e aboliu a história como sucessão de momentos, como duração, procurando o essencial, o permanente, onde tudo, ontem, hoje e amanhã, se confunde, como simultâneos. Daí que a Serra da Barriga, em Jorge de Lima, é terra "bojuda, redonda, do jeito de mama, de anca, de ventre de negra" — de jongo e de samba.[132]

É na análise sobre as religiões africanas no Brasil, entretanto, que a produção heurística de Roger Bastide chegaria ao máximo de aprimoramento, sendo tema a que dedicaria seu mais extenso trabalho e onde experimentaria o mais intenso debate conceitual. Também despontam ali suas descobertas reveladoras de aspectos sociológicos, processos de interação e ruptura, valores civilizatórios recriados, lugares variáveis ocupados pelos preconceitos de raça e de cor, que confirmam o caráter inovador de sua obra. Dentro da perspectiva proposta em nosso trabalho, ressaltaremos de que maneira suas descobertas transformaram-se em mais um ataque de peso a desconstruir o ideário da democracia racial brasileira, exatamente onde ela possuía um de seus mais fortes trunfos: o do "primitivismo", da "barbárie", do caráter "fetichista" e "pré-lógico" que definiriam, *a priori*, a religiosidade afro-brasileira, verdadeiro empecilho à nossa entrada na "civilização".

De saída, uma discussão fundamental com o materialismo histórico, no tocante ao papel teórico das relações entre infra e superestruturas sociais. Mais especificamente sobre as determinações que dariam lógica a essas relações. Seriam as religiões simplesmente "ideologias"? Funcionariam, no limite, a feitio da frase famosa, como "ópio do povo"? Sua existência e suas transformações seriam um "reflexo" daquelas ocorridas na base da sociedade, num mecanismo de causa e efeito?

Ora, as sociedades coloniais são um tipo novo de sociedade resultantes da fusão de espécies sociais anteriormente existentes, sínteses originais portanto, nas quais já não é mais possível reconhecer as formas primeiras, tal o sincretismo nelas operado. Acrescente-se que este processo — humanizado pela ação significante dos agentes sociais — pode, naturalmente, mudar no decorrer do tempo. Nesse caso, as civilizações em contato não se casam no vácuo, seus contrastes se processam numa certa situação social, a escravidão, a passagem para o trabalho livre e assalariado, a urbanização e a industrialização. Assim, pensar essas formas de organização com base nos conceitos de infra e superestruturas — a exemplo do feito pelo materialismo histórico — não é algo absolutamente descartado por Bastide.[133] Todavia, rejeita-se a idéia de causalidade privilegiada; as explicações unilaterais pelo clima, pela raça, pela economia, ou não importa por que outro fator, já não teriam lugar na ciência.[134] O que se busca construir, então, é uma sociologia que traga à luz as inter-relações entre os diversos fenômenos sociais, econômicos, políticos, religiosos, tendo por mérito não exaltar nenhum fator em detrimento dos outros, tornando-se a própria "civilização" uma das variáveis a considerar. Tal procedimento, que não elimina a especificidade relativa das estruturas sociais em sua autonomia, como pensado originalmente pelo materialismo histórico, é, antes, uma tentativa de resolução do problema. Portanto, sem abrir mão das "dialéticas verticais" a inter-relacionar aquelas estruturas ou níveis, o que se busca é dar maior facilidade de compreensão ao intercurso das determinações, distinguindo um certo número de variáveis para descobrir as relações de correlação entre elas. Por exemplo, supondo a especificidade das variáveis econômicas, políticas etc., pode a sociologia (e a história) mostrar em profundidade como também as infra-estruturas são sempre significantes, isto é, penetradas de valores imaginários, de ideologias, os quais, por sua vez, estão sempre carregados de algum peso de "matéria", encarnada no social organizado. Esse procedimento não recai, necessariamente, no dualismo estrito das relações infra/superestruturas como determinadas *a priori*. Destarte, elimina-se, assim, o fazer filosofia, quer idealista — cristalizando a objetivação no espírito —, quer materialista — fazendo das superestruturas um efeito necessário e inexorável dos fenômenos econômicos. A questão principal, para Bastide, seria a de formular como o destino das religiões africanas no Brasil poderia ajudá-lo a consolidar tal procedimento lógico, por meio da observação dos fatos.[135]

A religião não exprimiria simplesmente as relações de produção entre os homens, mas sim o fato de que essas relações são contraditórias. Não basta a síntese geral na qual ele se explicaria pelo medo, insegurança ou pela conclusão de que não há sentimento "religioso", visto que este seria, no fundo, "normal", dizendo respeito à consciência comum, da qual a religião é somente um efeito ou objeto. Por contraste, considera-se a religião como parte da estrutura social, mais do que representações "místicas", situando-a, pois, como ações conjugadas, complementares, recíprocas da vida em sociedade. Esta última, por seu constante dinamismo, pode, por sua vez, conter fenômenos de "alternativas de comportamento", que permitem a adaptação aos acasos sociais. Com esse entendimento teórico-metodológico, o que se quer é escapar dos riscos do etnocentrismo, do "julgamento do outro", tendentes à concentração de certo número de tipos formais.[136] Parte-se da estratificação dos níveis da realidade social, sendo esta concepção considerada a mais rica para dar conta da importância das configurações sociais totais — a exemplo de como a formularam, nesse aspecto, a sociologia de Marx, a durkheiniana e a de George Gurvitch. Essa estratificação, como em Gurvitch, não temeria inclusive fazer intervir até mesmo a causalidade única, quando a necessidade se fizer sentir. Muito embora se percebam, ao mesmo tempo, as implicações mútuas, as divisões e polaridades, o que permitiria passar da estática à dinâmica, do situacional ao causal, moldando mais eficazmente a explicação sobre o concreto, em perpétua transformação.[137] O comportamento humano é assim situado num todo organizado, estruturado ou em reorganização. Dito isso, compreende-se que há uma distância entre os conceitos e a variação de cada caso concreto; que as relações entre o religioso e o não-religioso, no fenômeno social total, efetuam-se ao mesmo tempo no plano vertical e no plano horizontal. Isto é, inscrevem-se no estudo das relações dialéticas entre os diversos estágios da realidade e em cada um desses estágios, a exemplo dos grupos econômicos, das classes sociais, organizações religiosas, entre os símbolos místicos e os valores políticos, ao nível das obras culturais etc. Portanto, configuração religiosa e níveis superpostos se entrecruzam a cada instante, sendo necessário relacionar cada fenômeno social a esses dois eixos de coordenadas.[138]

O estudo de caso escolhido foi, à vista disso, o das religiões afro-brasileiras, cuja permanência no tempo é prova da convivência com profundas transformações em si mesmas, assim como na estrutura da sociedade. Daí que o projeto de estudo procurará pesquisar a importância dos sistemas de produção nas metamorfoses dos valores religiosos. De início, tem-se o dado que identifica as religiões africanas ligadas, na origem, a economias agrícolas de tipo comunitário, vinculadas, assim, à vida doméstica, aos ancestrais lendários, totêmicos ou não, dotadas de toda uma mitologia das forças naturais e do culto aos antepassados. Em numerosos casos — a exemplo dos iorubás e daomeanos —, organizando-se sob o aspecto ao mesmo tempo da linhagem e da comunidade —, ao contrário da religiosidade banta, quase toda centrada no culto dos antepassados —, essas religiões foram abruptamente seccionadas pelo tráfico negreiro, fato agravado pela contingência de se separar a mãe dos filhos, o marido da mulher etc., dispersando membros de uma linhagem ou clã. Como, nessas condições, uma religião pode resistir a tanta transformações? De que maneira reconstituiu "nichos" na nova estrutura social — sabendo-se que, efetivamente, ela viria a desempenhar papel fundamental na (re)construção de uma certa alteridade negro-brasileira — passíveis de integrá-la e possibilitar seu desenvolvimento? Está posto, dessa maneira, que não é o caso de se buscarem determinantes de mão única, na ação econômica, para explicar a secreção elaborada por formas de passagem inéditas, a recomposição de laços culturais perdidos, encarnando-se no corpo social estranho e hostil, a ponto de penetrá-lo de outros valores e normas. Afinal, diz Bastide, o africano trouxera de lá o único tesouro que pudera carregar: mitos e deuses que não somente estavam em seu pensamento, como também inscritos em seu corpo, como mecanismos motores, passos de dança ou gestos rituais, mundo de símbolos e de representações coletivas, mesmo que ausentes suas bases materiais e morfológicas originais. Contextualizemos, então, algumas das análises centrais de Bastide para a explicação do fenômeno. Fixaremos a atenção apenas nas transformações ocorridas já no século XIX, por situarem-se mais próximas de nosso próprio eixo temático: a desconstrução da lógica mítica e ideológica da democracia racial.

De início, uma constatação: a escravidão da grande propriedade desafricanizava o negro, ao passo que a escravidão urbana o reafricanizou, pondo-o em contato incessante com seus próprios centros de resistência cultural — os candomblés —, confrarias ou nações.[139] Explica-se: na África, as divindades eram cultuadas em benefício de toda a comunidade, de criadores, de camponeses; pedia-se-lhes a fecundidade dos rebanhos, das mulheres e das colheitas. No Brasil escravista, como isso poderia se processar? Assim, entende-se por que as divindades protetoras da agricultura são postas à parte, e totalmente esquecidas no século XX, ao contrário das representações de Xangô, orixá da justiça, Ogum, da guerra, ou ainda Exu, que, embora tenha tido esmaecido seu caráter de divindade cósmica, passa a ocupar, antes de tudo, a regência da ordem social; e assim sucessivamente. Em síntese, a cultura africana deixava de ser a cultura comunitária, da sociedade global, para tornar-se a cultura exclusiva de uma classe social, explorada economicamente, subordinada socialmente. Nesse sentido, a luta das civilizações deve ser vista também nesse dualismo de classes antagônicas, pois que a escravidão não somente separa, como une o que separa.[140]

Numa sociedade dominada pelos brancos, onde predominam seus ideais estéticos e morais, aculturar transformou-se — afora a insurreição — na única técnica da mobilidade social: o escravo tem, assim, o sentimento doloroso da alienação. Sistematicamente, a aculturação foi realizada sob duas formas. Uma puramente formal, identificada na adesão ao catolicismo, na apropriação de hábitos e formas de comportamento dos brancos; outra, na forma biológica: "limpar o sangue", que acarretaria às vezes um livrar-se da escravidão ou, mais adiante, melhor posicionar-se para a competição social. As religiões africanas, define Bastide, são dotadas de uma filosofia extremamente pragmática e utilitária, o que explica, inclusive, certa acomodação do negro à sua nova situação e seu esforço para tirar dela o máximo proveito. Nem sempre pela via pacífica — isto dependeria muito das circunstâncias favoráveis. O fato é que o escravo agia como a aranha, a tartaruga, o coelho ou lagarto de suas fábulas, pela astúcia, arma dos fracos que freqüentemente vence os mais fortes.[141] O próprio folclore do "Pai João" pode ser bastante ambíguo, com um lado branco e outro negro, cheio de manha e artifícios — inclusive libidinosos. Uma evidência é a tática dos negros — sobretudo os crioulos — em aceitarem os valores brancos, tingindo-os de preto e, simultaneamente, transferirem traços culturais africanos à civilização luso-brasileira — a exemplo do que chega a afirmar um autor como Afono Arinos, analisado no Capítulo I. Bastide considera que somente quando a família branca sair do engenho para ir morar na cidade, em contato com as idéias européias de forma mais intensa, é que as forças da separação levarão vantagem sobre as de fusão.[142] A rua, vencendo o sobrado, de uma parte, ocasionou a solidariedade dos senhores, refinando-os com os modos e os valores importados da Europa; mas, de outra parte, permitiu a solidariedade dos escravos, dos negros de ganho, dos membros das "nações", cujas perdas culturais eram constantemente compensadas por novos apontamentos da África.[143] Vencia, era inegável, na civilização mestiça que se formava, o lado branco, dada a hegemonia política, a condição de classe dominante, o poder de manipulação daí conseqüente.

O século XIX seria o grande momento da miscigenação, tanto do ponto de vista estatístico quanto do ponto de vista da abertura de espaços sociais, em especial para os mulatos: na classe artesanal das grandes cidades, nas confrarias, no exército, nos colégios e academias, a própria família imperial iria transigir com essa política de integração dos mulatos e negros bem-sucedidos. Grande era o número de bastardos, apadrinhados dos brancos, como mecanismo por excelência da ascensão, redundando na constituição de uma pequena burguesia alçada por critérios individuais, formada por médicos, engenheiros, advogados, jornalistas, romancistas, poetas, funcionários da corte, deputados, nobilitados etc., admiravelmente bem trajados, os cabelos alisados e untados de óleo de coco, a seduzir o amor da mulher branca, eivada pelo romantismo da santidade da paixão contra os preconceitos dos casamentos impostos. Fica famoso em São Luís do Maranhão, por exemplo, o fato de a amada de Gonçalves Dias, Ana Amélia, jamais perdoar o fato de o poeta não ter tido a coragem de raptá-la da casa paterna, vencendo o preconceito diante do mestiço, embora já poeta de nome, deixando-a, assim, à mercê de um casamento de interesse dos pais.[144]

Do ponto de vista das religiões de base africana, fica nítido seu papel desempenhado na esfera da construção do lugar social ocupado pelos negros das classes populares na sociedade: lugar de resistência cultural e política, de contra-aculturação. Fato que se configurava nas reações de insubordinação de cunho étnico, a exemplo do suicídio como forma de retornar à terra natal dos antepassados ou para reencarnar livre da escravidão; no banzo; na organização de confrarias religiosas que alteravam o culto católico; nos ritos fúnebres específicos; na magia que impressionava os brancos, nos xangôs e candomblés; nos batuques noturnos dos negros urbanos; em rebeliões coletivas. Estudar o fenômeno sob a perspectiva da reordenação do legado civilizatório africano, eis o dado antietnocêntrico a caracterizar a pesquisa de Roger Bastide. Sua tarefa metodológica consistiu em vincular os regimes de produção em sua ação indireta sobre os valores religiosos, na relação dialética da reciprocidade, demonstrando, por sua vez, que as representações coletivas não subsistem sem substratos materiais, a garantir os liames entre os membros dessa coletividade. Atento aos limites da causalidade privilegiada ou explicações unilaterais, reconhece no real, por meio dos dados empíricos, que não há um automatismo de determinação entre as estruturas de produção e a criação dos valores de representação coletiva. Propugna pela mediação, a um só tempo, da força relativa da criação desses valores e das influências das estruturas, considerando que essas ações agem nos dois sentidos. Percebe a existência de cortes nesses movimentos de influência recíproca, hiatos que interrompem as relações diretas que poderiam ser sucessivas; igualmente criações novas e possíveis, dadas as alternativas de respostas, abrindo aos indivíduos e aos grupos múltiplas escolhas, que permitem a adaptação aos acasos sociais. Descartar assim o aporte teórico de Marx? Não é bem o caso, pois não se pode negar que as mudanças nas estruturas sociais sejam passadas aos valores religiosos, mas o que dizer das situações em que a religião se põe a "flutuar" acima das realidades sociais?

O negro no Rio de Janeiro desde dentro (Luis Costa Pinto)

Maracanã lotado. Copa do Mundo de 1950. Em campo, Barboza, Bauer, Bigode, Jair, Zizinho (este considerado o maior nome daquela Copa), ovacionados por um Brasil cioso da arte, inventividade, picardia, impetuosidade, força e inteligência de seus astros. João Conceição, negro como aqueles personagens quase mágicos de dentro do campo, era, entretanto, diretor do jornal militante *Redenção*. Encaminhou-se para o lugar reservado à imprensa e apresentou suas credenciais: sem mais nem menos, tem sua entrada impedida. Negro esperto, escolado pela vida, logo desiste de argumentar sobre seu direito de jornalista profissional, em atividade. Simplesmente dá a volta na tribuna e, falando corretamente o inglês, apresenta suas credenciais de correspondente do jornal negro norte-americano *Pittsburgh Courier*. Assim, não só pôde entrar na bancada da imprensa, como foi efusivamente recebido.[145]

O Rio de Janeiro não é São Paulo. Aqui, já no pós-abolição, mesmo considerando o peso das ideologias racistas e o papel marginalizador ocupado pela imigração européia, grandes contingentes do segmento negro e mulato da população da cidade viriam a ser incorporados no mercado de trabalho. Especialmente ali, onde mais lhe convinha, aproveitando a experiência da fase histórica anterior, pois que sem tantas obrigações diante de patrões: biscateiros, carregadores, artesãos diversos, trabalhadores do cais, pedreiros, marceneiros, carpinteiros, empregadas domésticas, vendedores ambulantes, pintores etc. Isto era uma realidade, até por força do peso desse contingente populacional no conjunto da sociedade: cerca de 34%, em 1890. No Rio de Janeiro, em 1900, quando se atinge o pique máximo da taxa de imigração européia, o percentual de estrangeiros chegava a 24,1% da população do Distrito Federal, ao passo que não ultrapassava os 6% considerando todo o Estado.[146] Certamente esse percentual ganha outra significação quando analisado sob a ótica da estratificação socioprofissional. Aí, seu número relativamente reduzido se transforma no contrário, pois açambarcaram as melhores, mais remuneradas ou mais competitivas funções do mercado de trabalho, mesmo quando dispunham do mesmo grau de adestramento técnico que os nacionais e, dentre esses, especialmente os não-brancos. São então maciçamente alocados no comércio, em fábricas e serviços. Não obstante, no pós-I Guerra, a urbanização e a industrialização, expandindo-se com vigor crescente, caracterizando um novo capítulo da história social da cidade, tendem a incorporar mais e mais elementos saídos do meio social negro e mulato nas hostes do proletariado industrial e de outras atividades, incrementando, por sua vez, a diferenciação interna do grupo de cor em estratos e classes sociais. Em 1940, no Rio de Janeiro (Distrito Federal), os brancos somavam 71,10% da população, enquanto pretos e mulatos somavam 28,62%. Ora, mesmo superior à média nacional, a cota de brancos aqui encontrada é a menor de todos os Estados da região Sul.[147]

É sobre esta realidade social que se debruça o relatório final de Luis Costa Pinto, como parte do projeto da UNESCO para o estudo das relações raciais no Brasil. Denominando-o *O negro no Rio de Janeiro. Relações de raça numa sociedade em mudança*, publicado em 1957, o autor buscará definir os parâmetros contingenciais do preconceito que incidem sobre esse segmento da população carioca. Para ele, bastava do negro estudado como "espetáculo", do que ele "tinha de diferente de nós", numa crítica aos trabalhos sobremaneira preocupados com a "aculturação", com as "sobrevivências". A tarefa proposta era trazer os estudos para a realidade cotidiana, pois as transformações econômico-sociais proletarizaram grandes massas de cor, provocando nítidas mudanças nas mentalidades coletivas e no estilo de comportamento.

Utilizando estranha aferição estatística, que, embora aponte tendências, pode sugerir resultados exagerados, Costa Pinto expõe o seguinte: em 1940, os dados relativos às indústrias de transformação — que representam no Distrito Federal a atividade com maior proporção de ocupados — indicam, para os considerados brancos, menor representação ocupacional relativa (17,57%) do que para os pardos (21,74%) e pretos (29,52%)! Igualmente no serviço público civil, a cota ocupacional maior é, entre os homens, a dos pardos (6,52%), seguindo-se os brancos (6,40%) e depois os pretos! Mesmo frisando que a superioridade numérica não indica senão maioria em funções subalternas, é difícil entender essas proporções aludidas. O problema é que, sem avisar ao leitor, Costa Pinto calcula o percentual ocupado dentro de cada grupo étnico considerado, por setor de atividade, para depois comparar. Assim, na indústria de transformação, 17,57% (referido acima) correspondem ao percentual de brancos ocupados, segundo o total dos brancos economicamente ativos. Ora, como os brancos são a maioria relativa em 1940 e estão distribuídos em diversos outros ramos e setores de atividades, seu percentual ocupado nessas indústrias alcança esse número relativamente reduzido. Desse modo ainda, os pretos, ao constituírem um grupo relativamente menor no conjunto da população, têm uma representação relativa elevada no mesmo setor — no caso 29,52% —, o que não significa, como fica agora óbvio, que sejam em número maior do que os brancos ou pardos. É assim que se pode entender uma outra conclusão sua (dele): no serviço público, os pretos são, em 1940, menos representados do que chineses e japoneses (*sic*) residentes no Rio de Janeiro à época, muito embora estes últimos não ultrapassassem 0,09% da população da cidade.[148]

Nessa lógica, nos grupos considerados como representativos de largo setor das classes médias urbanas — profissionais liberais, ensino, culto —, em ambos os sexos, pretos e pardos têm significativa baixa representação: 1,24%, entre os pardos, e 0,65% entre os pretos.[149] De toda forma, é indiscutível certa mobilidade social ocorrida de fato no interior dos grupos de cor espalhados nos mais diversos setores. Mesmo entre os empregadores, é possível detectar alguma presença de pretos e sobretudo de pardos. Nesses casos, fica extremamente difícil sustentar-se uma não-integração radical às estruturas do regime de classes na sociedade competitiva. Todavia, mantém-se o caráter altamente seletivo da ascensão social, como a "provar" — bem ao estilo de como o fenômeno se dá no Brasil — a não-existência de preconceito e discriminações. Bastava apontar para um indicador altamente ilustrativo dessa problemática e um dos mais sérios problemas da urbanização do Rio de Janeiro: o da moradia. Um censo realizado em 1949, sobre as favelas da cidade, comprova que ali habitava elevada cota de operários, o que redundava em alta concentração de gente de cor. Ou seja, do total de 138.837 favelados da cidade, em 1949, 70,95% eram "de cor"; e em cada cem habitantes da cidade, sete viviam em favelas, percentual certamente idílico comparado ao final do século XX, mas já apontando uma forte tendência.[150]

Era um tempo em que, apesar das condições precárias dos barracos, ainda havia muitos espaços vazios nos morros favelados, com as pessoas podendo criar pequenos animais, cultivar árvores frutíferas e hortas, às vezes mesmo possuindo currais. Em uma pesquisa por nós desenvolvida sobre a memória de negros velhos da cidade, pudemos confirmar esse fato. Dona Euzébia dos Santos Cordeiro, por exemplo, entrevistada em novembro de 1985, aos 99 anos, é uma das primeiras moradoras do morro do Salgueiro, na Tijuca, na cidade do Rio de Janeiro. Nascida em Petrópolis, em 1886, ela nos conta que chegou ao morro no princípio do século XX, aconselhada por uma amiga que lhe dissera que ali era bom, e ela foi — obviamente escapando dos altos aluguéis da cidade, logo ela, filha de Antônio Congo, trabalhador rural e ex-escravo. Nesse tempo, boa parte das terras do morro pertencia ao português Augusto Salgueiro, que explorava o aluguel dos barracos — da "choupana" de "telhado de zinco", como se referia dona Euzébia. Fenômeno semelhante acontecia no morro de Mangueira, cercado por muitas fábricas, como cerâmicas, olarias, manufaturas de sapatos e chapéus. O proprietário das terras do morro, por concessão da Coroa portuguesa, Alberto Saião Lobato, o Visconde de Niterói, passara a titulação ao português Tomás Martins, um dos proprietários de fábrica na região, e que construía barracos precários para alugar aos operários.[151] Angenor de Oliveira, o Cartola, lembra em entrevista que, quando chegou ao morro, no pós-I Guerra, não havia mais do que cinqüenta barracos.[152]

O marido de dona Euzébia fora empregado da prefeitura, como mata-mosquito, ajudando no combate à febre amarela. Dona Euzébia, trabalhando na casa dos Barata Ribeiro, também na Tijuca, e depois em outras casas de família — à altura da entrevista, todos os ex-patrões já haviam falecido e ela, às vezes, sonhava com uma ou outra patroa —, viveu todo o tempo no morro. No relato, prestado ao lado da filha — dona Geralda, "baiana" respeitada na escola de samba — e volta e meia interrompido pela chegada de bisnetos ou tataranetos, além de uma ou outra vizinha, dona Euzébia conta que, naquela época, havia no morro muita fruta (goiaba, jaca, manga, cana-de-açúcar, muito mamão, diversos tipos de banana), criava-se muita galinha — havia uns preguiçosos que não criavam, e surrupiavam a galinha alheia — e "cada galinha bonita, de terreiro", plantando-se comumente verduras. O português Salgueiro possuía vacas leiteiras. Ela confirma que a maioria dos moradores do morro era negra e mulata, muitos chegados de outros estados. Lembra que havia muitas lavadeiras e que a qualidade do serviço dessas mulheres tinha fama — lavava-se nas várias fontes de água corrente ali existentes. Dona Euzébia reconhece que a vida fora difícil, mas tinha boas recordações, inclusive dos patrões. Recorda que, no morro, havia uns homens valentes, brigões, mas que era só não se meter com eles, ficar em casa sossegado, e pronto. Gostava do Carnaval. Seu marido tocava cavaquinho e percussão; geralmente, iam para a cidade, para a Praça Onze — "quem tinha dinheiro ia de bonde, quem não tinha ia a pé, ia andando, andando, quando via tava lá". No morro também havia festas, o jongo, o caxambu, terreiro de macumba; recorda da canjica que fazia para o pessoal passar a noite; também do café, "que naquela época era barato". Dona Euzébia tem consciência de que havia preconceito contra o negro, que "a cor não ajudava".

Redundante é anotar a precariedade da presença dos serviços públicos no morro, a exemplo do saneamento básico, fornecimento de água, luz, escolas etc. O censo referido acima revela que grande parte dos favelados ocupava-se nas indústrias (sobretudo na construção civil), nos transportes, no comércio e no serviço doméstico. Era vultoso o número de crianças de 0 a 13 anos, pois, num total de 138.837 favelados da cidade, as crianças perfaziam um total de 46.869. Também alto era o número de trabalhadores não-qualificados ou semiqualificados, como se deduz dos salários obtidos.[153] A qualificação profissional, incipiente para a cidade, em muito deve possuir relação com as constantes ondas migratórias chegadas do êxodo rural, principalmente do próprio estado do Rio de Janeiro, Minas Gerais e Espírito Santo. No ano do Censo (1949), estima-se que metade da população favelada tenha nascido noutras regiões que não o Distrito Federal.[154]

Interessante é o quadro organizado no trabalho de Luis Costa Pinto, procurando relacionar a ocupação da cidade por bairros, detectando, além das características econômicas, aquelas de feição étnica. O aspecto mais importante a ser ressaltado é o da não-existência de uma linha de distribuição tal que configurasse uma política de segregação no aspecto étnico. Mesmo considerando a concentração de pretos e pardos em certas zonas e bairros da cidade — lugares onde, de resto, concentravam-se as populações de baixa renda e o operariado —, é visível a heterogeneidade étnica ocupacional. A chamada Zona Norte é um exemplo característico disso. Todavia, mesmo um bairro da Zona Sul, como a Gávea, compunha-se de expressiva quantidade, não só daqueles contingentes de baixa renda, como também (e por causa) de pretos e pardos; o que é explicado pela quantidade de fábricas ali existentes e ainda pela proximidade com a demanda pelo emprego doméstico.[155]

A escolaridade no Distrito Federal, em 1940, é outra peculiaridade denunciadora da desigualdade não somente econômico-social, mas também étnica. Desse modo, das 356.325 pessoas que haviam concluído um curso qualquer, de qualquer grau, 310.852 (88,31%) eram tidas como brancas. No ensino superior, o contraste não poderia ser pior, pois os brancos perfaziam um total de 96,37% dos portadores de diploma.[156]

Obviamente, tais perfis incidem sobre o estigma dos estereótipos e atitudes diante do negro e do mulato, aprofundando — inclusive neles mesmos — as barreiras. Costa Pinto organizou um questionário temático, submetido a 350 alunos de escolas secundárias do Rio de Janeiro, três delas oficiais e uma quarta um colégio particular, visando detectar o tema dos estereótipos. Partia do pressuposto de que, entre adolescentes (de ambos os sexos), haveria menor facilidade e mais fraca intenção de racionalizar atitudes.[157] Preferimos aqui, para esse tema, lançar mão de um único testemunho, entretanto paradigmático. Trata-se do escritor Afonso Henriques de Lima Barreto, mulato carioca, que viveu intensamente a cidade até a sua morte em 1922. Este escritor, ao penetrar no drama de sua contemporaneidade, sintetiza as tendências do tempo em que viveu e produziu. No dizer de Afonso Carlos Marques dos Santos, a obra de Lima Barreto "pode ser vista como resultado da própria dinâmica social, surgindo, aos olhos do Historiador da Cultura, como testemunho da vida social e do tempo que se pretende conhecer". Nessa perspectiva, continua Afonso Carlos, foi Lima Barreto "um dos pontos-limites da consciência possível dos intelectuais brasileiros de seu tempo, já que sua obra é atravessada pelas grandes questões que polarizam a sociedade brasileira no próprio período de sua existência, 1881-1922".[158] Nesse caso, utilizemo-nos de síntese extraída de um dos livros do escritor tematizando o assunto, feita por Joel Rufino dos Santos:[159]

A barreira invisível que derrota o negro:

> ... vês que me dispus a tomar na vida o lugar que parecia ser de meu dever ocupar [o de escritor], entretanto, não sei que hostilidade encontrei, não que estúpida má vontade me veio ao encontro, que me foi abatendo, decaindo de mim mesmo, sentindo fugir-me toda aquela soma de idéias e crenças que me alentavam a minha adolescência e puerícia.

A exigência do diploma, para embranquecer:

> Ah! Seria doutor! Rasgaria o pecado original do meu nascimento humilde, amaciaria o suplício premente, cruciante de minha cor...

A discriminação cotidiana:

> Servi-me e dei pequena nota a pagar. Como se demorassem a trazer-me o troco reclamei: Oh! fez o caixeiro indignado e em tom desabrido. Que pressa tem você?! [...] Ao mesmo tempo a meu lado, um rapazola alourado reclamava o dele, que lhe foi prazenteiramente entregue. O contraste feriu-me, e com os olhares que os presentes me lançaram mais cresceu a indignação.

A discriminação policial:

[o delegado] perguntou pela terceira vez:
— Qual é a sua profissão?
— Estudante.
— Estudante?!
— Sim, senhor, estudante, repeti com firmeza.
— Qual estudante, qual nada!
A sua surpresa deixara-me atônito. [...] Donde lhe vinha a admiração duvidosa? Era o sentimento geral da minha inferioridade, decretada a priori, que eu adivinhei na sua pergunta.

A importância de ser branco para vencer na vida:

[...] demais [ao doutor Ricardo], as suas relações, rigor colegial de sua vida, os seus olhos azuis, tinham lhe valido a respeitosa consideração de todos os repórteres, redatores e colaboradores.

O preconceito brasileiro de não ter preconceito:

Que nome! Félix da Costa! Parece até enjeitado! É algum mulatinho?
— Não. É mais branco que o senhor. É louro e tem os olhos azuis.
— Homem, você está zangado...
Ele não compreendia que eu também sentisse e sofresse.

O complexo de cor atribuído ao negro:

O caminho da vida parecia-me fechado completamente, por mãos mais fortes que as dos homens. Não eram eles que não me queriam deixar passar, era o meu sangue covarde, era a minha doçura, eram os defeitos do meu caráter que não sabiam abrir um.

A necessidade política de entidades negras:

Isto do preconceito não se prova, sei bem: mas se não tenho provas judiciais, tenho muito por onde concluir. Por que aí, em São Paulo, e em Campinas também, há sociedades de homens de cor? Hão de ter surgido devido a algum impulso do meio, tanto que no resto do Brasil não as há.

O que os brancos em geral pensam dos negros:

> *Para ele, como para toda a gente mais ou menos letrada do Brasil, os homens e mulheres do meu nascimento são todos iguais, mais iguais ainda que os cães das suas chácaras. Os homens são uns malandros, planistas, parpalatões quando aprendem alguma coisa, fósforos dos politicões; as mulheres (a noção aí é mais simples) são naturalmente fêmeas.*

Em 1890, no Distrito Federal, a proporção de não-brancos na população era de 37,3% (para o estado, chegava a 57%),[160] não sendo difícil, portanto, encontrar os porquês de negros e mulatos dominarem o perfil das classes populares na capital da República. Até por força de um legado cultural pungente, vindo de tempos longínquos e suficientemente forte, plástico e envolvente para conquistar essa hegemonia — ao contrário do que muitos pensavam. Os baianos forros, por exemplo, migrados para a cidade, constituíram-se numa espécie de elite do meio popular, dada a forte concentração entre eles de uma identidade cultural sólida, baseada nos fundamentos socioculturais afro-brasileiros. Uma cultura alegre, lúdica, musical, de supostos comunitários. Sem arquitetar projetos de hegemonia, como quem não quer nada, a não ser divertir-se para melhor viver, esse reduto afro-brasileiro demonstrou-se de um ímpeto impressionante, a contaminar vastos segmentos das classes populares cariocas, dando-lhes personalidade singular, em contraste com os gostos da burguesia arrivista dominante. Ao contrário de São Paulo, não se conseguiu no Rio de Janeiro levar a cabo o emparedamento quase mortal dos valores daquela tradição — e isso num momento que seria seguramente o mais adverso de sua trajetória histórico-social, consubstanciado nas características do período que vai da abolição aos anos 30. O próprio centro da cidade, na capital da República, testemunharia constituírem-se os nichos culturais mais transcendentes, plasticamente readaptando-se para recriar valores, formas sociais alternativas ao modelo hegemônico de estética e gostos.

Assim, nas ruas Larga, Alfândega e do Hospício (atual Buenos Aires), na Praça Onze, Gamboa e Saúde, no Saco, nas ruas Barão de São Félix, Senador Pompeo, Santana, Júlio do Carmo e Visconde de Itaúna, na Praia de Santa Luzia, na Cidade Nova etc., viriam instalar-se personagens que fariam história naqueles tempos, a exemplo de João Alabá (famoso e prestigiado zelador de terreiro de candomblé); Hilário Jovino Ferreira (tenente da Guarda Nacional, ogã no terreiro de João Alabá e fundador de vários ranchos de base familiar, ligados inicialmente ao ciclo do Natal e depois ao do Carnaval); Getúlio Marinho, o Amor (um dos criadores da coreografia e da empostação do mestre-sala, ou baliza, como ainda eram chamados); Tia Amélia (Amélia Silvana de Araújo, cantora de modinhas, mãe de Donga, em cuja casa realizaram-se as primeiras reuniões de samba urbano); Tia Perciliana do Santo Amaro (neta de escravos que se beneficiara da Lei do Ventre Livre, possuíra com os pais uma quitanda para a venda de artigos afro-brasileiros, na rua do Sabão, mãe de João da Baiana); Vó Carmem (a mãe deste autor, a quem já nos referimos, Yedda Siqueira, chegou a amamentar um neto de Vó Carmem, cuja filha morrera de parto — ela acabara de ter minha irmã mais velha; também seu tio, o Daval — ourives de jóias finas, violonista da pesada, expedicionário da FEB —, foi companheiro por longos anos de Vanda, outra das filhas de Vó Carmem); Tia Ciata (Hilária Batista de Almeida, irmã-de-santo de Vó Carmem), que mereceria um capítulo inteiro à parte, dada a sua importância no período. Resumidamente, diríamos que esta senhora, mulher de grande iniciativa, iá quequerê no terreiro de João Alabá, tanto empreendedora no trabalho quanto festeira, notabilizaria sua casa ampla por famosas reuniões por onde passaram artistas que fariam nome na cultura brasileira (a exemplo de Pixinguinha) e membros notáveis da comunidade (a exemplo de João Cândido, o marinheiro).

A plasticidade cultural do meio teria em Tia Ciata um modelo exemplar. Quituteira de mão cheia, tornou famosos seus pratos e doces da tradição afro-brasileira, temperados com requinte e sabedoria — fazendo também disso um negócio, com os serviços das baianas quituteiras. Seus conhecimentos crescentes na religião afro-brasileira exemplificam a maneira pragmática de ampliação dos espaços de seu meio social. O presidente da República Wenceslau Brás, por exemplo, acometido de enfermidade que não sarava, entra em contato com Ciata, que, depois de alguma relutância, ensina-lhe como se curar, o que aconteceu em três dias, como lhe havia dito o jogo de Ifá. Agradecido, o político colocou-se à disposição para um pedido seu, ao que ela contra-argumentou que para si não desejava nada, mas gostaria de uma melhor colocação para o marido. João Baptista da Silva, marido de Ciata, cursara até o segundo ano de medicina na Bahia, tendo abandonado o curso. No Rio de Janeiro, empregou-se como linotipista do *Jornal do Commércio* e, mais adiante, como funcionário público na alfândega. Com a intervenção do presidente da República, foi para o gabinete do chefe de polícia do Distrito Federal.[161] Ora, como, na época, havia grande e sistemática repressão policial aos costumes afro-brasileiros, em especial ao samba, a posição do marido de Ciata, as amizades construídas no meio policial, passam a garantir, ao espaço de sua casa, segurança e liberdade para as iniciativas ali constantemente realizadas — e não somente de lazer, mas também de trabalho. Tia Ciata monta, por exemplo, um serviço de aluguel de roupas de baianas para teatros e para o Carnaval, servindo às mulheres que brincavam nas associações de classe média. Passa a ter relações com gente de todos os estratos sociais, inclusive jornalistas, a exemplo de João do Rio. Sua casa se transforma numa espécie de centro de referência, plena de alternativas propostas e abertas ao meio social. No Carnaval, sua família brincava no Rancho Rosa Branca, e também possuía um bloco irreverente, de rua, denominado O *macaco é o outro*.[162]

A prática de buscar aliados, mesmo no interior do círculo social das autoridades, desenvolveu-se como uma tática de sobrevivência, a fim de angariar respeito e/ou recursos. Sabe-se que um desses ranchos desfila na frente do Itamaraty, em 1894, com a presença do Marechal Deodoro da Fonseca; outro, o Ameno Resedá, no palácio Guanabara, diante do marechal Hermes da Fonseca.[163] Também era comum satirizarem os próprios africanos influentes da comunidade, que, presos às origens, resistiam aos novos tempos.

Não se deve cobrar, no pós-abolição, à família negra, esfacelada pela escravidão, o modelo estável do código burguês nascente. Atribuir-lhe uma condição de "anomia" ou "patologia social" é idealismo puro. É encantar-se idilicamente com padrões e procedimentos que, feliz ou infelizmente, não enquadravam a maioria desses personagens sociais. Todavia, seria exatamente dali que partiria vigorosa reação às novas condições adversas. Tendemos a propor que foram o prazer de viver, o amor, a poesia, a música, a religiosidade, os principais trunfos com que contou o meio social negro e mulato para enfrentar um momento histórico extremamente adverso, devido aos termos com que se resolvera a abolição.

> *Deolinda era bem mais forte do que eu. Tinha vezes até que ela me batia e eu deixava, só tirava o corpo fora. Você sabe, negócio de ciumeira de mulher, e até que ela tinha suas razões. Mas um dia ela exagerou e eu me exaltei. Eu tinha ganhado um dinheiro bom, comprei um terno de linho*

S-120, uma camisa de palha de seda e um sapato cor de gema de ovo, tudo na última moda naquele tempo. Cheguei no morro com o embrulho, abri em cima da cama, alisei o terno e fui tomar meu banho. Que farra ia pintar! A Deolinda aquele dia tava com a cachorra, só me olhando atravessado. Normalmente, eu não dava bola, saía e pronto. Mas aquele não era o meu dia. Ela resmungou: "Onde você vai?" "Vou ao Salgueiro!" "Não vai, não!" Eu na minha, me enxugando, me perfumando. Quando eu ia vestindo a camisa, ela agarrou o terno nas mãos e berrou: "Hoje você não vai!" "Deixa esse terno aí!" "Ela saiu feito louca pela porta do barraco, eu atrás dela. Bem em frente passava uma vala de água. Deolinda jogou meu terno na vala e começou a pisotear em cima. Eu endoidei. Voei em cima dela e dei-lhe uma banda. Ela caiu e rolou no barranco. Pensei: "Puxa, essa não, a mulher morreu." Saí correndo e fui me entocar na casa de minha tia Nila, lá no Chalé. À noite, bateram à porta. Eu me escondi pensando que fosse a polícia. Tia Nila abriu. Era Deolinda. Toda machucada, ainda foi lá me buscar. Voltei com ela. Nunca mais brigamos.[164]

Esquece nosso amor, vê se esquece
porque tudo na vida, acontece
E acontece que já não sei mais amar
Vai sofrer, vai chorar e você não merece
mas isso acontece

Acontece que meu coração ficou frio
e nosso ninho de amor está vazio
Se eu ainda pudesse fingir que te amo
Ah! se eu pudesse
mas não devo, não posso fazê-lo
isso não acontece.

(Escreveria assim, logo depois, o sr. Angenor de Oliveira, o Cartola.)[165]
O depoimento acima é quase paradigmático. Este mesmo senhor, ao encontrar o grande amor de sua vida, conta o seguinte:

Agradar a Zica não foi fácil. A gente sofre desde o primeiro amor. Mulher sempre bota banca. Pra conquistar Zica, eu tive que gastar muita serenata, que na cidade era proibido, mas no morro não.[166]

Zica (Euzébia Silva do Nascimento):

Aí um dia ele chegou lá em casa, eu tava viúva já tinha uns seis anos, fui morar perto de minha irmã, mulher do Carlos Cachaça. Ela tinha um quarto lá vazio, eu nunca gostei de ficar na casa dos outros. Então eu fiquei lá no meu quartinho com minhas filhas. Um dia, ele apareceu lá pra ver samba com o Carlos. Aí ele pegou, me viu e disse: "É a Zica que tá aí?" A menina disse: "É." "Ela não casou não?" "Não, tá sozinha com os filhos dela." Ele veio conversar comigo, não sei o que lá, contando aquela história comprida, que agora ele estava..." "Ah, eu não quero mais ela, ela é muito escandalosa e eu não me dou com isso, eu não quero mais aquela mulher não." "Eu não quero nada, não." Então ele ficou naquela cegueira de falar comigo, vinha, ficava lá cantando. Um dia me perguntou: "Você vai sair amanhã?" "Eu vou levar roupa. [Lavava roupa para fora.] Quando cheguei no ponto do bonde, estava lá me esperando. Fiquei olhando pra ele. Relutei porque ele era meio desmiolado, ele era meio vagabundo. Não, não era vagabundo; gostava de vagar. Aí eu disse: "Ah, você não vai dar certo, eu já tenho duas filhas, esse negócio de hoje com uma, amanhã com outra, não vai ficar bem." "Não, Zica, não e tal". Eu conversei com ele ao meu modo e disse: "É assim, assim, assim e assim, se não for assim, eu não quero." Ele disse: "Olha Zica, agora estou ficando velho." E aí ficamos.[167]

Cartola:

No princípio, a vida não foi fácil. Ela lavava roupa pra fora, dava duro no tanque. Eu trabalhava de biscateiro, fazendo ofício de pedreiro. Muitas vezes eu ficava sem emprego e era a Zica quem arrumava a situação, fazendo comida [para vender] e se largando no tanque, que o dinheiro não dá em árvore.[168]

À hipótese de serem herdeiros de um legado cultural tosco, funesto e impróprio para a modernidade, Donga responderia com a gravação, em 1916, do primeiro samba assim registrado — e o título não poderia ser mais sugestivo: *Pelo telefone*. Assim, ao contrário, as tradições culturais do meio social negro e mulato demonstram enorme capacidade de consolidar-se no popular, estigmatizando seus valores, formas de percepção estética, visões de mundo nada obedientes, que seriam transformados em símbolos ofertados à cultura da sociedade brasileira. Em alguns casos especiais, com uma tremenda visão crítica:

> *Porque antigamente era divertimento nosso mesmo, escola de samba era meu divertimento, era divertimento do pessoal do morro mesmo. Hoje não: é divertimento do povo da cidade. Virou comércio. Tem que se fazer coisa que agrade ao pessoal da cidade. Vamos fazer barulho, vamos pular. Não está agradando a gente. Por isso, eu não vou à escola, raramente eu vou à escola, porque não me agrada mais, a mim não agrada mais. Não tem mais nada que me agrade em escola de samba, nenhuma delas. Agrada quem não entende de samba, que vai lá pra pular, para beber, bá-bá-bá-bá, escutar barulho, escutar samba malfeito, sem música. Mas tem o barulho para eles pularem, está bom. Então, eu não vou mais. Prefiro uma reuniãozinha assim entre amigos, tocar um violãozinho, escutar samba de um colega, tocar o meu também, a ir à escola de samba. Essa transformação, em parte, para o morro foi boa, foi muito boa. Primeiro, a Mangueira é uma das favelas privilegiadas pelo estado. Segundo, eu duvido que tenha algum governador que vá tirar a Mangueira dali, ninguém tira mais. Mangueira é um centro turístico, é uma escola respeitada dentro do Rio de Janeiro. Mangueira dá um lucro fabuloso ao estado. E quanta gente que tem em Mangueira que trabalha em função da escola? Ganha seu dinheiro. É costureira, é o pessoal que trabalha lá dentro; até garoto que tá tomando conta de carro tá ganhando seu dinheiro. Mangueira então foi um benefício em parte, mas, como eu gostava, não é.*[169]

Analisando o que seriam as "tensões raciais numa sociedade em mudança", Costa Pinto percebe que a ascensão social beneficiou um número reduzido de negros e mulatos, embora sempre crescente, desde os fins da I Guerra. Todavia, contraditoriamente, essa mesma ascensão aos estratos médios da sociedade passa a contribuir para recolocar o fenômeno do preconceito — segundo o autor, em escala também crescente —, visto que ameaçava privilégios dos brancos, espalhados em instituições, carreiras, ambientes, classes sociais etc. Esta ameaça e o conseqüente acirramento da competição se devem à compreensão, pelo branco, de que o processo pelo qual o negro e o mulato passam a ascender já não é mais no estilo individual do passado, mas transforma-se em processo coletivo, social.[170] A classe média de negros e mulatos, vivendo as frustrações da dualidade da ascensão por uma parte, mas da discriminação por outra, tende a formar intelectuais cujas iniciativas aprofundam a tomada de consciência étnica de todo o conjunto do meio social negro, dado o poder irradiador de suas ações — na época, exemplificadas nas atividades patrocinadas pelo Teatro Experimental. Compreende-se que, sendo "raciais" as barreiras encontradas, o grupo deve tomar consciência delas também nesses termos e, assim, lutar contra em movimentos sociais.

O movimento poético da "negritude" seria, então, a tentativa de formulação mais refinada dessa vanguarda intelectual, na busca por bandeiras de luta que propusessem identidade, orgulho, validade da experiência histórica e valores de uma estética própria, capaz de dar à consciência semidestruída do negro uma resposta às tentativas de lhe perpetuar a subordinação em todos esses níveis. Tomando os efeitos pelas causas, Costa Pinto vai considerar que, do mesmo modo que "não há um problema do negro" — o "problema" seria do branco, que tem sobre o negro "falsas idéias" e age de acordo com essas —, a negritude seria simplesmente uma idéia "branca", isto é, um "reflexo invertido" na cabeça dos negros sobre a idéia que os brancos fazem dele.[171] Ora, consideramos certo exagero, correspondendo muito mais a um anseio pessoal, afirmar que não exista um "problema do negro", depois de tanto tempo de história de preconceitos e discriminações. Pensamos que seja unilateral atribuí-lo somente aos "brancos" desencarnados de historicidade e, sobretudo, restringi-lo às "idéias".

Crítico severo das lideranças intelectuais do meio social negro, suas contemporâneas, Costa Pinto vai considerar os anseios e propostas de ascensão social daqueles. Assim, ao contestarem, por exemplo, bloqueios em instituições tradicionalmente racistas a feitio do oficialato da Marinha e da carreira diplomática no Itamaraty, as lideranças criticadas estariam com pretensões sequer encontradas na lista das prioridades de aspiração de milhões de brasileiros de cor.[172] Considera também que essas concepções das lideranças equivaliam a propor passar todos os negros para as classes dominantes, adestrando seus modos e padrões de comportamento aos das classes superiores.[173] Percebida como "ideologia de classe média", o suposto da ascensão social iria de encontro ao estilo das classes tradicionalmente brancas da sociedade brasileira, a exemplo de algo estandartizado. O desenvolvimento de uma consciência crítica nesses termos equivaleria a uma imaturidade daquela intectualidade, já que, fundamentalmente, o problema não seria étnico (*sic*). Retorna-se, dessa maneira, a Donald Pierson. O negro-massa não sentiria aquela angústia, aquela frustação asfixiante, aquela inquietação, que seria característica das "elites" negras. Não se estaria aí dando pleno significado ao dito apócrifo típico da democracia racial, segundo o qual "o negro não tem problemas no Brasil"? Para o negro-massa, a questão seria então uma só: ser negro e proletário. O preconceito, ele venceria agindo menos como raça do que como classe. Para ele — Costa Pinto toma-lhe o "lugar", falando por sua voz —, "subir" somente com tudo o que vem de baixo — daí a razão pela qual haveria uma certa inocuidade dos ideais de consciência de cor.[174]

A confirmação da ruptura (Fernando Henrique Cardoso e Otávio Ianni)

Fechando o ciclo relativo ao programa da UNESCO para o estudo das relações raciais no Brasil, iniciado em 1950, que nos proporcionou reflexões temáticas, como vimos, indo do sertão nordestino à vila da Amazônia e a Salvador, São Paulo e Rio de Janeiro, Fernando Henrique Cardoso e Otávio Ianni fariam as pesquisas que contemplariam uma cidade onde se poderiam obter resultados inusitados, dada a sua localização peculiar no extremo Sul do país: Florianópolis. Dessa cidade, já temos notícias neste trabalho, por ser a terra natal do poeta Cruz e Sousa, filho de escravos, que por lá nasceu em 1861. As pesquisas de Cardoso e Ianni, como não poderiam deixar de ser, confirmariam o viés preconceituoso e discriminatório daquela sociedade, elucidando questões vindas até a época em que foram realizadas as próprias pesquisas, em 1955.

Fernando Henrique Cardoso trabalhara como auxiliar no amplo projeto de estudo organizado por Roger Bastide e Florestan Fernandes, do qual resultariam *Brancos e negros em São Paulo*, de ambos, e *A integração do negro na sociedade de classes*, de Fernandes. O estudo enfocando Florianópolis, sob o aspecto das relações sociais que envolviam a questão dos negros e mulatos, traria influências teórico-metodológicas daquele estágio e convívio acadêmico, certamente. Eis o motivo pelo qual, mais uma vez, não se procurou negar ou escamotear, por suposto ou derivação teórico-metodológica, a presença marcante do preconceito. Cremos que mais este trabalho conjunto comprovaria, inequivocamente, o caráter de problema nacional da questão, resultante de como se "resolvera" o processo abolicionista no Brasil. Não há mais nenhuma dúvida sobre a importância do papel que coube à ciência social no descobrimento de mecanismos insuspeitos da iniquidade dessa situação, mesmo considerando que não tenha sido a única vertente saída do social capaz de apontar para o problema, como temos visto e ainda analisaremos no próximo capítulo.

Quais as funções sociais dos estereótipos étnicos? Que situações de interesse e valores lhe promovem o solapamento ou o reforço? Que conexões existem entre as bases econômicas do sistema social, suas classes e a organização de papéis desempenhados pelas relações étnicas? São perguntas fundamentais, feitas por esse conjunto de cientistas sociais que foram considerados, ao longo desta análise, como participantes de um aporte sociológico que rompe com a tradição e inaugura uma forma inovadora de enfocar o problema.

Fixemo-nos, portanto, naquele ponto que encerra nossas indagações de pesquisa principais, interessadas em sistematizar como, num determinado período de tempo, chegou-se a um patamar superior de entendimento dessa questão no Brasil: detectar, criticamente, as conclusões inferidas da lógica das posições teórico-metodológicas assumidas como fio condutor da hipótese.

Mais uma vez — o mesmo já se dera com Fernandes e Bastide, com Luis Costa Pinto —, repete-se a técnica de investigação à maneira dos *surveys*, de "buscar o passado pelo presente", procurando analisar o que do passado integrou-se ao presente com serventia para legitimar as novas situações: trabalha-se exaustivamente a técnica de entrevistas e da memória oral. Certamente, avaliam-se as condições históricas em que se dá o problema em foco; constata-se que os agentes sociais atuam convictos da própria integridade, movidos por motivações que obliteram o reconhecimento objetivo da verdade. Tenta-se mostrar o grau de congruência existente entre as ações e os valores sociais. Parte-se, enfim, do suposto de que não existe uma "democracia racial" efetiva, visto que ela começa e termina no plano da mera tolerância convencionalizada; no fundo, não aproximando os homens, regulada que está por um código que consagra a desigualdade, disfarçando-a, justificando-a, acima dos princípios de integração da ordem social formalmente democrática.[175]

A observação intensiva dos ângulos da situação estudo-de-caso, por uma parte, quando somente a linguagem empírica obtida permite a definição de questões teóricas, o aliar-se à investigação histórica a fim de emoldurar o foco sociológico abordado, por outra: eis as principais propostas de aproximação ao tema feita pelos autores. A existência do preconceito herdado das estruturas sociais anteriores e sua transformação ao ritmo das flutuações da convivência social passam a ser buscadas pelos autores com um suposto: a dinâmica interna da estrutura socioeconômica influi no ritmo de transformação do preconceito racial — de resto, como assim já o haviam definido Bastide e Fernandes, quando do projeto que redundou em *Brancos e negros em São Paulo*, acima analisado.[176] Ou seja ainda, este procedimento metodológico procurou determinar o que de específico havia no preconceito assim como ele era praticado em Florianópolis, já que ali, de certa forma, possuía-se um quadro formativo diferenciado, comparado aos das áreas da grande produção agroexportadora.

Essas diferenças, todavia, somente fazem ressaltar a constituição homogênea conferida à formação social brasileira pela escravidão, mesmo onde — como é o caso de Florianópolis — não prevaleceu a grande propriedade e/ou o uso intensivo de escravos negros. Nessa cidade, foram muito mais decisivas, desde o século XVIII, a formação da pequena e da média propriedades rurais, a pesca da baleia e as atividades político-administrativa e militar, exercidas por seu papel de capital da Província e área limítrofe dos impérios português e espanhol. Não obstante, malgrado o inusitado da vinda — em começos do século XVIII — de colonos açorianos para povoar a ilha, em lotes de terra doados pela Coroa, também ali as relações de trabalho escravistas teriam peso decisivo no funcionamento do conjunto das atividades e forneceriam as bases locais para o desenvolvimento do imaginário preconceituoso e discriminatório. Este ultrapassaria a escravidão e configuraria — adaptando-se aos novos tempos — a chamada democracia racial. Na ilha de Florianópolis, seria exatamente do predomínio da pequena e média propriedade que viria o suporte às peculiaridades desse imaginário vil, sob certos aspectos mais rígido do que nas áreas da grande propriedade agroexportadora. Na Colônia e no Império, em todas aquelas atividades da ilha, o escravo negro fora utilizado em alguma escala. Na pesca da baleia, se os perigos de ter escravos nos barcos fazia ali predominar o trabalho livre, em terra, no fabrico do azeite e outros derivados do cetáceo, empregava-se largamente o braço escravo. A pequena propriedade rural operava com camponeses livres, donos da terra; não obstante, bastava a acumulação necessária para comprarem um ou outro escravo. Nas médias propriedades, generalizou-se o emprego do braço escravo, mesmo que simultâneo ao do trabalho assalariado.[177] O trigo, o linho, o algodão, a extração de madeira, mas sobretudo a mandioca, foram os principais produtos cultivados. Com a urbanização e o incremento comercial da capital da Província, em meados do século XVIII, os escravos são incorporados aos serviços urbanos domésticos, de transporte de mercadorias nas barcas que atravessam o canal entre a ilha e o continente etc. Na segunda metade do século XIX, a colonização estrangeira em Santa Catarina viria a incrementar a divisão social do trabalho, funcionando como estímulo à atividade econômica. Todavia, o quadro geral da economia da ilha era o da não-inserção nas exigências da economia colonial, imprimindo um caráter comumente pobre e não-senhorial à sua sociedade, tanto no século XVIII quanto no XIX. Em 1872, encontram-se no Desterro (Florianópolis) escravos artistas (artesãos), marítimos, pescadores, comerciantes, operários em madeira, em edificação, no vestuário, em calçados e em tecidos, costureiras, criados e jornaleiros, domésticas, lavradores, sendo a maioria sem profissão definida.[178] Os escravos trabalharam na iluminação pública urbana, nos ofícios mecânicos, mas foram principalmente empregados domésticos dos funcionários públicos civis e militares, dos comerciantes, dos lavradores mais abastados, que mantinham dois ou três escravos na cozinha, na copa e na arrumação — nem a lavoura absorvia nesse momento mão-de-obra escrava mais numerosa.[179] Em 1872, os escravos, considerando toda a ilha, compunham 13,04% da população, sendo que, na capital, esse percentual era de 13,91%. Os brancos, nesse ano, perfaziam um total de 73,26% da população da capital.[180] É interessante observar a evolução deste último dado, devido às conseqüências para a questão "racial": em 1890, os brancos eram 81,03% da população, enquanto os pretos perfaziam 6,78%; em 1940, os brancos representavam 90,07%, ao passo que os pretos eram 9,5% e os pardos, 0,36%.[181] Em 1940, foram recenseados 1.049 estabelecimentos rurais em Florianópolis. Desses, 658 exploravam a agricultura e 391, a agropecuária — produção de pequena escala, administrada por gestão direta, com traços preponderantes de uma economia de tipo doméstico, produzindo basicamente mandioca, cana-de-açúcar, laranja e banana. O desenvolvimento industrial do município, até essa altura, era relativamente pequeno: 58 era o número total de estabelecimentos desse tipo naquele ano, correspondendo a 693 o número de pessoal aí empregado; números que, em 1950, pularam respectivamente para 87 (os estabelecimentos) e 1.648 (o pessoal empregado, sendo 1.419 operários).[182] Entre os proprietários das empresas, estão brasileiros, portugueses, alemães, italianos, polacos. O negro ficaria limitado sobretudo aos serviços domésticos e braçais, mal remunerados e com baixo prestígio social. Poucos negros e mulatos chegaram a posições de empregadores e/ou trabalhadores por conta própria. Na estrutura agrária do município, apesar da prevalência da pequena e média propriedade, o número de negros e pardos como proprietários é mais do que parco — dominam os de origem portuguesa, alemã, polaca, italiana ou brasileiros brancos. Em 1950, apenas dois indivíduos de cor são encontrados como proprietários rurais; é bem verdade que um número mais expressivo de negros e pardos é encontrado trabalhando "por conta própria" na agricultura, todavia numa situação tal que não lhes permite aparecer como proprietários e/ou empregadores — seriam eles remanescentes de antigos quilombos? Malgrado serem minoria no conjunto da população, na estiva, em 1950, o número de trabalhadores negros equivale ao de brancos. É reduzidíssimo, no ano de censo, o número de mulatos e negros nas classes médias da população da cidade, o que acontece, em geral, nos serviços públicos municipal, estadual e federal, em que, via de regra, se entra por concurso. Profissionais liberais são contados a dedo — certamente por exigir formação universitária, além de outros predicados.[183]

As possibilidades de mobilidade vertical foram, pois, extremamente rígidas para o meio social negro, fato radicalizado em Florianópolis pela existência de um controle muito grande da "pureza racial". À medida que as posições no mercado de trabalho permanecem virtualmente parecidas com as do tempo da escravidão, não havia, segundo Fernando Henrique, por parte do branco, condições de "atualização" das avaliações que faziam sobre os negros.[184] Mais uma vez, quanto a esse aspecto, somos obrigados a discordar. Somos da opinião, primeiro, que "parecido" não é igual. Assim, não podemos aceitar que tenha pouco significado a extinção da escravidão no imaginário, tanto de negros quanto de brancos. O que entendemos é que, objetivamente, não houve interesse por parte dos "brancos", isto é, das camadas dominantes ou mais privilegiadas da sociedade que ultrapassaram o processo abolicionista, em perder tais posições, passando a reutilizar (coisa diferente de "não-atualização") no presente — e quiçá no futuro — o que do passado tinha plena serventia. Dada a correlação de forças, não cabia ao meio social negro, até por estratégia de sobrevivência, modificar-se abruptamente diante de condições tão adversas.

Para "não fugir à regra", o grupo negro busca algum tipo de reação, organizando, nos anos 20, "sociedades bailantes", que primavam pela busca de distinção social, boas maneiras, convívio familiar. Tentou-se a criação de um núcleo da Frente Negra Brasileira, originada em São Paulo; houve tentativas de despertar a "consciência da raça". Não obstante, segundo Fernando Henrique, em Florianópolis, não houve condições para que se desenvolvesse nenhum movimento que pretendesse reagir contra a discriminação racial, pois as condições de existência material do grupo não melhoraram significativamente no pós-abolição. A similitude com o passado, frente às posições recíprocas de brancos e negros na estrutura social, impediria tentativas deliberadas de alteração no sistema de acomodação social vigente. Apenas existiriam "lamentações esparsas".[185] Acrescente-se, a essas contradições, aquela provocada por uma diferenciação interna no grupo negro, sobretudo destacando a fração que tivera sensível ascensão social comparativamente aos demais, ocasionando, por um lado, em conseqüência de conviverem mais intensamente com o branco, às vezes em posições simétricas, o sentimento mais intenso dos preconceitos baseados na etnia; e, por outro lado, ocasionando um distanciamento ante as demais frações do meio de cor, dadas exatamente as distâncias sociais que os separam. Como se vê, repete-se em Florianópolis aquilo que já havia sido detectado por Florestan Fernandes em São Paulo, como ressaltamos em nossa análise. Todavia, Fernando Henrique e Ianni, mais cautelosos, não se apressaram em ver nessa contradição uma automática "alienação" do grupo negro melhorado socialmente, expondo, em conseqüência, atributos que seriam simples arremedos desse grupo social, ávido por "copiar" os padrões de comportamento e sociabilidade que seriam exclusivos dos "brancos"; encarando, assim, a luta "racial" como uma espécie de "missão" linear de todo negro ou mulato. A crítica, no caso, sairia mais radical se considerarmos que, exatamente desses grupos alçados a uma melhor posição social, com acesso à informação e à cultura, despontariam movimentos e lideranças questionadores daquela condição — a exemplo do que ocorre com os pasquins alternativos, a Frente Negra Brasileira, o Teatro Experimental e, no caso de Florianópolis, com o próprio Cruz e Sousa.

Cardoso e Ianni consideram o material empírico levantado e a descrição das situações sociais locais passíveis de legitimar certas hipóteses sobre a compreensão do contexto inter-racial, extensivas para a sociedade brasileira em geral.[186] De saída, vê-se similitude entre os padrões de contato e as formas de comportamento vigentes tanto em Santa Catarina quanto em São Paulo (descritos por Roger Bastide e Florestan Fernandes) — os autores, inclusive, procuraram intencionalmente ressaltar tal fato, certos de que isso os faria encontrar formas de comportamento sociais típicos em todo o Brasil ou, ao menos, em boa parte dele.[187] Há como que padrões de comportamento e racionalizações a respeito da escravidão (e sobre os negros), elaborados nas áreas das grandes propriedades e grande densidade de população negra, os quais se difundem para outras áreas.[188] Considera Cardoso, para o caso específico de Santa Catarina, que a ausência de um suporte material da dominação de tipo senhorial não significou um impedimento para que assim ocorresse o fenômeno, pois não era somente ao senhor que o escravo devia obrigações sem contrapartida de direitos (sic); era sobretudo ao branco que o negro as devia.[189] No Desterro, a cor da pele passa a exprimir, no pós-abolição, mais do que uma desigualdade social, uma "desigualdade natural" entre negros e brancos, mesmo quando brancos pobres — não seria essa uma mudança ideológica importante no novo contexto?

A análise do padrão de contato racial em Florianópolis de 1955, no plano vicinal, por meio de dados recolhidos pelas entrevistas com moradores dos morros, dos diversos bairros de classe média e colégios, aponta para a realidade iníqua daquele, dado o farto imaginário depreciativo que então campeia, e em ambos os lados opostos do problema. Existiam padrões étnicos diversos (religiosos, profissionais, morais), que vão erguendo as barreiras e as tensões, no caso de Florianópolis principalmente identificados quando os assuntos são a composição familiar e a presença em clubes de recreação.[190] Negros e mulatos, por sua vez, tendem a depreciar as próprias origens, a capacidade de competir, o modelo estético.[191]

NOTAS

[1] O'NEILL, Eugene. "O Imperador Jones". In: *Quatro peças*. Rio de Janeiro: Ed. Opera Mundi, 1971, pp. 86-87.

[2] Cf. PONGETTI, Henrique. "Cara ou coroa". Jornal *O Globo*, de 10/05/1945. [Nota deste autor: Àquela altura, *O Imperador Jones* já havia sido teatralizada na Broadway pelo grupo do Cherry Lane Theater, considerado de excelente nível. Destacava-se então o ator Paul Robeson, por seu poder expressivo, porte atlético, voz possante. Já Aguinaldo Camargo, também advogado e comissário de polícia no Rio de Janeiro, viria a falecer inesperada e tragicamente num acidente automobilístico, em 1952. Antes de morrer, pediu para que lhe vestissem um *smoking*.]

[3] Ver FERRARA, Míriam Nicolau. *A imprensa negra paulista (1915-1963)*. São Paulo: FFCL/USP, 1981. Dissertação de mestrado, pp. 48-53; BASTIDE, Roger. *A imprensa negra do estado de São Paulo*. São Paulo: FFCL/USP, Boletim CXXI. Sociologia, 2. Estudos Afro-brasileiros, série 2; MOURA, Clóvis. "Organizações negras".

In: São Paulo: o povo em movimento. Petrópolis: Vozes, 1980; LEITE, José Correia. *E disse o velho militante José Correia Leite; depoimentos e artigos*. São Paulo: Secretaria Muncipal de Cultura, 1992.

[4] Ver SEVCENKO, Nicolau. *O Orfeu extático na metrópole. São Paulo, sociedade e cultura nos frementes anos 20*. São Paulo: Cia. das Letras, 1992, especialmente cap. 2.

[5] Cf. LEITE, José Correia. *E disse o velho militante José Correia Leite*. Op. cit., p. 78.

[6] *Idem, ibidem*.

[7] Cf. *Idem*, pp. 83-91.

[8] Cf. *O Clarim d'Alvorada*, edição de 9 de julho de 1929.

[9] FERRARA, Míriam Nicolau. *A imprensa negra paulista (1915-1963)*. São Paulo: FFCL/USP, 1981.

[10] Ver LEITE, José Correia. *E disse o velho militante José Correia Leite; depoimentos e artigos*. Op. cit., p. 94.

[11] NASCIMENTO, Abdias. "Depoimento". *In*: Ricardo Gaspar Muller (org.). *Teatro Experimental do Negro*. Número especial, *Dionysos: Revista da Fundacen/MinC* 28, 105-120 (1988): pp. 107-109.

[12] *Idem, ibidem*.

[13] NASCIMENTO, Abdias. "Uma experiência social e estética". *In*: Abdias Nascimento (org.). *Teatro Experimental do Negro. Testemunhos* (Rio de Janeiro: GRD, 1966): pp. 122-125.

[14] _____. "A energia do inconformismo". *In*: Ricardo Gaspar Muller (org.). *Teatro Experimental do Negro*. Número especial, *Dionysos: Revista da Fundacen/MinC* 28 (1988): pp. 105-120. (*Ver também* NASCIMENTO, Abdias. "Uma experiência social e estética". *In*: Abdias Nascimento (org.). *Teatro Experimental do Negro. Testemunhos*, Op. cit., pp. 122-125.)

[15] NASCIMENTO, Abdias (org.). *O negro revoltado*. Rio de Janeiro: GRD, 1968, pp. 111-113.

[16] Cf. "Teatro Experimental do Negro". *In*: *Dionysos*, 28. Rio de Janeiro, op. cit., pp. 161-228.

[17] Cf. GARCIA, Léa. "Depoimento". *In*: Abdias Nascimento (org.). *Teatro Experimental do Negro. Dionysos*, 28. Op. cit., p. 133.

[18] Cf. SOUZA, Ruth de. "Depoimento". *In*: Abdias Nascimento (org.). *Teatro Experimental do Negro. Dionysos*, 28. Op. cit., p. 123.

[19] NASCIMENTO, Abdias. "A energia do inconformismo". *In*: Abdias Nascimento (org.). *Teatro Experimental do Negro. Dionysos*, 28: pp. 105-120 (1988). Op. cit., pp. 109-110.

[20] _____. Entrevista dada à *Folha Carioca*, em 16/08/1950. *In*: Ricardo Gaspar Muller (org.). *Teatro Experimental do Negro*. Número especial, *Dionysos: Revista da Fundacen/MinC* 28: pp. 182-185 (1988), pp. 183-184.

[21] O'NEILL, Eugene. *O Imperador Jones*. Op. cit.

[22] Cf. NASCIMENTO, Abdias (org.). *O negro revoltado*. Op. cit., pp. 111-113.

[23] _____.(org.). "Anais do I Congresso do Negro Brasileiro". *In*: *O negro revoltado*. Op. cit., pp. 121 e segs.

[24] *Idem*, pp. 114-120.

[25] *Idem*, pp. 129-130.
[26] *Idem*, pp. 59-60.
[27] *Idem*, pp. 121-122.
[28] *Idem*, pp. 123-124.
[29] *Idem*, pp. 311-334.
[30] *Idem*, pp. 335-345.
[31] *Idem*, pp. 153-164.
[32] *Idem*, pp. 155-156.
[33] *Idem*, pp. 224-231.
[34] *Idem*, pp. 237-242.
[35] *Idem*, p. 239.
[36] *Idem*, p. 269.
[37] *Idem*, p. 281.
[38] *Idem*, p. 278.
[39] *Idem*, pp. 278-282.
[40] *Idem*, pp. 285-289.
[41] *Idem*, pp. 313-334.
[42] *Idem*, pp. 323-332.
[43] *Idem*, pp. 379-380.
[44] *Idem*, pp. 401-403.
[45] Cf. *O Jornal do Brasil*, edição de 28 de fevereiro de 1996.
[46] RAMOS, Guerreiro. "Cartilha brasileira do aprendiz de sociólogo". *In*: *Introdução crítica à sociologia brasileira*. Rio de Janeiro: Ed. UFRJ, 1995, pp. 163-164.
[47] *Idem*, pp. 164-165.
[48] *Idem*, p. 166.
[49] *Idem*, pp. 167-169.
[50] *Idem*, pp. 169-190.
[51] *Idem*, p. 190.
[52] *Idem*, p. 191.
[53] *Idem, ibidem*.
[54] *Idem, ibidem*.
[55] *Idem*, p. 195.
[56] *Idem, ibidem*.
[57] *Idem*, p. 156.
[58] *Idem*, p. 197.
[59] *Idem*, pp. 198-199.
[60] RAMOS, Guerreiro. "Documentos de uma sociologia militante. Patologia social do 'branco' brasileiro". *In*: *Introdução crítica à sociologia brasileira*. Op. cit., pp. 215-222.
[61] *Idem, ibidem*.

⁶² RAMOS, Guerreiro. "Documentos de uma sociologia militante. Patologia social do 'branco' brasileiro". In: *Introdução crítica à sociologia brasileira*. Op. cit., p. 225.

⁶³ *Idem*, p. 226.

⁶⁴ *Idem*, pp. 230-231.

⁶⁵ *Idem*, p. 234.

⁶⁶ RAMOS, Guerreiro. "O problema do negro na sociologia brasileira. Cartilha brasileira do aprendiz de sociólogo". In: *Introdução crítica à sociologia brasileira*. Op. cit., pp. 164-214.

⁶⁷ _____. "Documentos de uma sociologia militante. O negro desde dentro". In: *Introdução crítica à sociologia brasileira*. Op. cit., pp. 241-248.

⁶⁸ *Idem*, p. 244.

⁶⁹ *Idem*, p. 248.

⁷⁰ NASCIMENTO, Abdias (org.). *O negro revoltado*. Op. cit., p. 62.

⁷¹ *Idem*, p. 63.

⁷² Cf. Entrevista de Irene Diggs ao jornal *Diretrizes*, em 10/02/1947. Apud NASCIMENTO, Abdias (org.). *O negro revoltado*. Op. cit., p. 71.

⁷³ Cf. Entrevista de Katherine Dunham ao jornal *Correio Paulistano*, em 16/07/1950. Apud NASCIMENTO, Abdias (org.). *O negro revoltado*. Op. cit., p. 72.

⁷⁴ NASCIMENTO, Abdias (org.). *O negro revoltado*. Op. cit., pp. 73-74.

⁷⁵ *Idem*, p. 63.

⁷⁶ _____. "Espírito e fisionomia do Teatro Experimental do Negro". In: Abdias Nascimento (org.). *Teatro Experimental do Negro. Testemunhos*. Op. cit., pp. 78-81.

⁷⁷ CASTRO, Ruy. *O anjo pornográfico. A vida de Nelson Rodrigues*. São Paulo: Cia. das Letras, 1995, p. 203.

⁷⁸ *Idem, ibidem*.

⁷⁹ NASCIMENTO, Abdias (org.). *O negro revoltado*. Op. cit., pp. 99-103.

⁸⁰ *Idem, ibidem*.

⁸¹ PINTO, Luis A. Costa. *O negro no Rio de Janeiro. Relações de raça numa sociedade em mudança*. São Paulo: Nacional, 1953.

⁸² O modelo de investigação dos *surveys*, em grande evidência na sociologia norte-americana dos anos 30 e 40, principalmente a partir da Universidade de Chicago, foi praticamente introduzido no Brasil pelo trabalho de Florestan Fernandes, à medida que muito se adequava às suas propostas de investigação dos problemas correntes em sociedade, no caso, relacionados à chamada "democracia racial". A metodologia nessa concepção, visando "conhecer o presente pelo passado", privilegia seja a adoção de critérios empíricos rigorosos de proposições de hipóteses, seja a busca da comprovação da plausibilidade e da consistência empírica das hipóteses levantadas. Nesses casos, ocupa um papel metodológico importante a realização de entrevistas e enquetes diversas junto à realidade "viva", como forma de aproximação ao "objeto" do estudo de caso, o que se dá de forma paralela à busca da reconstrução histórica que insere este mesmo "objeto" numa perspectiva diacrônica.

⁸³ NOGUEIRA, Oracy. *Tanto preto, quanto branco. Estudo de relações raciais*. São Paulo: Queiroz, 1985, pp. 1-66.

[84] *Idem*, pp. 17-18.
[85] Ver HARRIS, Marvin e KOTTAK, Conrad. "The structural significance of Brazilian racial categories". *In*: *Sociologia*, 25 (3). São Paulo, pp. 203-208.
[86] NOGUEIRA, Oracy. *Tanto preto, quanto branco. Estudo de relações raciais*. Op. cit., p. 77.
[87] *Idem*, p. 78.
[88] *Idem*, p. 79 e segs.
[89] Cf. BASTIDE, Roger e FERNANDES, Florestan. *O preconceito racial em São Paulo*. São Paulo: Instituto de Administração da USP, 1951, pp. VI-XI, XIV-XIX.
[90] *Idem*, pp. 325-326.
[91] *Idem*, pp. XII-XIX.
[92] *Idem*, p. IX.
[93] *Idem*, p. X.
[94] *Idem*, pp. 335-340.
[95] *Idem*, pp. 334-358.
[96] *Idem*, pp. 154-155.
[97] Cf. BARRETO, Afonso Henriques de Lima. *Diário íntimo*. São Paulo: Brasiliense, 1956, p. 51.
[98] COSTA, Emília Viotti da. *Da monarquia à república. Momentos decisivos*. 5ª ed. São Paulo: Brasiliense, s.d., pp. 248-255.
[99] Cf. AZEVEDO, Thales de. "Prefácio". *In*: NOGUEIRA, Oracy. *Tanto preto, quanto branco. Estudo de relações raciais*. Op. cit., p. XI.
[100] Ver, nesse sentido, HASENBALG, Carlos A. *Discriminação e desigualdades raciais no Brasil*. Rio de Janeiro: Graal, 1979, especialmente cap. II.
[101] VELHO, Gilberto. "O estudo do comportamento desviante: contribuição da antropologia social". *In*: VELHO, G. (org.). *Desvio e divergência: uma crítica da patologia social*. 4ª ed. Rio de Janeiro: Zahar, 1981.
[102] Cf. HASENBALG, Carlos A. *Discriminação e desigualdades raciais no Brasil*. Op. cit., p. 224.
[103] FERNANDES, Florestan. *A integração do negro na sociedade de classes*. 2ª ed. São Paulo: Dominus/EDUSP, v. 1, p. 15.
[104] *Idem*, pp. 69-70.
[105] *Idem*, p. 19.
[106] *Idem*, p. 20.
[107] *Idem*, p. 26.
[108] *Idem*, p. 30.
[109] *Idem*, p. 51.
[110] *Idem*, p. 157.
[111] *Idem*, p. 85.
[112] *Idem*, pp. 161-163.
[113] *Idem*, p. 174.

[114] *Idem*, pp. 93-94.
[115] *Idem*, pp. 95-97.
[116] *Idem*, pp. 164-173.
[117] *Idem*, p. 232.
[118] *Idem*, p. 234.
[119] *Idem*, p. 249.
[120] *Idem, ibidem*.
[121] LEITE, José Correia. *E disse o velho militante José Correia Leite; depoimentos e artigos*. Op. cit., p. 122.
[122] *Idem*, pp. 17-53.
[123] Ver, por exemplo, BASTIDE, Roger. *A poesia afro-brasileira*. São Paulo: Martins, 1943; *Psicanálise do cafuné e estudos de sociologia estética brasileira*. Curitiba: Ed. Guaíra, 1941; *Sociologie du theâtre negre brésilien*. São Paulo: Revista dos Tribunais, 1974; *O suicídio em São Paulo segundo a cor*. São Paulo: USP, 1953; *As Américas negras*. São Paulo: Difel, 1974; *Estudos afro-brasileiros*. São Paulo: Perspectiva, s.d.; "Estereótipos de negros através da literatura brasileira". In: *O negro na imprensa e na literatura*. São Paulo: ECA/USP, Série Jornalismo, 1972.
[124] BASTIDE, Roger. "A imprensa negra em São Paulo". In: *O negro na imprensa e na literatura*. São Paulo: Escola de Comunicação e Artes/USP, Série Jornalismo, 1972, pp. 73-74.
[125] *Idem*, p. 74.
[126] Nos pós-I Guerra, até 1930, destacam-se os jornais: *O Menelick, Princeza do Oeste, O Alfinete, O Bandeirante, A Liberdade, A União, Getulino, O Kosmos, O Clarim d'Alvorada, Tribuna Negra*.
[127] BASTIDE, Roger. *A imprensa negra em São Paulo*. Op. cit., p. 76.
[128] BASTIDE, Roger. "Estereótipos de negros através da literatura brasileira". In: *Estudos afro-brasileiros*. Boletim de sociologia, 3. São Paulo: FFLCH/USP, 1953, p. 10.
[129] *Idem*, pp. 11-12.
[130] Veja-se, por exemplo, QUEIROZ JÚNIOR, Teófilo de. *Preconceito e a mulata na literatura brasileira*. São Paulo: Ática, 1975; BROOKSHAW, David. *Raça e cor na literatura brasileira*. Porto Alegre: Mercado Aberto, 1983; RABASSA, Gregory. *O negro na ficção brasileira*. Rio de Janeiro: Tempo Brasileiro, 1965; SAYERS, Raymond. *O negro na literatura brasileira*. Rio de Janeiro: Edições Cruzeiro, 1958; CAMARGO, Oswaldo. *O negro escrito*. São Paulo: Imprensa Oficial do Estado, 1987; GOMES, Heloisa Toller. *O negro e o romantismo brasileiro*. Rio de Janeiro: Atual, 1988.
[131] SOUSA, João Cruz e. "Livre". In: *Obras*. Tomo I. São Paulo: Edições Brasil, 1943, p. 15.
[132] BASTIDE, Roger. *Poetas do Brasil*. Curitiba: Guaíra, s.d., p. 536.
[133] _____. *As religiões africanas no Brasil*. São Paulo: Pioneira, 1971, p. 536.
[134] *Idem*, p. 537.
[135] *Idem*, p. 538.

[136] *Idem*, p. 18.
[137] *Idem*, pp. 21-22.
[138] *Idem*, pp. 22-23.
[139] *Idem*, p. 96.
[140] *Idem*, pp. 97-98.
[141] *Idem*, pp. 100-101.
[142] *Idem*, p. 102.
[143] *Idem,* pp. 106-107.
[144] Ver MEIRELES, Mário. *Gonçalves Dias e Ana Amélia*. São Luís: s. ed., 1984.
[145] Entrevista de João Conceição ao jornal *Última Hora*. *Apud* PINTO, Luis A., Costa. *O negro no Rio de Janeiro. Relações de raça numa sociedade em mudança.* Op. cit., p. 331.
[146] Cf. MERRIC, Thomas e GRAHAM, Douglas H. *População e desenvolvimento econômico no Brasil*. Rio de Janeiro: Zahar, 1981, p. 126.
[147] Cf. IBGE. Censo demográfico de 1940. *Apud* HASENBALG, Carlos A. *Discriminação e desigualdades raciais no Brasil*. Op. cit., p. 286.
[148] Cf. PINTO, Luis A.Costa. *O negro no Rio de Janeiro. Relações de raça numa sociedade em mudança*. Op. cit., p. 74.
[149] *Idem*, p. 77.
[150] *Idem*, p. 29.
[151] MOURA, Roberto. *Cartola. Todo o tempo que eu viver*. Rio de Janeiro: Corisco Ed., 1988, p. 22.
[152] *Idem, ibidem.*
[153] Cf. PINTO, Luis A. Costa. *O negro no Rio de Janeiro. Relações de raça numa sociedade em mudança*. Op. cit., p. 136.
[154] *Idem*, p. 137.
[155] *Idem*, pp. 116-123.
[156] *Idem*, p. 159.
[157] *Idem*, pp. 170-226.
[158] SANTOS, Afonso Carlos Marques dos (coord.). *O Rio de Janeiro de Lima Barreto*. Rio de Janeiro: Secretaria Municipal de Educação e Cultura/Ed. Rio Arte, 1983. V. I, p. 21.
[159] SANTOS, Joel Rufino dos. "Sociedade e problema racial na obra de Lima Barreto". *In*: SANTOS, Afonso Carlos Marques dos (coord.). *O Rio de Janeiro de Lima Barreto*.V. II. Op. cit., pp. 37-47.
[160] IBGE. Censo demográfico de 1890.
[161] MORA, Roberto. *Tia Ciata e a pequena África no Rio de Janeiro*. Rio de Janeiro, 1983, pp. 64-65.
[162] *Idem*, p. 69.
[163] *Idem*, p. 60.
[164] Depoimento. "Cartola, os tempos idos". *Apud* MOURA, Roberto. *Cartola. Todo o tempo que eu viver*. Op. cit., pp. 73-74.

[165] "Acontece". Poesia e música de Cartola. *Apud História da música popular brasileira. Grandes compositores.* São Paulo: Abril Cultural, 1982.

[166] Depoimento de Cartola ao jornal *Correio da Manhã*, de 20/10/1964. *Apud* MOURA, Roberto. *Cartola. Todo o tempo que eu viver.* Op. cit., p. 111.

[167] Depoimento de Euzébia Silva do Nascimento, a Zica. Arquivo Corisco Filmes, 1981. *Apud* MOURA, Roberto. *Cartola. Todo o tempo que eu viver.* Op. cit., pp. 110-111.

[168] Depoimento de Cartola ao jornal *Correio da Manhã*, de 20/10/1964. *Apud* MOURA, Roberto. *Cartola. Todo o tempo que eu viver.* Op. cit., p. 111.

[169] Depoimento de Cartola. Arquivo Corisco Filmes, 1973. *Apud* MOURA, Roberto. *Cartola. Todo o tempo que eu viver.* Op. cit., p. 13.

[170] PINTO, Luis A. Costa. *O negro no Rio de Janeiro. Relações de raça numa sociedade em mudança.* Op. cit., pp. 313-318.

[171] *Idem*, p. 333.

[172] *Idem*, p. 339.

[173] *Idem, ibidem.*

[174] *Idem*, pp. 337-339.

[175] CARDOSO, Fernando Henrique e IANNI, Otávio. *Cor e mobilidade social em Florianópolis.* São Paulo: Nacional, 1960, p. XIV.

[176] Cf. BASTIDE, Roger e FERNANDES, Florestan. *O preconceito racial em São Paulo.* São Paulo: Instituto de Administração da USP, 1951.

[177] CARDOSO, Fernando Henrique e IANNI, Otávio. *Cor e mobilidade social em Florianópolis.* Op. cit., pp. 25-26.

[178] *Idem*, p. 72.

[179] *Idem*, p. 77.

[180] *Idem*, p. 81.

[181] *Idem*, pp. 92-93.

[182] *Idem*, pp. 114-115.

[183] *Idem*, pp. 114-115.

[184] *Idem, ibidem.*

[185] *Idem*, p. 140.

[186] *Idem*, p. 146.

[187] *Idem, ibidem.*

[188] *Idem*, p. 147.

[189] *Idem*, p. 149.

[190] *Idem*, p. 155-190.

[191] *Idem*, pp. 211-226.

CAPÍTULO III

Entre Orfeu e Xangô

1. CENTRO DA CENA: O PRETO NÃO É O BRANCO PINTADO

Platão, por meio do diálogo entre Sócrates e seu discípulo Glauco, oferece-nos uma alegoria coincidentemente adequada para estabelecermos um paralelo com a trajetória histórico-sociológica do negro no Brasil e no mundo moderno. Trajetória, de uma parte, situada entre mais de três séculos de escravidão, segregacionismos, preconceitos, discriminações — período no qual o negro foi mais "visto" pelo "branco" do que o inverso; e, de outra parte, caracterizada pela complexa tarefa da tomada de consciência dessa mesma condição de opressão na contemporaneidade. Se não, vejamos.

    Sócrates pede a Glauco que imagine nossa natureza, segundo o grau de educação que ela recebeu ou não, de acordo com o seguinte quadro. Imagine, pois, homens que vivem em uma espécie de morada subterrânea em forma de caverna. A entrada se abre para a luz, em toda a largura da fachada. Os homens estão no interior desde a infância, acorrentados pelas pernas e pelo pescoço, de modo que não podem mudar de lugar nem voltar a cabeça para ver algo que esteja diante deles. A luz lhes vem de um fogo que queima por trás deles, ao longe, no alto. Entre os prisioneiros e o fogo, há um caminho que sobe. Imagine que esse caminho seja cortado por um pequeno muro, semelhante ao tapume que os exibidores de marionetes dispõem entre eles e o público, acima do qual manobram as marionetes e apresentam o espetáculo.

    Glauco, prontamente, entende o cenário.

    Sócrates continua:

Então, ao longo desse pequeno muro, imagine homens que carregam todo tipo de objetos fabricados, ultrapassando a altura do muro: estátuas de homens, figuras de animais, de pedra, madeira ou qualquer outro material. Provavelmente, entre os carregadores que desfilam ao longo do muro, alguns falam, outros se calam.

Obviamente, Glauco estranha o descrito e, sobretudo, a condição dos prisioneiros.

Eles são semelhantes a nós — diz Sócrates. — Primeiro, pensas que, na situação deles, eles tenham visto algo mais que as sombras de si mesmos e dos vizinhos, que o fogo projeta na parede da caverna à sua frente? Então — conclui Sócrates —, se eles pudessem conversar, não achas que, nomeando as sombras que vêem, pensariam nomear seres reais? E se, além disso, houvesse um eco, vindo da parede diante deles, quando um dos que passam ao longo do pequeno muro falasse, não achas que eles tomariam essa voz pela sombra que desfila à sua frente? Assim sendo, os homens que estão nessas condições não poderiam considerar nada como verdadeiro, a não ser as sombras dos objetos fabricados.

Vê agora o que aconteceria se eles fossem libertados de suas correntes e curados de sua desrazão. Tudo não aconteceria naturalmente como vou dizer? Se um desses homens fosse solto, forçado subitamente a levantar-se, a virar a cabeça, a andar, a olhar para o lado da luz, todos esses movimentos o fariam sofrer; ele ficaria ofuscado e não poderia distinguir os objetos, dos quais via apenas as sombras, anteriormente. Na tua opinião, o que ele poderia responder se lhe dissessem que, antes, ele só via coisas sem consistência, que agora ele está mais perto da realidade, voltado para objetos mais reais, e que ele está vendo melhor? O que ele responderia se lhe designassem cada um dos objetos que desfilam, obrigando-o, com perguntas, a dizer o que são? Não pensas que ele ficaria embaraçado e que as sombras que ele via antes lhe pareceriam mais verdadeiras do que os objetos que mostram a ele agora? E se o forçassem a olhar a própria luz, não pensas que os olhos lhe doeriam, que ele viraria as costas e voltaria para as coisas que pode olhar, e que as consideraria verdadeiramente mais nítidas que as coisas que lhe mostram?

Glauco não tem nenhuma dúvida a respeito disso.

E se o tirassem de lá à força, se o fizessem subir o íngreme caminho montanhoso, se não o largassem até arrastá-lo para a luz do Sol, ele não sofreria e se irritaria ao ser empurrado para fora? E, chegando à luz, com os olhos ofuscados pelo seu brilho, não seria capaz de ver nenhum desses objetos, que nós afirmamos agora serem verdadeiros.

É preciso — continua a argumentação de Sócrates — que ele se habitue, para que possa ver as coisas do alto. Primeiro, ele distinguirá mais facilmente as sombras; depois, as imagens dos homens e dos outros objetos refletidas na água; depois, os próprios objetos. Em segundo lugar, durante a noite, ele poderá contemplar as constelações e o próprio céu, e voltar o olhar para a luz dos astros e da Lua, mais facilmente que durante o dia para o Sol e para a luz do Sol. Finalmente, ele poderá contemplar o Sol, não o seu reflexo nas águas ou em outra superfície lisa, mas o próprio Sol, no lugar do Sol, o Sol tal como ele é. Depois disso, ele poderá raciocinar a respeito do Sol, concluir que é ele que produz as estações do ano e os anos, que ele governa tudo no mundo visível, e que ele é, de algum modo, a causa de tudo o que ele e seus companheiros viam na caverna.

Nesse momento — pergunta Sócrates a Glauco —, se ele se lembrar de sua primeira morada, da ciência que ali possuía e de seus antigos companheiros, não achas que ele ficaria feliz com a mudança e teria pena deles?

Quanto às honras e aos louvores que eles se atribuíam mutuamente outrora, quanto às recompensas concedidas àquele que fosse dotado de uma visão mais aguda para discernir a passagem das sombras na parede, e de uma memória mais fiel para se lembrar com exatidão daquelas que precedem certas outras ou que lhes sucedem, as que vêm juntas, e que, por isso mesmo, era o mais hábil para conjecturar a que viria depois, achas que nosso homem teria inveja dele, que as honras e a confiança assim adquiridas entre os companheiros lhe dariam inveja? Ele não pensaria, antes, como o herói de Homero, que mais vale "viver como escravo de um lavrador", e suportar qualquer provação, do que voltar à visão ilusória da caverna e viver como se vive lá?

— Ele aceitaria qualquer provação para não viver como se vive lá! — concorda enfaticamente Glauco.

— Reflete ainda nisso: supõe que esse homem volte à caverna e retome seu antigo lugar. Desta vez, não seria pelas trevas que ele teria os olhos ofuscados, ao vir diretamente do sol? E se ele tivesse que emitir de novo um juízo sobre as sombras e entrar em competição com os prisioneiros que continuaram acorrentados, enquanto sua vista ainda está confusa, quando seus olhos ainda não se recompuseram, enquanto lhe deram um tempo curto demais para se acostumar com a escuridão, ele não ficaria ridículo?

Os prisioneiros não diriam que, depois de ter ido até o alto, voltou com a vista perdida, que não vale mesmo a pena subir até lá? E se alguém tentasse retirar seus laços, fazê-los subir, acreditas que, se pudessem agarrá-lo e executá-lo, não o matariam?[1]

Eximindo-nos de especular sobre o fundo filosófico idealista contido na concepção platônica, segundo a qual, nos últimos limites do mundo inteligível, aparece a idéia do Bem como causa de tudo que há de belo e reto, fiquemos unicamente com a mensagem suposta na parábola da caverna, quando sugere a trajetória possível rumo ao entendimento de uma condição social.

Façamo-lo junto ou por meio do Teatro Experimental do Negro, quando este polemiza o dilema racial, exorcizando-o pela encenação de peças temáticas. Estas, escritas em torno daqueles anos de atuação do TEN, dispunham dos mesmos paradigmas culturais com os quais se lidava com a questão em outras áreas do conhecimento e ação social, já anteriormente vistas neste trabalho. Expunham, assim, os mesmos avanços e perplexidades com que a sociedade podia enfrentar seu drama. Habitava-se, pois, em igual caverna subterrânea. Pelo mesmo muro, assemelhado ao tapume dos exibidores de marionetes, desfilava para aquelas peças o espetáculo social dos homens, cujas sombras eram projetadas pela luz do fogo na parede da caverna à frente dos prisioneiros. Vamos, então, dar a palavra àqueles que falam, uns nomeando as sombras como seres reais, outros curando-se de sua desrazão, ao terem podido sair daquele lugar lúgubre, vendo a nova realidade ainda embaçada, sem distinguirem com nitidez o que permanecia ilusão e o que eram as coisas como naturalmente são. Desçamos, pois, aos infernos.

Ainda uma advertência. Vamos a essa empreitada sutil e perigosa — tantas são as armadilhas do caminho — preocupados apenas com uma das imagens ideológicas possíveis, embora, certamente, das mais importantes do cenário: a do branqueamento. Isto é, imaginemos que o negro somente tenha um "outro", que o acompanharia inseparável, conviveria diuturnamente em seu sonho e vigília, esmagaria seu projeto pessoal, causando-lhe amor e ódio; sendo, ao mesmo tempo, seu inverso e semelhança. Finalmente — é preciso dizer em tempo —, pesa sobre nossa cabeça o mesmo vaticínio feito a Orfeu, o músico: para buscar Eurídice, torna-se necessário não olhar para trás!, visto que se trata de uma descida ao fundo de si mesmo. Rolar pelo chão, tal qual um possuído do próprio eu, cantar as cóleras, os pesares ou abominações, exibir as pragas, a vida dilacerada entre a "civilização" e o velho fundo negro; falar apenas de si, para falar a todos os negros — numa paráfrase de Jean-Paul Sartre.[2]

Esperamos que boa parte do que se vai dizer aqui não necessite de tantas explicações complementares. Confiamos ainda mais na sensibilidade do leitor, como forma de interagir com o texto. Além do mais, este é o tipo de assunto que necessita ficar em aberto, subentendido, sob o risco do livre-arbítrio. A autenticidade aqui é a única opção.

Passaram-se nove anos. Outro entardecer de fim de primavera. O Sol se pôs e escurece com rapidez. Nada sofreu maiores mudanças. Na mesma esquina, uma das ruas segue exclusivamente ocupada por brancos; na outra, somente negros. Os rumores da cidade são agora mais ritmicamente mecânicos, tendo a eletricidade substituído os cavalos e o vapor. Passam gentes, brancas e negras.

Mickey (Voltando-se para Jim) — *Os negros, digo diretamente! O mal é que em ti o orgulho está a subir à cabeça! Isso é o que é! Fica no lugar que te corresponde... me ouves? Teu pai fez dinheiro com os caminhões no porto, e tu estás tratando de comparar-te aos brancos... com essa graduação e teus estudos de advocacia... Vá, homem! Estás criando dificuldades com todo o bairro... e não é porque és negro, de modo algum. Não. Assim tens o Joe e tantos mais, que andam por todas as partes com o bando. Porém, tu estás tratando de comparar-te aos brancos, e com isso não conseguirás ir a lugar algum!*

Jim (Com receio) — *Boa-tarde, Ella.*

Ella (Laconicamente, voltando-lhe as costas) — *Boa-tarde. (A Mickey) Vamos, Mick. Vem comigo. Estou impaciente.*

Jim (Resolvendo-se a falar) — *Espera... um momento, nada mais. (Penosamente) Ella... Tu odeias as gentes de cor?*

Ella (Com riso forçado) — *Olha! O que é isto?... Outro exame?*

Jim (Teimosamente) — *Contesta-me, por favor.*

Ella (Com irritação) — *Claro que não! Acaso não fui educada na companhia de negros?... Algumas de minhas velhas amigas... de minhas condiscípulas de anos...*

Jim — *Então... por que não me dirigistes a palavra... durante anos?*

Ella — *De que querias que falasse? Entre nós, não existe nada em comum.*

Jim (Com desespero) — *Pode ser que assim seja... porém... não te recordas, que uma vez... precisamente nesta mesma esquina...?*
Ella — *Não, não lembro! (Com fastio) Olha! Quem te dá o direito de te meter repentinamente em meus assuntos? Te haverá marcado esta graduação que finalmente lograste?*

Ella é dessas mulheres perdidas na vida, confusa, sem profissão definida, vivendo de amores vãos, a exemplo de Mickey, um escroque. Com este, finalmente tivera uma criança, que faleceu ainda no primeiro ano de vida, sem que dela o pai sequer tomasse conhecimento — acabando, de uma vez por todas, com as ilusões românticas de Ella. Restara-lhe o negro Jim, colega fortuito de adolescência, vizinho de bairro. Jim formara-se na *high-school*, entrara para um curso de Direito que nunca concluía, obcecado pela idéia de ser um advogado e concursar-se a juiz. Mantivera todos esses anos uma paixão secreta por Ella, misto, esta sim, de amor e nostalgia de querer confundir-se com o branco. Vejamos até onde podem levar as visões de mundo deterioradas pelo racismo que acompanha a vida de ambos. Insistimos que tais idiossincrasias só podem, em toda a crueza, ser captadas pelo discurso da arte, no caso teatral. Mais do que as ciências sociais, a literatura, em sua forma específica de apreender o real, pode submeter à crítica os valores, hábitos, tensões, a estética da paixão e da morte, contidos no social. Muito embora confirme, em vários aspectos, o entrelaçamemto dos discursos possíveis do social, transforma-se a criação literária em lugar estratégico e privilegiado de onde se podem avaliar ângulos e características insuspeitos, ao pôr sob foco, no caso, o questionamento da cultura das relações inter-raciais, descritas e perquiridas nos interstícios dos sentimentos e das emoções. Exatamente por não estar tão contingenciada à realidade social por rigores de teoria e método, e atuar com ampla liberdade no espaço da sensibilidade, da ética e das possibilidades do vir-a-ser, desfruta a literatura do poder de descer às sutilezas existenciais, descritas entre a intenção e o gesto, tão elucidadoras das peculiaridades dos arquétipos e estereótipos dos preconceitos ditos "raciais".

A mesma esquina, cinco anos depois.
Jim — *Tenho notícias da faculdade. Voltei a fracassar...*
Ella — *Pobre Jim...*
Jim — *Não te apiedes de mim. Sinto ganas de dar-me pancadas. Cinco anos... e todavia sigo empatado onde se deve estar aos dois.*

Ella — Depois de tudo... que significa ser advogado?

Jim — Muito... Para mim... ao menos. (Apaixonadamente) Olha. Se eu fosse agora membro do fórum, Ella, creio que isto teria valor para...

Ella — Para quê?

Jim — Nada. (Depois de uma pausa, titubeando) Não saberia explicá-lo bem... porém, isso dói como se tivesse fogo nas entranhas. Fere-me em meu orgulho. Juraria que sei mais que nenhum outro de minha classe. É natural. Estudo muito, trabalho de um modo endiabrado, levo tudo na cabeça... Sei tudo e de tudo me lembro. Porém, quando me apresento aos exames... quando me paro defronte à mesa... vejo estes rostos brancos que me olham... e sinto a mirada de seus olhos... ouço que minha própria voz soa de um modo tenebroso... e, repentinamente, tudo se esfuma de meu cérebro... esqueço tudo... e me ouço balbuciar... e termino por renunciar a meus esforços... e por voltar a sentar-me... Eles não riem, quase nunca riem. São bons. São boa gente. (Com desvario) São indulgentes, malditos sejam! Porém, sinto-me marcado!

Ella — Pobre Jim.

Jim (Prosseguindo penosamente) — O mesmo sucede nos exames escritos. Estudo toda noite durante semanas inteiras antes da prova. Não poderia dormir, de todo modo. Tudo estudo, revejo, entendo. Logo, dão-me o papel na sala de exames. Olho para ele, e volto a olhar... conheço todas as respostas... perfeitamente. Tomo a caneta. Por todos os lados, há homens brancos que começam a escrever. Estão tão seguros de si mesmos... até quem — me consta — nada sabe... Porém, eu, que sei toda a matéria... nada posso recordar já... tudo se desvanece... se esfuma... desaparece. Em meu cérebro há um vazio... me sinto idiotizado... me caio estupidamente imóvel, tratando de recordar um pouco disso, um pouco daquilo... porém, o que recordo não basta para aprovar... não basta para nada... quando sei tudo!

Ella (Piedosamente) — Jim. Não vale a pena. Não necessitas...

Jim — Necessito como ninguém necessitou algo no mundo. Necessito para viver.

Ella — És tão superior a eles em todos os demais sentidos...

Jim (Olhando-a) — De modo que... compreendes?

Ella — Claro que sim. (Afetuosamente) Acaso não sei o quão bom hás sido comigo? És o único homem do mundo que ficou a meu lado... o único a ser compreensivo... e isso depois de haver-te tratado tão iniquamente... (Toma-lhe as mãos) Para mim, tu foste branco, Jim.

Jim — Branco... para ti! Todo amor é branco. Eu a tenho amado sempre. *(Diz isso com a mais profunda humildade.)*
Ella — Ainda agora... depois de todo o ocorrido!
Jim — Sempre.
Ella — Te quero, Jim... te quero mais que tudo.
Jim — Isto é mais do que suficiente, mais do que nunca esperei. *(Eles de mãos dadas)* Queres casar-te comigo algum dia, Ella?
Ella — Sim, Jim.
Jim — Sim! Sim! Iremos ao estrangeiro... onde um homem é um homem... onde não se fazem essas diferenças... onde a gente é boa e sabe ver a alma debaixo da pele. Não te peço que me ames... Não me atrevo a pedir-te semelhante coisa! Nada pretendo... Só esperar... saber que sentes afeto por mim... que estou a teu lado... para proteger-te... para não deixar-te sofrer mais... para servir-te... para estender-me a teus pés como um cão que te ama... e acercar-me junto a teu leito como uma babá que vela teu sono... e proteger-te e preservar-te e escudar-te do mal e da dor... e dar minha vida e meu sangue e todas as minhas forças para brindar-te a paz e a alegria... e converter-me em teu escravo negro que te adora como a uma santa! *(Deixa-se cair de joelhos. Em um frenesi de abnegação, quando diz estas últimas palavras, golpeia a cabeça contra o chão.)*

Esta adaptação mais ou menos livre que aqui fazemos da peça de Eugene O'Neill, *Todos os filhos de Deus têm asas*,[3] e que foi encenada pelo Teatro Experimental do Negro, em 1946, no Teatro Fênix, do Rio de Janeiro, sob a direção de Aguinaldo Camargo, tendo Abdias Nascimento no papel de Jim e Ruth de Souza interpretando Hattie, revelaria características bem singulares do racismo como ele ocorre nos Estados Unidos da América — obviamente, na própria percepção de O'Neill. Todavia, na virtual ausência de peças nacionais que exorcizassem o tema, como já foi por nós enfatizado no capítulo anterior, o TEN viu-se obrigado a se socorrer de textos estrangeiros, no caso, recorrendo ao laureado autor, prêmio Nobel em 1936, que emprestaria, pessoalmente, seu aval à iniciativa do TEN no Brasil.[4] Destarte, como se defendia no TEN, o racismo possuía algumas características universais, partindo todos os casos nacionais, mais ou menos singulares, da mesma matriz: a diáspora negro-africana, a "superioridade racial" do branco, a assimilação ou aculturação deformadoras, a interiorização de complexos — o que justificaria, plenamente, a seus olhos, a escolha. Com efeito, do contraste das situações eventualmente díspares, muitas lições poderiam ser aprendidas para o exemplo brasileiro, prestando-se a uma reflexão profunda, jamais vista em nosso teatro, sobre como se processava e, sobretudo, quais as seqüelas deixadas por essa "cultura", tanto nos negros quanto nos brancos.

Dois anos depois do momento anteriormente descrito, Jim e Ella, já casados, vêm visitar a família do esposo. Momentos de tensão, extremamente ricos do ponto-de-vista das relações raciais, são então expostos por O'Neill, de forma, convenhamos, intransferível. Vejamos, pois, como se sucede o encontro e observemos o desfecho possível de uma situação dessas. Descreve, então, o autor o lugar onde se daria o ato derradeiro.

> *Um quarteirão dos melhores do bairro negro, próximo à esquina do primeiro ato. A ação se desenrola na sala de estar. O mobiliário dá a impressão de uma estranha mistura. Os móveis velhos ostentam adornos baratos, ingênua e infantilmente aberrantes. Os móveis novos, um gosto diametralmente oposto, severo até o limite do sombrio. De uma parede pende, em pesada moldura de ouro, um retrato em cores: o de um negro de avançada idade, de rosto inteligente e desperto, porém com as insígnias de uma loja maçônica exótica, que ostenta ademais medalhas, faixas e um tricórnio com encaixes. O conjunto causa em geral um efeito tão absurdo como o de um uniforme completo de um marechal napoleônico. No canto esquerdo, onde ilumina a luz que chega pela janela, está pendurada uma máscara africana negra primitiva do Congo, de grotesco rosto, que inspira sombrias e obscuras sugestões, porém belamente pintada e concebida com autêntico espírito religioso. Nesse aposento, contudo, a máscara ocupa um relevo arbitrário. Destaca-se mercê de um acento diabólico que impõe o contraste. (...) A sra. Harris está sentada em uma cadeira de balanço, junto à mesa. Seu ar é suave e doce, seu cabelo branco, conta 65 anos de idade e veste seu melhor trajo dominical. A irmã de Jim e filha da senhora Harris, Hattie, passeia nervosamente pela habitação. É uma mulher de uns trinta anos, de rosto sensível e desafiante, de cabeça inteligente que revela a um tempo força e valor. Veste-se de um modo severo, masculino.*
>
> *Bela manhã de primavera. O Sol entra pelas janelas da esquerda.*
> *Sra. Harris — Já deviam ter chegado... Não é verdade?*
> *Hattie (Impaciente) — Sim.*

Sra. Harris *(Com ar preocupado)* — *Imagino que não provocarás um escândalo... como o que fizestes antes do casamento de Jim?*
Hattie — *Não. O feito, feito está.*
Sra. Harris — *Não devemos deixá-la adivinhar que temos rancor... pela desgraça que sucedeu com um boxeador de três ao quatro.*
Hattie — *Isso nunca me importou. Se algo me revolta, é que tenha impulsionado Jim a ruir, a abandonar a luta...!*
Sra. Harris — *Jim deve amá-la muitíssimo.*
Hattie *(Depois de uma pausa, amargamente)* — *O que me pergunto é se ela ama Jim!*
Sra. Harris — *Deve amá-lo, também. Sim. Deve amá-lo. Duvidas, por acaso, que não deva ser penoso para ela... muito... muito penoso... mais penoso para o branco do que para o negro?*
Hattie *(Indignada)* — *Por que haveria de sê-lo?*
Sra. Harris *(Balançando a cabeça)* — *Não falo de "haveria". É demasiado tarde para isso. Há um só "haveria". Brancos e negros não deveriam ter se juntado. Há um caminho pelo qual vão os brancos e outro pelo qual vão os negros...*
Hattie — *Sim... Isso se nos quisessem deixar em paz!*
Sra. Harris — *A teu pai deixaram em paz. Foi progredindo até possuir sua própria empresa, muito dinheiro no banco, sua casa própria, antes de morrer. (Olha orgulhosamente o retrato. Hattie suspira com impaciência. Logo, sua mãe prossegue.) Também a mim os brancos me deixaram em paz. Trouxe quatro filhos ao mundo, dois morreram, vocês sobreviveram e os ajudei a crescer fortes e bonitos e a obter educação e comodidade...*
Hattie *(Impaciente)* — *Mamãe!*
Sra. Harris — *Cumpri com o dever de que Deus me incumbiu neste mundo! Eles me deixaram em paz. O mundo mudou. Nada satisfaz às pessoas.*
Hattie — *Oh! (Depois de uma pausa) Estarão aqui de um momento para outro.*
Sra. Harris — *Por que não foste esperá-los no porto, como te pedi?*
Hattie — *Não pude. Meu rosto e o de Jim entre as centenas de rostos brancos... (Com risada áspera) Isso daria a ela demasiada vantagem!*

No Brasil, a avaliação rotineira da existência do ódio como fenômeno tipicamente norte-americano, absolutamente alheio à nossa realidade, tem comumente ressaltado, entre os mitos mais difundidos da democracia racial, o fenômeno oposto e igualmente falso: o de que entre nós não haveria o preconceito e a discriminação. Ora, esse mecanismo do imaginário impede que retiremos lições daquela realidade e possamos, no contraste, perceber muitas das peculiaridades do racismo em nossa própria sociedade — a exemplo do que realiza essa experiência dramática do TEN. De nossa parte, estamos cada vez mais convencidos de que, por aqui, o racismo tem sua importância medida ao atuar como componente estrutural de uma cultura atrelada à defesa dos privilégios de classe, segmentos de classe, estratos ou camadas sociais. Assim, desde que esses privilégios, vantagens e o poder correspondente estejam assegurados aos considerados "brancos", é possível que o ódio virtual se dilua em uma série de atitudes e representações que descambam para a hipocrisia, a compaixão piegas, a covardia velada, o deboche, a indiferença, contraditoriamente podendo ir ao amor sincero, à simpatia, à solidariedade e à aceitação verdadeiras. Eis a balança em que pende — socialmente — nosso nó górdio! Não obstante, ainda no plano existencial das relações pessoais — se ficarmos até aí restritos —, a situação dessa contingência no Brasil tem muito daquilo que ocorre nos Estados Unidos, malgrado diferenças de grau substanciais. Quem, entre nós, não conhece um caso de amor frustrado por conta do preconceito de cor?

O mesmo cenário, um ano depois. O Sol acaba de pôr-se. O crepúsculo primaveril projeta uma luz vaga e acinzentada sobre a habitação, fazendo ressaltar a máscara do Congo junto à janela. As paredes dão a impressão de haverem se estreitado, o teto baixo parece roçar a cabeça das personagens, os móveis e os objetos parecem magnificamente enormes. Os livros de Direito estão amontoados em duas grandes pilhas, em ambos os lados da mesa. Ella entra pela direita, com a faca de trinchar na mão. Emagreceu de forma lamentável e seu rosto parece esgotado, porém em seus olhos brilha uma louca energia, seus movimentos são repentinos e elásticos. Percorre furtivamente com o olhar a habitação, adianta-se e se detém frente à máscara do Congo, os braços em jarra, a atitude transbordando, em frenética zombaria, medo e desafio ao mesmo tempo. Veste agora um roupão vermelho, sujo e roto, e está descalça.

Ella — Me rirei de ti, espera e verás! (Em tom confidencial) Ele crê que eu estava dormindo! Chamou-me... "Ella... Ella"... porém eu simulei roncar. Enganei-o admiravelmente. (Ri, com rouco risinho) Foi a primeira vez que se atreveu a deixar-me só desde vários meses. Eu queria falar contigo todos os dias, porém esta é a primeira oportunidade... (Com súbita violência, brandindo a faca). Que é isso de fazer caretas, negro obsceno? Como te atreves a me fazer caretas? Parece-me que esqueceste o que és! Isso é o que se passa sempre. Porque uma é boa contigo, porque uma te trata decentemente, te sobem de repente os louros à cabeça, crês ser alguém e te dás importância... Vamos! Sim, agora não se pode andar pela rua sem se ver carvões, carvões por toda parte!... Rondando, sorrindo, fazendo caretas, indo ao colégio, querendo passar por brancos... prestando exames... (Detém-se, atraída por esta palavra. Logo diz bruscamente) É ali onde foi ele... à caixa de correios... para ver se há alguma carta da Faculdade... comunicando-lhe que... Porém... por que tarda tanto? (Chama) Jim! (Com um soluço de terror) Pode ser que o hajam aprovado! Pode ser que o hajam aprovado! (Em um acesso de frenesi) Não! Não! Não pode ser! Eu o mataria! Mataria a mim mesma! (Ameaçando a máscara do Congo) És tu quem tem a culpa disso! Sim, tu. (Suplicante) Porém... por que queres fazer-nos isso? Que te fiz de mal? Que tens contra mim? Acaso não me casei contigo? Por que não o deixas em paz, a Jim? Por que não o deixas ser feliz comigo? Por que não me deixas ser feliz? Acaso Jim não é branco... o homem mais branco que jamais existiu? Por que te interpões entre nós? Negro! Negro! Negro como a terra! Tu me envenenaste! Não posso lavar-me para recuperar minha limpeza! Oh! Eu te odeio! Eu te odeio! Por que não deixas que Jim e eu sejamos felizes? (Desaba na cadeira, os braços estendidos sobre a mesa. A porta que dá ao vestíbulo se abre suavemente e aparece Jim. Seus olhos insones e injetados em sangue estão profundamente abatidos. Todo seu aspecto reflete um enevoado entorpecimento. Leva na mão uma carta aberta.)

Jim *(Ao ver Ella, com voz de mortal abatimento)* — Querida... Acreditava que estivesses dormindo.

Ella *(Sobressalta-se, voltando-se em sua cadeira)* — Que se passa? Recebeste... recebeste uma carta?

Jim *(Voltando-se para fechar a porta detrás de si)* — Da mesa examinadora da Faculdade de Direito do Estado de Nova York... do país predileto de Deus! *(Jim pronuncia estas últimas palavras com uma risada de piedade irônica.)*

Ella *(Levantando-se de um salto como um animal selvagem, com ódio e temor)* — Não... não... não te lograram aprovar, verdade?

Jim *(Olhando-a, com o rosto desfigurado)* — Aprovado? Aprovado? *(Começa a rir entre as frases, com uma rica e sonora gargalhada de negro, desoladora em sua brincadeira sofrida.)* Santo Deus, pequena! Como te *ocorre semelhante loucura? O negro Jim Harris... convertido em membro do fórum? Contraria todas as leis naturais, o direito humano e a justiça! Seria algo milagroso, haveria terremotos e catástrofes, voltariam as sete pragas e os gafanhotos bramindo um novo Dilúvio e Noé cairia n'água, o Sol se desprenderia do céu como figo maduro e o diabo faria milagres e Deus perderia seu trono de Juízo Final! (Ri, com turbulência de semibêbado)*

Ella (Em cujo rosto começa a relaxar-se a tensão e cuja expressão vai tornando-se radiante) — De modo que... não foste aprovado?

Jim (Esgotado, com risada entrecortada e estúpida) — Claro que não! Naturalmente que não!

Ella (Com um grito de alegria, empurra os livros de Direito, que caem ao solo, e logo, com infantil impulso, aferra as mãos em Jim e baila com ele.) — Oh, Jim! Eu sabia! Sabia que não poderias fazê-lo! Oh! estou tão contente, Jim! Sou tão feliz! Tão feliz! És ainda meu velho Jim, e estou tão contente! (Ele a contempla aturdido, enquanto uma ira feroz invade lentamente seu rosto. Ella se afasta dele. Os olhos de Jim a seguem. Suas mãos crispam-se. Ella encara a máscara do Congo, triunfante.) Vês! Que te dizia eu? Eu te disse que iria rir-me de ti! (Ri com selvagem frenesi, arranca a máscara do suporte e a põe no meio da mesa, cravando a faca sobre ela.) Vês? Quem é que se ri, agora?[5]

Um outro conjunto de imagens, compondo uma história impressionante, apareceria diante dos homens (e mulheres) acorrentados na caverna mitológica, fazendo desfilar à frente de seus olhos incrédulos personagens fantasmagóricos, agora obra e feito de um brasileiro de quatro costados. Tal enredo se passaria no mesmo palco do Teatro Fênix, em 1948, batendo recorde de permanência em cartaz na época: dois meses. A peça fora escrita de encomenda para Abdias Nascimento, "um preto autêntico", segundo seu autor, Nelson Rodrigues.[6]

Como se sabe, *Anjo Negro* acabou sendo encenada por um ator branco, com graxa no rosto, para a decepção de seu autor, que a considerou destituída de toda a "autenticidade racial e cênica". Fato que, aliás, confirmaria a idéia que Nelson Rodrigues fazia da democracia racial brasileira, ao se referir a ela dizendo: "Nos Estados Unidos, o negro é caçado a pauladas e incendiado com gasolina. Mas no Brasil é pior: ele é humilhado até as últimas conseqüências".[7] Entretanto — e isso é fundamental para o entendimento do drama fantástico —, Nelson também achava que, "no Brasil, o branco não gosta do preto e o preto também não gosta do preto".[8] Como nenhum outro autor, Nelson Rodrigues levaria esta frase ao limite. E não nos espantemos se, ao menos no plano dos desejos virtuais, das neuroses e dos pesadelos, essa experiência cênica não tenha seu quê de verdadeiro. Sintetizemos, então, seus ensinamentos, a capacidade que tem de captar, no extremo, a rejeição inculcada pelo *fair play* da democracia racial na cabeça das pessoas.

Uma advertência. Consideramos, com Jean Starobinski,[9] que a interpretação é um ato de conhecimento. Desse modo, muito embora o intérprete garanta, na mensagem original de referência, a mesma sintaxe, o mesmo movimento próprio, ao emprestar sua contribuição, revela um outro sentido do mesmo texto, tornando-se, assim, em alguma medida, também "produtor" daquilo que descobre conforme suas necessidades intelectuais, que suscitaram essa outra "leitura". Implica, portanto, a interpretação, uma metamorfose: o objeto a interpretar é acrescido da contribuição interpretativa. O importante no caso, para nós, é seguir a postura metodológica recomendada por Mikhail Bakhtin, quando indica ser fundamental à analise crítica de um texto literário não somente transcrever o acontecimento ético no aspecto social, já vivido empaticamente na contemplação estética, mas também sair dos limites do objeto e introduzir o acontecimento em ligações sociais e históricas mais amplas.[10] De toda forma, uma coisa é certa: se vigoroso é o texto interpretado, vigorosa terá de ser sua resposta.

Encontrar o "chão social" de *Anjo Negro* não é tarefa fácil. Nessa peça, como aliás em outras de sua obra consideradas fundamentais, a exemplo de *Álbum de Família*, *Vestido de Noiva*, *Senhora dos Afogados*, *A Mulher sem Pecado*, Nelson Rodrigues — no que ele mesmo considerou certa feita como um "teatro desagradável" — mergulharia nos motivos psicológicos dos personagens. Na exploração das verdades profundas do indivíduo, buscaria rasgar-lhes o véu da consciência, para dar livre curso às fantasias do subconsciente, fazendo aflorar arquétipos e mitos originais. Já Roger Bastide, ao considerar a poesia afro-brasileira, tinha nesse tipo de trabalho o exemplo mais inadequado — talvez mesmo imprestável — para a exegese dos liames sociais "diretos" porventura presentes na obra: as lições daí extraídas são muito mais no sentido de um questionamento da condição humana do que de um aspecto social particular dessa condição. Enreda-se esse tipo de literatura nas idiossincrasias demasiadamente pessoais, seja do autor, seja do personagem. A sociedade especificada, o contorno histórico ocupam, no caso de *Anjo Negro*, papel secundário, meramente coadjuvante, já anunciados, aliás, no próprio programa dessa "tragédia em três atos": "A ação se passa em qualquer tempo, em qualquer lugar". Não obstante, as personagens, ao abrirem mão de qualquer censura, deixam fluir anseios e valores reprimidos, alargando as conseqüências de atos que, se encontrados ordinariamente, passariam por "normais". Não é à toa que Nelson Rodrigues fora atacado por sua "morbidez", "obscenidade", "imoralidade", "sacrilégios" etc. Em *Anjo Negro*, a verdade é que o motivo "racial" poderia facilmente ser substituído por qualquer outro, sem impedir, no entanto, que a tragédia desenvolvesse o enredo em suas mais cruéis conseqüências. O fato de Nelson Rodrigues ter uma reflexão sobre a democracia racial brasileira e ter insistido para que Abdias Nascimento representasse o papel do negro Ismael — sabendo o que significava Abdias para o questionamento dessa democracia — funciona apenas como mais um detalhe, não capital, de modo a alterar a essência expressionista da tragédia. Nesse caso, valeu muito mais, como prova de sua inserção no dilema "sócio-racial", a proibição feita pela direção do Teatro Municipal do Rio de Janeiro à participação de Abdias. A iniqüidade e a sutileza da cultura preconceituosa e discriminatória existente no Brasil dariam nesse episódio, por sinal, exemplo modelar: censurava-se a presença de Abdias como o ator principal — como já se disse, uma vez que "há cenas de intimidade amorosa entre o crioulo e a loura... Se fosse um espetáculo folclórico... Sabe como é, no Municipal... Olhe, que tal um negro pintado?"[11] —, entretanto, na mesma peça, não se impediria que personagens subalternas (os carregadores, o coveiro, a criada, o coro das pretas descalças) fossem tranqüilamente representadas por negros. Não seria este o "chão social" de *Anjo Negro*?

Não nos caberia aqui enveredar por uma análise da forma. Situar a peça de Nelson Rodrigues no contexto do teatro expressionista ou do absurdo, o que a colocaria no patamar daquelas escritas por um Eugene O'Neill, um Ionesco — faltar-nos-ia, para isso, a necessária erudição. Tampouco, pelo mesmo motivo, enveredaríamos na necessária análise psicanalítica a que nos remete o texto da peça, ao tratar do incesto, da auto-estima, do complexo de Electra, que abundam na trama. O que não podemos, entretanto, é deixar de assinalar os vínculos entre a forma escolhida pelo autor e as soluções que o conteúdo do texto alcança, expressando, em alguma medida, o social. Por outro lado, malgrado esses cuidados, esperamos tornar legítima nossa apreciação da obra, pois o tratamento analítico daquilo que o texto consegue exprimir da realidade social em seu conteúdo não deverá se transformar em mero "enquadramento" do real, ou seu exemplo eventualmente ilustrativo — de resto tarefa impossível num texto tão profundamente mergulhado no inconsciente primitivo do homem. Ao contrário, o sentido social ali existente, mesmo numa obra como ela é, deverá aparecer necessariamente simultâneo aos fatores que atuam em sua própria organização intrínseca, enquanto forma. Tal vínculo, já existente na origem, imprime-lhe estrutura e efeito estético peculiares.[12] Metodologicamente, como apontado acima, estaremos preocupados com uma questão ideológica central a se projetar no cenário: a do branqueamento e de suas seqüelas. Se não, vejamos.

De saída, cabe remarcar que cumpre efeito em grande parte estilístico a afirmação do autor da peça ao lhe atribuir um passar-se "em qualquer tempo" ou "qualquer lugar". Não é bem assim. Para que uma tragédia como aquela ocorresse com alguém, seria necessário situar essa pessoa numa sociedade com seriíssimos problemas de preconceito de cor. Por sua vez, Ismael é um médico formado, embora seja essa informação quase irrelevante para lhe compor o desempenho na trama. Isto porque não se sabe de sua formação acadêmica, não se sabe de sua especialidade ou de sua clientela — detalhes que certamente lhe dariam maior inserção social. Ele já aparece doutor e suficientemente endinheirado, a ponto de não mais precisar trabalhar — sem que se tratasse simplesmente de uma aposentadoria, por exemplo. O saber que se trata de um médico tem pequeno, mas expressivo valor simbólico para que possa começar tudo: por essa condição, ele pode freqüentar a casa onde morava sua futura esposa Virgínia, e desenvolver ali pretensões amorosas para com ela, moça bonita e branca (e nada mais, porém); afinal, ele era "preto, mas muito distinto — depois, doutor. Em lugar de interior, isso é muito".[13] O estilo psicológico do texto somente em pequeníssimos detalhes informa a condição social despregada do médico, enquanto negro. Um outro exemplo. Virgínia foi pega em flagrante beijando o noivo de uma das quatro primas com quem morava e fora criada; todas elas — com esta exceção até então — solteironas. Como castigo — e o noivo da prima sumira desde o fato, ao passo que esta se suicida —, sua tia, espécie de madrasta, "autoriza" — é esta a expressão — que Ismael vá até o quarto de Virgínia numa noite e a violente. Ora, convenhamos que, para um médico formado... e que até então era apenas um "preto", mas "muito distinto"... De toda forma, esta cama de solteira de Virgínia, cena da violência sexual, jamais será arrumada e aparecerá, simbólica, ao longo de quase toda a peça.

Pequenos indícios vão montando o perfil esquizofrênico do médico negro com relação ao branqueamento, à recusa de sua própria cor, à aversão estética, religiosa, sexual, familiar, que adquire de sua condição étnica: culpava a mãe por ter nascido preto; retirou de sua casa um quadro de São Jorge da parede, por considerá-lo santo de pretos; jamais bebera cachaça por igual motivo; odiava o próprio odor; cegara — trocando os remédios — o rapaz branco, filho de seu padrasto, por inveja de sua cor; estudara de forma anormal para se formar médico, pois o parâmetro era superar os brancos. Por outro lado, o isolamento social de Ismael, no texto, não permite nenhuma correlação com o que se passa historicamente na sociedade que o circunda, a ponto de poder explicar em alguma medida sua aversão à condição negra: tudo isso precisa ser subentendido como um fato consumado, cabendo a cada um especular sobre a causação. "Qualquer tempo?", "Qualquer lugar?".

O paroxismo do complexo de inferioridade étnica em Ismael, compartilhado com a mulher branca, Virgínia, leva-os ao assassinato dos próprios filhos, que nasceram parecidos com o pai. Virgínia realiza o ato, mas Ismael lhe é solidário. Somente uma filha, mesmo assim nascida de uma única relação sexual extraconjugal de Virgínia com um branco (o irmão adotivo que Ismael cegara na infância), no dia do velório de um dos filhos assassinados, consegue sobreviver ao casal. E exatamente por isso, por ser uma menina branca. Tudo o mais que se passa na vida do casal e na criação da menina — que Ismael também cega, para que ela o imagine branco — é conseqüência da terrível vazão dada aos sentimentos neuróticos aberrantes daí resultantes.

Recortemos algumas passagens temáticas da peça para lhe devolver toda a tragicidade cultural.

Conversas no velório do terceiro filho, que fora afogado pela mãe num tanque d'água, cena assistida pelo pai da janela alta da casa:

> *Senhora (doce)* — *Um menino tão forte e tão lindo!*
> *Senhora (patética)* — *De repente, morreu!*
> *Senhora (doce)* — *Moreninho, moreninho!*
> *Senhora* — *Moreno, não. Não era moreno!*
> *Senhora* — *Mulatinho disfarçado!*
> *Senhora (polêmica)* — *Preto!*

Senhora (polêmica) — Moreno!
Senhora (polêmica) — Mulato!
Senhora (em pânico) — Meu Deus do céu, tenho medo de preto! Tenho medo, tenho medo!

O isolamento de Ismael e do casal:

Ismael (Com certa veemência) — Mas não foi isso que você quis? Quando aconteceu AQUILO, aí ao lado (indica o leito próximo), que foi que você disse?
Virgínia — Não sei, não me lembro, nem quero.
Ismael — Disse que queria fugir de tudo, de todos; queria que ninguém mais visse, que ninguém mais olhasse para você. Ou não foi?
Virgínia — Depois do que aconteceu ali, se alguém me visse, se alguém olhasse para mim, eu me sentiria nua...
Ismael — Então, eu te falei nesses mausoléus de gente rica, que parecem uma pequena casa. Que foi que você respondeu?
Virgínia (Mecânica) — Respondi: "Eu queria estar num lugar assim, mas VIVA. Um lugar em que ninguém entrasse. Para esconder minha vergonha".
Ismael — Era isso que eu queria, também. E quero esse lugar, essa vida. Por isso criei todos esses muros, para que ninguém entrasse. Muros de pedra e altos.
(...)
Virgínia (Num apelo) — Ismael, quero que você me arranje um quadro de Jesus! Jesus não tem o teu rosto, não tem os teus olhos — não tem, Ismael!
(...)
Ismael (Segurando-a) — Não quero, não deixo! Se eu quis viver aqui, se fiz esses muros; se juntei dinheiro, muito; se ninguém entra na minha casa — é porque estou fugindo. Fugindo do desejo dos outros homens. Se mandei abrir janelas altas, muito, foi para isso, para que você esquecesse, para que a memória morresse em você para sempre. (Com uma paixão absoluta) Virgínia, olha para mim, assim! Eu fiz tudo isso para que só existisse eu. Compreende agora? Não existe nenhum, nenhum rosto branco! Só o meu, que é preto...

Relembrando os assassinatos:

Ismael — Eles morreram porque eram pretos...

Virgínia (Com terror) — Foi o destino.

Ismael (Contendo-se ainda) — Porque eram pretos. *(Novo tom) Pensas que não sei?*

Virgínia (Recuando, num sopro de voz) — Não, Ismael, não!...

Ismael — Que fizeste com meus filhos?

Virgínia (Apavorada) — Nada — não fiz nada...

(Os dois se olham.)

Ismael — Mataste. *(Baixa a voz)* Assassinaste. *(Com violência contida)* Não foi o destino: foste tu, foram tuas mãos, estas mãos...

(Virgínia, instintivamente, olha e examina as próprias mãos.)

Ismael — Um por um. Este último, o de hoje, tu mesma o levaste, pela mão. Não lhe disseste uma palavra dura, não o assustaste; nunca foste tão doce. Junto do tanque, ainda o beijaste; depois, olhaste em torno. Não me viste, lá em cima, te espiando... Então, rápida e prática — já tinhas matado dois — tapaste a boca do meu filho, para que ele não gritasse... Só fugiste quando ele não se mexia mais no fundo do tanque...

Virgínia (Feroz, acusadora) — Então, por que não gritou? Por que não impediu?

Ismael (Cortante) — Mas é verdade?

Virgínia (Espantada) — É.

Ismael — Aos outros dois, você deu veneno...

Virgínia (Hirta) — Sim.

Ismael — Porque eram pretos.

Virgínia (Abandonando-se) — Porque eram pretos. *(Com súbita veemência.)* Mas sabias, por que não impediste?

Ismael (Com voz grave, mais carregada) — Não impedi porque teus crimes nos uniam ainda mais; e porque meu desejo é maior depois que te sei assassina — três vezes assassina. Ouviste? *(Com uma dor maior)* Assassina na carne de meus filhos...

Virgínia (Selvagem) — Eu queria livrar minha casa de meninos pretos. Destruir, um a um, até o último. Não queria acariciar um filho preto... *(Estranha)* Ismael, é preciso destruí-los todos...[14]

Sonhos imitando a realidade. Homens enredados na ilusão sem fim. Será isso um atributo inextricável da condição humana? Impunha-se exorcizar esta situação, sacudi-la, perceber seus diferentes lados, na esperança de compreender. O momento era favorável, as correntes estavam já enferrujadas pelos anos ou séculos, seus elos partiam-se ao esforço libertário dos pés, das mãos, das cabeças até então aprisionadas.

À medida que se avançava, muitas das sombras se dissipavam, dando lugar a cores radiantes, ricas em tonalidades; uma outra babel de vozes anunciava diferentes explicações, muitas delas tocando sentimentos os mais sublimes, despertando vocações entorpecidas para a arte, para o amor e o belo. Todavia, voltar às sombras se impunha como forma de provar a diversidade da luz. O mundo é o teatro do homem: tratava-se de assumir e representar o próprio papel, com os próprios sentimentos, olhar, gestos, fala, a universalidade da condição humana, impregnada das mesmas fragilidades, defeitos e qualidades. O texto literário, dramático, entrelaçando diferentes discursos do social, punha, desse modo, em xeque as mitologias. Sua contribuição vinha no sentido das transformações sociais mais amplas, as quais desembocavam na possibilidade de questionar verdades estabelecidas.

Emanuel é, acima de tudo, um negro alienado de sua condição mesma de negro. Formara-se — sinal dos tempos — em Direito, imaginando a defesa exclusiva de causas jurídicas destituídas de "cor" social. Casara-se com uma mulher loira, para confirmar, entre outras coisas, a ascensão nos degraus da sociedade, desprezando o amor adolescente da negra Efigênia — representativo de todos os amores negros. Porém, da discrepância existente entre seu imaginário "branqueado", por um lado, e a verdade prática das relações inter-raciais, por outro, nasceu o conflito permanente de Emanuel: os mecanismos psicológicos da adaptação, racionalizando as frustrações, buscando dar-lhes origens que não as verdadeiras; mesmo quando desconfiando, no íntimo, de suas origens reais. Negar-se a si mesmo, eis, em resumo, a trama de *Sortilégio: mistério negro*,[15] peça escrita por Abdias Nascimento em 1951 e somente encenada pelo TEN após longa batalha na censura oficial, já em 1957.

Colocava-se no palco uma trajetória possível da conscientização do ser negro no Brasil. Protagoniza o episódio uma pessoa que subira na escala social, como a confirmar, mais uma vez, que esta prerrogativa não eliminava a problemática, como imaginado por certa vertente das ciências sociais. Ao contrário, a crítica a essa concepção faz com que se ultrapasse o limite da mera situação de classe social, pela qual, no entanto, um indivíduo pouco crítico justifica a maior parte das discriminações e preconceitos de que é objeto. Opunha-se no texto dramático a grande antinomia que polariza a condição histórico-sociológica do ser autenticamente negro *versus* as tentativas de sua dissimulação: a busca do reconhecimento social pela aculturação e pelo branqueamento *versus* a aceitação pura e simples de uma estética negra. No fundo de tudo isso, a dramatização das alternativas advindas da tomada de consciência de pertencimento étnico, face a uma cultura espezinhada em sua luta para sobreviver de forma digna, traz para o drama aspectos centrais do embate: a tradição dos orixás *versus* o catolicismo; a singularidade da cor *versus* o modelo branco; a aceitação da condição histórica oriunda da escravidão, da massa dos miseráveis *versus* a ascensão social por meio do curso superior e a admiração pelos feitos do conquistador e das classes dominantes.

> *Cravados em mim... estão meu Olorum... meu Exu... meu Ogum. A hora incoada palpita na batida do meu sangue... no rolar da minha alma. O pássaro de Oyá-Inhansan pousou no meu ombro... Depressa, sirvam meu vinho... minha palma.*

Diria Emanuel, já em pleno processo de superação de sua condição alienada.[16] Vejamos, mais detalhadamente, como se passaram os acontecimentos, aos olhos de Emanuel:

> *Filha-de-santo III — ... e ele retornará sem memória... puro e inocente como um recém-nascido... à grande noite iluminada de Aruanda!*
> *Filha-de-santo II — Vem fugindo... Perseguido por muitos...*
> *No segundo plano surge o Orixá. As filhas-de-santo se juntam num canto. O Orixá usa máscara de expressão suave, paramentos de cerimônia religiosa. Durante toda a peça representa em pantomima e em dança. Um foco de luz o segue sempre. (...) Surge Emanuel, subindo a ribanceira. (...)*
> *Filha-de-santo III — Exato. Igual à borboleta que abandona o casulo para poder voar... Emanuel deixará a casca do ser, que não é o seu próprio ser. Mas... devemos esperar os acontecimentos. Por enquanto, ele é apenas uma fração de ser inquieta... incapaz de parar e repousar...*[17]
> *Emanuel — Quero ver se o demônio dos negros é pior que o demônio dos brancos. (Bebe; pausa esperando acontecer algo; depois zombeteiro.) Como é, seu Exu? Não acontece nada? (Rindo) Não vai me transformar num sapo ou numa cobra? Ou num demônio igual a você? (Está rindo, sua expressão se transforma lentamente, fala absorto, fixando num ponto qualquer do espaço.) Por que será que estou me lembrando disso agora? Eu ainda uma criança... na escola primária... Os colegas me vaiando... (Vozes infantis num crescendo até gritar) ti... ção, ti... ção, ti... ção, ti... ção. (E continua...) Que mironga é esta no meu pescoço? Quem está tentando me enfeitiçar? Não acredito em macumba, já disse! Sempre debochei dessa canjira. Mas... e se tudo for verdade? Se as coisas que estou vendo e sentindo*

estiverem acontecendo mesmo? Afinal de contas... é o culto do meu povo... Só porque me diplomei na universidade devo desprezar a religião do meu sangue?... Se algum Orixá estiver tentando me livrar da cadeia dos brancos? (...)
Voz de negra velha — Não blasfeme, meu filho... Tirei seu nome da Bíblia Sagrada... Emanuel quer dizer Deus conosco... Deus, está ouvindo?... Com Deus não se brinca... Nunca se esqueça... nunca...
Emanuel — Não dividi o pão nem multipliquei o peixe. Não separei o meteoro e a rosa... Como poderia eu tornar o homem estranho à sua própria pele? Inimigo do espírito que sustenta seu próprio corpo?[18]

Para além da forma, discutível quanto a certos clichês, dando a impressão de que se quis colocar todos os problemas de uma só vez, enfraquecendo a plasticidade dos personagens, o que se discute em *Sortilégio: mistério negro* é, enfim, a possibilidade da integração do homem de cor a uma sociedade que lhe nega a autenticidade étnica. O conflito daí resultante põe em perspectiva uma variedade de opções, diante das quais esse homem é obrigado a se posicionar. Ele pode acomodar-se, dominando, condicionando as características definidoras de sua etnia, cuja historicidade dá por definitivamente vencida; transforma, assim, sua trajetória de vida pessoal em mais uma contribuição ao desaparecimento daquela. A este processo, também se pode chamar de "aculturação", em que o que importa é a renúncia às peculiaridades étnicas, em benefício de outras, tidas como mais "apropriadas" à sociedade em que se vive. Pode também ter como opção a luta pela preservação, continuidade e expansão dos valores culturais étnicos próprios, os quais são então reconhecidos como vivos, dinâmicos, em processo histórico de reiteração — mas tidos como ameaçados em alguma medida por mecanismos de opressão existentes na sociedade inclusiva. Ainda é possível, dentre as opções várias, simplesmente vivenciar as características singulares do aporte cultural étnico, sem a necessidade de pô-lo em questionamento quanto à sua validade ou não. Trata-se, no caso, de uma herança de *modus vivendi*, recebida e transmitida ao longo das gerações como um processo "natural", que corre paralelo e simultâneo à complexidade cultural da totalidade social, dando continuidade ao preexistente, mas reelaborando-o em face às contingências dos novos tempos, numa relação dialética de troca. Mesmo o amor, neste exemplo, pode acontecer em toda a sua plenitude, radiante, imanente, transbordando de poesia, visto que ocorre num universo sem as fissuras dilacerantes dos complexos de inferioridade e outros.

O nosso amor vai ser assim
eu pra você, você pra mim
Tristeza eu não quero nunca mais
vou fazer você feliz, vou querer viver em paz
o destino é quem me diz.[19]

Aos acentos melódicos da lira de Orfeu, os espectros dos que vivem sem luz acorreriam para ouvi-lo, e o escutariam silenciosos como pássaros dentro da noite. De toda maneira, "todas as personagens da tragédia devem ser normalmente representadas por atores da raça negra, não significando isso que não possa ser, eventualmente, encenada com atores brancos".[20] Personagens: Orfeu da Conceição, o músico; Eurídice, sua amada; Clio, mãe de Orfeu; Apolo, pai de Orfeu; Aristeu, criador de abelhas; Mira de Tal, mulher do morro; a Dama Negra; Plutão, presidente dos Maiorais do Inferno; gente do morro etc. Que diferença de postura!, no cenário do teatro brasileiro de até então! Vinicius de Moraes visitara, em 1942, a favela da Praia do Pinto, na Zona Sul do Rio de Janeiro (hoje extinta), fazendo as vezes de anfitrião a um amigo norte-americano, e ficara fortemente influenciado pela impressão que tivera das estratégias de sobrevivência das pessoas do morro. Naquele dia, virtualmente, nascera *Orfeu da Conceição*. Com o mesmo amigo, Vinicius viaja ao Nordeste do país e vê o espetáculo do candomblé, da capoeira, dos maracatus e outras manifestações da cultura negra. O poeta descobria, então, que o negro possui uma cultura distinta e singular, mesmo que integrada ao complexo cultural brasileiro. Sua contribuição verdadeiramente pessoal a esta era realizada independentemente dos preconceitos de cor, credo ou classe.[21] Passa, pois, a considerar que, com *Orfeu da Conceição*, prestava ao homem de cor uma homenagem, "pelo muito que já dera ao Brasil mesmo dentro das condições mais precárias de existência". Em sua cabeça idílica, achava que havia um paralelismo entre as celebrações e festividades a que assistira e a cultura da Grécia Antiga, como se o negro "fosse um grego ainda despojado de cultura e do culto apolíneo à beleza, mas não menos marcado pelo sentimento dionisíaco da vida".[22] Imagina, então, a vida no morro, com seus heróis tocando violão e suas paixões, suas escolas de samba e suas tragédias passionais, comparando-os à lenda da paixão e morte de Orfeu, da Trácia.

Vai, tua vida
teu caminho é de paz e amor

a tua vida
é uma linda canção de amor
Abre os teus olhos e canta a última esperança
a esperança divina
de amar em paz...

Se todos fossem iguais a você
que maravilha viver!
Uma canção pelo ar
uma mulher a cantar
uma cidade a cantar
a sorrir, a cantar, a pedir
a beleza de amar
Como o sol, como a flor, como a luz
amar sem mentir nem sofrer

Existiria a verdade
verdade que ninguem vê
se todos fossem no mundo iguais a você![23]

Vinicius de Moraes entrega a direção da peça a Leo Jusi, que incorporaria os atores do Teatro Experimental do Negro ao espetáculo — Haroldo Costa faria o papel de Orfeu, Abdias Nascimento, o de Aristeu etc.; na confecção dos cenários, Vinicius fez estrear Oscar Niemeyer; colocou Luis Bonfá na coxia, tocando o violão a ser interpretado por Orfeu. Com Antônio Carlos Jobim, inauguraria uma parceria que comporia a trilha sonora da peça; a Carlos Scliar e Djanira, incumbiu produzir os convites, e assim ficou tudo pronto para aquilo que deve ter sido uma belíssima noite de gala na estréia da peça no Teatro Municipal do Rio de Janeiro, em 25 de setembro de 1956 — com Antonio Carlos Jobim ao piano. O interessante é que, 39 anos após esta estréia — em 1995, portanto —, o mesmo Teatro Municipal viria a ser palco de uma outra montagem de *Orfeu da Conceição*, agora nas comemorações de 300 anos da morte de Zumbi dos Palmares, sob o patrocínio da Petrobras. Novamente lá estiveram Haroldo Costa, agora na condição de diretor da peça, os cenários de Oscar Niemeyer, a consultoria plástica de Carlos Scliar. Lá estiveram Ruth de Souza (como Clio), completando 50 anos de teatro profissional, Cléa Simões, os herdeiros do Teatro Experimental do Negro, a exemplo de Camila Pitanga (representando Eurídice) e seu pai, Antonio Pitanga, Paulão, Maurício Gonçalves, Ivan de Almeida, Norton Nascimento etc. O velho Abdias Nascimento a tudo assistia num dos camarotes. O próprio autor desse trabalho recebera convites e a tudo assistiu com os olhos perdidos nessa e em outras estréias, como a de O Imperador Jones, no Dia do Armistício, em 8 maio de 1945, descrita por Henrique Pongetti.

E quem é Orfeu senão o amor por Eurídice? Orfeu dos morros afavelados das grandes cidades brasileiras. Orfeu, o músico. Orfeu, o poeta. Sua música faz as vezes de um ideal supremo, que a tudo invade e arrebata, superando preconceitos, ideologias e a própria morte. Com Orfeu, o morro se pacifica, os brutos têm seus momentos de criança, a vida vai além do que se vê, e o amor reina desbastando quizilas e misérias.

> *Corifeu — São demais os perigos desta vida*
> *Para quem tem paixão, principalmente*
> *Quando uma lua surge de repente*
> *E se deixa no céu, como esquecida.*
> *E se ao luar que atua desvairado*
> *Vem se unir uma música qualquer*
> *Aí então é preciso ter cuidado*
> *Porque deve andar perto uma mulher que é feita*
> *De música, luar e sentimento*
> *E que a vida não quer, de tão perfeita*
> *Uma mulher que é como a própria Lua:*
> *Tão linda que só espalha sofrimento*
> *Tão cheia de pudor que vive nua.*[24]

Mas quem é Orfeu, senão o amor por Eurídice?

> *Orfeu — Eurídice... Eurídice... Eurídice...*
> *Nome que pede que se digam coisas*
> *De amor: nome do meu amor, que o vento*
> *aprendeu para despetalar a flor*
> *Nome da estrela sem nome... Eurídice...*
> *Clio — Escuta, meu filho.*
> *Eu sei, tudo isso eu sei; minha conversa*
> *É outra, Orfeu. Não que eu seja contra*
> *Você gostar de Eurídice, meu filho*

Não tem mesmo mulata mais bonita
Nem melhor, neste morro — uma menina
Que faz gosto, de tão mimosa... mas
Pra quê? Eu te conheço bem, Orfeu
Eu sou tua mãe, e não Eurídice
Mãe é que sabe, mãe é que aconselha
Mãe é que vê! E então eu não estou vendo
Que descalabro, filho, que desgraça
Esse teu casamento a três por dois
Tu com esse gosto por mulher, meu filho?
Ouve o que eu estou dizendo antes que seja
Tarde... Não que me importe... Mãe é feita
Mesmo para servir e pôr no lixo...
Mas toma tento, filho; não provoca
A desunião com uma união; você
Tem usado de todas as mulheres
Eu sei que a culpa disso não é só tua
O feitiço entra nelas com tua música
Mas de uma coisa eu sei, meu filho: não
Provoca o ciúme alheio; atenta, Orfeu
Não joga fora o prato em que comeste...
Você quer a menina? Muito bem!
Fica com ela, filho... mas não casa
Quem casa é rico, filho, casa não!
Pelo amor de sua mãe. Pra que casar?
Quem casa quer ter casa e ter sustento
Casamento de pobre é amigação
Junta só com a menina; casa não![25]

Um modo de vida singular vai despontando na estruturação da trama. Vinicius de Moraes abre a possibilidade eventual de a tragédia, que não é necessariamente carioca, ser encenada com atores brancos, mas, no íntimo, devia saber que ela dizia respeito a certos personagens sociais quase impossíveis de serem substituídos, sem atentar contra o espírito épico que sua própria escritura dera à peça. O negro, descobrira muito bem Vinicius, "possui uma cultura própria e um temperamento *sui generis*, sempre manifestando a necessidade de seguir a trilha de sua própria cultura",[26] daí uma contribuição verdadeiramente pessoal, que se amalgama à cultura brasileira em geral. Observe-se o trabalho de desconstrução estética que o enredo vai proporcionando frente aos padrões classicamente rígidos de moral e beleza calcados no "branco": Orfeu, visto pela mãe, tem "essa pinta", "essa viola", é paixão de muitas mulheres, provoca o ciúme alheio; a menina Eurídice é bonita, "de fazer gosto", de "tão mimosa" etc. Mesmo o desagravo impetuoso e envenenado pelo ciúme ou pela raiva, ao passar descompostura nas pessoas, revela, no texto, um sentimento de certo pertencimento étnico, que critica os que são iguais, não conseguindo descambar para o preconceito, embora revelando aspectos de uma cultura discriminatória invertida. Assim, Mira, rival de Eurídice, pode se referir a esta conjurando-a "vagabunda", "sem-vergonha", "mulatinha de pedreira", "metida à branca".[27] Ou Clio, que culpa Eurídice pela loucura e pela morte de Orfeu, a ela assim se referindo: "Por causa de uma suja descarada. Uma negrinha que nem graça tinha. Uma mulher que não valia nada!" etc. Aos olhos de Orfeu, porém, Eurídice é o próprio encanto:

Um nome de mulher
Um nome só e nada mais...
E um homem que se preza
Em prantos se desfaz
E faz o que não quer
E perde a paz.

Eu por exemplo não sabia, ai, ai
O que era amar
Depois você me apareceu
E lá fui eu
E ainda vou mais...[28]

O amor entre os dois é outro libelo contra o embrutecimento do negro na literatura e no teatro brasileiros:

Orfeu — Foi você que falou, violão, ou foi
O nome dela no meu coração
Que eu disse sem saber?...
Eurídice — Foi não, foi não!
Foi o amor mesmo que chegou, Orfeu!
Sou eu, neguinho...
Orfeu (voltando-se, dá com ela e recua como ofuscado) — Eurídice! Visão!

Eurídice — Como passou o meu amor sem mim?
Pensou em mim? (suspira) Três horas e quarenta
minutos sem olhar o meu amor
Ah! meu amor mais lindo...
(Correm um para o outro e se abraçam apaixonadamente)

À vida sexual desregrada e orgíaca do negro, como estereótipo, o texto responde da seguinte maneira:

Orfeu (tomando-a nos braços) — Paixão!
Paixão que me alucina e me dá vida!
Mulher do meu amor aparecida
Eu te quero pra mim!
Eurídice — Ainda não!
Por favor, meu amor, um segundinho
Só; daqui a dois dias nos casamos
Como se combinou; já está tratado.
O casamento e tudo; já cosi
Meu vestido de noiva, comprei véu...
Vamos fazer assim como Deus quer
Não é mesmo?[29]

Entretanto, a vida é curta, o amor é curto. Só a morte é que é comprida... E a flecha do ciúme varou o coração de uma mulher e de um homem, sentindo-se respectivamente desprezados por Orfeu e Eurídice, dando início ao abismo de sofrimento que se abateria sobre a vida do casal, mas também sobre a vida do morro e dos próprios enciumados.

Não posso esquecer
o teu olhar
longe dos olhos meus
Ai, o meu viver
é te esperar
pra te dizer adeus...
Mulher amada!
destino meu!
é madrugada
sereno nos meus olhos já correu...
Coro:

Juntaram a Mulher, a Morte, a Lua
Para matar Orfeu, com tanta sorte
Que mataram Orfeu, a alma da rua
Orfeu, o generoso, Orfeu, o forte.
Porém, as três não sabem de uma coisa:
Para matar Orfeu, não basta a Morte.
Tudo morre que nasce e que vive
Só não morre no mundo a voz de Orfeu.

2. CAI O PANO

O governo do presidente Marechal Humberto de Alencar Castello Branco (1964/1967), primeiro de uma série de presidentes militares, conseqüência do golpe de Estado de 1964, cassou ao todo 116 mandatos eletivos, suspendeu 547 direitos políticos, demitiu e reformou, entre civis e militares, 2.143 servidores públicos. Interveio praticamente em todas as organizações políticas e sindicais da época consideradas de oposição. A segurança do Estado e a vigilância da sociedade civil passavam a ser assunto de uma rede de órgãos policiais de investigação e censura dotada de amplos e arbitrários poderes, a exemplo do Serviço Nacional de Informação (SNI). Esses governos militares passariam também a editar os truculentos Atos Institucionais, com os quais davam rumo à nova ordem político-institucional, a exemplo do nº 1, elaborado no governo de Castello Branco, suspendendo as garantias constitucionais. Ao todo, seriam cinco presidentes militares, que governariam o país entre 1964 e 1985. Em 1968, governava o general Costa e Silva. Também nesse ano extinguiam-se os trabalhos do Teatro Experimental do Negro, já que sua principal liderança, Abdias Nascimento, é obrigada a se exilar do país. Afinal, aquela atividade insólita perdera todos os seus aliados potenciais: a União Nacional dos Estudantes (UNE) tornara-se ilegal; a Associação Brasileira de Imprensa (ABI) viu-se amordaçada pela vigilância feroz que o regime impôs à liberdade de expressão; intelectuais, lideranças camponesas e operárias, artistas, cientistas sociais, professores, enfim, as atividades ligadas à reflexão e à cultura passaram a viver da e na clandestinidade. Realmente não havia mais nada a fazer naqueles termos por aqui. Insistir na discussão do preconceito racial no Brasil, além de subversivo, era, mesmo para os diversos setores de oposição ao regime militar, um tema secundário. E, na verdade, era, conjunturalmente. Afinal, estava em jogo a própria sobrevivência da democracia. Aliás, fenômeno assemelhado já ocorrera em 1930, quando as lideranças do Congresso da Mocidade Negra realizariam esse evento demonstrando o amadurecimento a que chegaram as jornadas de conscientização dos anos 20 em São Paulo. Entretanto, o Congresso foi prontamente abortado por conta da percepção da importância do significado da candidatura de Getúlio Vargas, tida como muito mais relevante e decisiva para o conjunto da sociedade — como pontuamos no capítulo anterior.

Não obstante, o Teatro Experimental do Negro deixaria um legado de ruptura com a forma tradicionalmente reacionária de representação estética do meio social negro, que jamais poderia ser negligenciada. Formou atores e diretores, legou um *curriculum* apreciável de encenações e atividades culturais e políticas. Como se vê: participação na montagem de *Palmares* (de Stela Leonardos), pelo Teatro do Estudante (dezembro de 1944, Teatro Municipal do Rio de Janeiro); cursos de alfabetização e iniciação cultural, UNE-RJ, 1944-1946; organização do Comitê Democrático Afro-Brasileiro, União Nacional dos Estudantes, 1945-RJ; montagem de *O Imperador Jones*, em maio de 1945, no Teatro Municipal-RJ, e depois nos teatros Ginástico, Fênix e São Paulo (SP); montagem de *Todos os filhos de Deus têm asas*, em dezembro de 1946, no Teatro Regina-RJ; Festival do II Aniversário de Fundação do TEN, dezembro de 1946, com apresentação de partes de peças, cenas e números musicais, com a participação de Os Comediantes e Procópio Ferreira (*O moleque sonhador*, de O'Neill; adaptação de *Terras do sem-fim*, de Jorge Amado; cena II do ato V de *Otelo*, de Shakespeare; *O ladrão azarento*, de Graça Melo; *A rainha morta*, de Henry Montherlant; *Desejo*, de O'Neill; *Mariana Pineda*, de Federico García Lorca; *As mãos* e *Mulata da minha terra*, monólogos de Procópio Ferreira; apresentações da Orquestra Afro-brasileira, sob a regência de Abigail Moura; participação na montagem de *A família* e *A festa na roça* (Martins Pena), dezembro de 1948, Teatro Ginástico-RJ; montagem de *Aruanda* (Joaquim Ribeiro), dezembro de 1948, Teatro Ginástico-RJ; *Filhos-de-santo* (José de Moraes Pinho), março de 1949, Teatro Regina; *Calígula* (Albert Camus), julho de 1949, Teatro Ginástico; *Rapsódia negra* (Abdias Nascimento), julho de 1952, Boate Acapulco-RJ e teatros João Caetano, Cultura Artística (SP); *O filho pródigo* (Lúcio Cardoso), dezembro de 1947, Teatro Ginástico e Teatro São Paulo (SP), em 1953, e no Teatro Carlos Gomes, em 1955; participação em peças do programa *Grande Teatro Tupi*, da TV Tupi, São Paulo, 1953; organização do Festival O'Neill, quando da morte desse autor, em janeiro/fevereiro de 1954, Teatro Dulcina; organização do concurso de artes plásticas para a escolha do Cristo de Cor, abril de 1955; organização da Semana de Estudos sobre Relações de Raça, maio de 1955/ ABI; participação da montagem de *Perdoa-me por me traíres* (Nelson Rodrigues), junho de 1957; lançamento da antologia *Dramas para negros e prólogo para brancos* (organizada por Abdias Nascimento), novembro de 1961; Curso de Introdução ao Teatro e às Artes Negras, outubro/novembro, 1964, Museu Nacional de Belas Artes (em comemoração ao XX aniversário de fundação do TEN); lançamento do livro *TEN-Testemunhos*, agosto de 1966; ato poético de solidariedade ao Seminário Internacional sobre o *Apartheid* e o Racismo, promovido pela ONU em Brasília, agosto de 1966; instalação do Museu de Arte Negra, maio de 1968, Museu da Imagem e do Som-RJ; publicação de *O negro revoltado* (organizado por Abdias Nascimento), maio de 1968; publicação dos *Cadernos brasileiros*, sobre os oitenta anos da Abolição, maio de 1968.

Guerreiro Ramos seria imediatamente cassado pelo governo militar, em 16 de abril de 1964, eis que, além de suas reflexões sobre a denominada democracia racial, transformara-se num pensador expoente da realidade brasileira. Enveredaria, outrossim, pela reflexão teórica sobre uma sociologia como deve ser praticada num país com problemas de subdesenvolvimento como o Brasil, a exemplo de *A redução sociológica*, de 1958, reeditado em 1965 e traduzido para o espanhol pela editora Fondo de Cultura Econômica, em 1959. Publicaria também *O problema nacional brasileiro*, em 1960, e *Mito e verdade da revolução brasileira*, em 1963. Polemista de verve, compraria grandes brigas com intelectuais, instituições acadêmicas e partidos políticos, mantendo continuada atividade jornalística na grande imprensa, especialmente em sua coluna no jornal *Última Hora*, entre 1959 e 1962. Ali, escreveria sobre a conjuntura brasileira e sobre os sistemas organizacionais e a vida nos Estados Unidos, União Soviética, França, China — países que visitou, como convidado oficial e conferencista.[30] Suas posições teóricas, explicitadas sobretudo em *A redução sociológica*, podem ser reavaliadas criticamente sob vários aspectos; entretanto, não se pode negar que ficaram como um marco, uma afirmação categórica frente à necessidade de se pensarem os problemas do mimetismo intelectual, a influência nefasta dos modismos do pensamento lá fora produzidos em função de injunções e uma história cultural específicas, muitas vezes passando ao largo de nossas questões mais prementes e, sobretudo, fragilizando em absoluto nossa possibilidade de pensar com autonomia e pioneirismo — fato que, aqui e ali, nos tem causado sérios problemas de autoconhecimento, e a questão do negro no Brasil é um belo exemplo disso. Para Guerreiro Ramos, a sociologia — e a ciência social em geral —, malgrado não descartar o universalismo construído por seus conceitos gerais (quando for o caso), tem como indispensável esforço criativo o erigir um conhecimento a partir da realidade singular de que trata, como única forma de garantir não apenas a legitimidade, mas sobretudo a operacionalidade prática que dela se espera.[31] Vivendo o Brasil "24 horas por dia", transformou-se num intelectual de influência, chegando a redigir mensagens dos presidentes Getúlio Vargas e João Goulart — com este último, por sinal, tinha livre trânsito.[32] Torna-se também expoente em duas instituições de peso no Brasil e na América Latina daqueles tempos: o ISEB (Instituto Superior de Estudos Brasileiros) e a CEPAL (Comissão Econômica para a América Latina); lecionou na EBAP (Escola Brasileira de Administração Pública — sobre este tema, escreveria vários trabalhos, tornando-se um especialista no assunto), na Fundação Getúlio Vargas, na pós-graduação da PUC, sendo membro da Comissão Nacional do Bem-Estar Social e co-fundador do IBESP (Instituto Brasileiro de Economia, Sociologia e Política).

Quando cassado em seus direitos como cidadão pelo regime militar em 1964, leu em sua ficha, na comissão de inquérito do Conselho de Segurança, o seguinte início: "Alberto Guerreiro Ramos, mulato, metido a sociólogo."[33] Vivendo seus últimos anos nos Estados Unidos (faleceria em 1982), lecionando temas relacionados à administração pública, desfrutando da condição de respeitado professor universitário, publicando, realizando conferências nas universidades norte-americanas de Harvard, Berkeley, Stanford, comentaria o seguinte, numa entrevista concedida em 1981, em tom informal, a propósito do racismo:

> *Sou incolor [de fato, era daquele tipo de mulato de fenótipo branco, entre nós], eu não tenho cor. Só se eu disser, e o cara fica assim: "Porra, é preto mesmo!" Mas no Brasil sou preto. No Congresso, quando eu fazia discursos [chegou a ser deputado], fulano de tal ficava danado comigo e dizia: "Eta mulato besta!" Vem logo o negócio da cor. Porque as pessoas, no fundo, acham que é mulato descarado, negro safado. É o negócio do Conselho de Segurança: mulato. É o retrato do Brasil. Na minha vida, o negócio de cor sempre... Mas eu não vou me permitir ficar ofendido com isso, nem vou ser militante.*[34]

Na mesma entrevista, à pergunta se ele achava que a teoria do "branqueamento" existe, e se, na medida da ascensão social, muda-se de cor, responde:

Claro que existe! O mulato aceita ser protegido. Muita gente ficou chateada comigo porque queria que eu fosse da cozinha, da copa. Mas eu entrava no grupo e era par, daí o choque: "Como é que você é par? Eu sou bem-nascido." Eu também sou bem-nascido. Sou filho de pais normais, não sou espúrio, não sou bastardo. Mas na hora em que você é apontado como teórico do partido, o sujeito reclama: "Mas como?! Com essa cor?" Ele não diz isso. Mas é o que está pensando: "Com essa cor você quer ser o nacional?" Eu queria ser o nacional, nada menos que o máximo. Estou disputando nessa linha. Isso vocês não podem perceber, porque não estão dentro da minha pele. Aliás, é uma coisa curiosa: o mulato percebe coisas que o branco e o preto não percebem, porque o mulato está entre os dois. A minha psicologia de mulato me dá uma percepção... Mulato já é o limite, eu já sou entre dois... Preto não confia em mim, branco não confia em mim. E mulato, você sabe, desconfia de mulato, porque mulato é malandro. Veja a minha situação como é.[35]

Destarte, as reflexões de Guerreiro Ramos sobre o tema ensejaram que escrevesse passagens das mais transcendentes sobre a condição histórico-sociológica do negro entre nós. Assim, por exemplo:

Sou negro, identifico como meu o corpo em que o meu eu está inserido, atribuo à sua cor a suscetibilidade de ser valorizada esteticamente e considero a minha condição étnica como um dos suportes do meu orgulho pessoal — eis aí toda uma propedêutica sociológica, toda uma hermenêutica da situação do negro no Brasil.[36]

Ou ainda:

A autenticidade é a palavra que, por fim, deve ser escrita. Autenticidade para o negro significa idoneidade consigo próprio, adesão e lealdade ao repertório de suas contingências existenciais, imediatas e específicas. E uma vez que ele se exprime de modo autêntico, as versões oficiais a seu respeito se desmascaram e se revelam nos intuitos mistificadores, deliberados ou equivocados. O negro, na versão de seus "amigos profissionais" e dos que, mesmo de boa-fé, o vêem de fora, é uma coisa. Outra é o negro desde dentro.[37]

Abdias Nascimento, por outro lado, com o auto-exílio, alargaria sua militância intelectual e artística, ganhando dimensão internacional. Mesmo nos Estados Unidos, para onde se exilara, vivia-se nos anos 60 e 70 o que se denominou de "revolução negra", identificada nas jornadas pelos direitos civis. Desse modo, já em 1968/1969, expõe Abdias sua pintura afro-brasileira na Harlem Art Gallery, na Crypt Gallery da Universidade da Colúmbia, na galeria da Escola de Arte e Arquitetura da Universidade de Yale e em dezenas de outras. Em 1971, tem traduzida para o inglês sua peça *Sortilégio: mistério negro*, pela Universidade do Estado de Nova York, e que seria encenada pelo Inner Cultural Center, de Los Angeles. Como *visiting lecturer* da Escola de Artes Dramáticas de Yale, expõe sua experiência no Teatro Experimental do Negro. Na qualidade de *full professor* do Centro de Pesquisas e Estudos Porto-Riquenhos da Universidade do Estado de Nova York (Sunyab), participa de vários eventos de relevo para a comunidade negra mundial, conhecendo um sem-número de personalidades, entre intelectuais, artistas, escritores, religiosos, políticos etc.[38] Recorde-se que os anos 70 seriam marcados pelas sucessivas vitórias dos movimentos de libertação colonial de vários países africanos, acabando com os últimos impérios coloniais na região. Contata assim, dentre outros, a Julius Nyerere, Wole Soynka, Stokley Carmichael, Wande Abimbola, Bobby Seale, Pio Zimiru. Participa, ainda, de eventos como o I e o II Congressos de Cultura Negra das Américas (em Cáli, Colômbia, 1971, e no Panamá, 1980, respectivamente), saindo do último como vice-presidente para o III Encontro a ser realizado no Brasil; o Seminário sobre Alternativas Africanas, patrocinado pelo governo do Senegal, então presidido por Léopold Sédar Senghor, um dos fundadores do movimento poético da negritude (Dakar, 1976); o II Festival Mundial de Arte e Cultura Negro-Africana, FESTAC (Lagos, Nigéria, 1977). Na condição de professor-visitante da Universidade de Ifé, na Nigéria, ministra seminários sobre a história do negro no Brasil, e tem a oportunidade de entrar em contato com fontes da cultura iorubá. Publica nesse período *O genocídio do negro brasileiro* (1978) e *O Quilombismo* (1980).[39] Participa, em 1978, nas escadarias do Teatro Municipal de São Paulo, de ato público que reuniu cerca de dois mil homens e mulheres de cor, para protestarem contra a discriminação racial e a violência policial, inserindo, portanto, novamente, o protesto negro nos inícios das novas jornadas pela redemocratização. Este ato público soaria fundo no protesto adormecido desse movimento social, que não mais pararia de se manifestar e crescer, fato identificado nas inúmeras organizações e entidades criadas em todo o país, eventos, publicações etc., que desaguam nos dias atuais.

Por influência dessa internacionalização de suas atividades ou não, o fato é que a reflexão e a sensibilidade artística de Abdias Nascimento aproximam-se cada vez mais de um pan-africanismo, assumindo, de vez, a condição de descendente africano no Brasil. A própria concepção que constrói, nesse momento, daquilo que denomina "quilombismo" reflete isso. Para ele, "futuros passos sobre estradas pragmáticas deverão procurar os meios de enfatizar a cultura pan-africana, e nunca de meramente promover, por exemplo, a cultura afro-brasileira, a cultura iorubá, a haitiana ou qualquer outra cultura pan-africana singular".[40] Opondo o capitalismo ao que denomina "comunalismo tradicional das culturas africanas", propõe um processo de auto-análise e reflexão capaz de elevar a qualidade de vida dos "nossos povos". De pronto, esse comunalismo tradicional já seria a modernidade dos povos africanos propondo uma vida nova. Haveria, porém, a necessidade de uma "revolução cultural" permanente, a fim de criar novos sistemas e pessoas. Baseada no complexo dos mitos inaugurais, a cultura pan-africana teria sua originalidade na criatividade mitopoética.[41] Os países africanos são tidos como "irmãos" na busca da mais completa comunhão, onde não deverá haver lugar para lutas, dissensões e distorções, as quais seriam inevitavelmente provocadas por interesses neocolonialistas: daí a exigência de mecanismos transculturais, pan-africanos, garantidores da restante integração econômica, política e social.

Tido por um "conceito científico", emergente do processo histórico-cultural das massas afro-brasileiras, o quilombismo teria por causa o estado de terror organizado contra os africanos escravizados e seus descendentes libertos, seja na Colônia, seja no Império ou na República.[42] Conseqüência, pois, de um Estado "naturalmente ilegítimo", uma vez que tem significado a cristalização político-social dos interesses exclusivos do segmento elitista, cuja aspiração é atingir o status "ário-europeu" em estética racial, em padrão de cultura e civilização.[43] Assim concebido, sem a possibilidade da menor mediação entre os interesses sociais e de classe ao longo da história, ou sem a percepção do jogo de concessões a que foram submetidas as classes e/ou grupos étnicos ao longo do tempo e das contradições sociais, as relações ditas raciais fundariam, num monolitismo incapaz de se sustentar historicamente, uma panacéia que a tudo tenta explicar e apresentar soluções. Ergue-se, em conseqüência, uma crítica ético-moral maniqueísta a toda a "ciência" que chegou a produzir algum tipo de conhecimento sobre a historicidade do "negro", transformada, ela mesma, em elemento de desumanização dos africanos e seus descendentes, pois sua finalidade é também, exclusivamente, a de servir aos opressores eurocentristas.[44] Ora, convenhamos que esta crítica radical somente tem sentido e mérito se pontual, em exegese exaustiva de autores e fontes — o que, decididamente, não é o caso.

A concepção metafísica de quilombismo produz, de forma necessária, um negro igualmente metafísico, visto que concebido de forma extremamente subjetiva, desencarnado de estruturas sociais historicamente dadas. Por conseguinte, desagua em voluntarismos sociais dispostos a erguer uma sociedade fundada na justiça, na igualdade e no respeito — de resto, qualidades, em si, as mais auspiciosas num projeto da condição humana. Naquela concepção, esta sociedade ideal viria fundada pelos destituídos e deserdados, que, por isso, somente se interessariam em exprimir a vivência de cultura e da práxis da coletividade quilombola. Esta última, vista sem qualquer contraponto com a sociedade escravista que a engendrou, seria representante do comunalismo de tradição africana: a propriedade coletiva dos meios de produção, a articulação dos diversos níveis da vida, assegurando a realização completa do ser humano.[45] Insiste-se em tratar o negro e o mulato do Brasil como um "povo" à parte. Ao mesmo tempo, o quilombismo deve formular a autonomia nacional diante do capitalismo monopolista internacional. O exclusivismo de "povo negro" gera as propostas quilombistas de um "poder-negro", cuja substância democrática estaria garantida pela condição de parcela majoritária na população brasileira.[46]

O quilombismo critica igualmente a apregoada unidade das lutas dos trabalhadores ou do povo, sob a suspeita de que esta não respeitaria a especificidade da questão negra e do esforço que se faz para resolvê-la. Assim, o objetivo final da luta quilombista é o da ascensão das massas afro-brasileiras ao poder.[47] O "comunalismo africano" seria então um valor perene, que se atualiza e traz em si a possibilidade do processo autônomo. A sociedade quilombista seria uma alternativa nacional ao sistema capitalista desumano. Zumbi dos Palmares seria o fundador do quilombismo,[48] pois aquela república continua modelo a ser seguido. Desse modo, as fábricas, os bens, os instrumentos de produção — que não se explica como se originaram e funcionam — seriam, na sociedade quilombista, de propriedade e uso coletivo da "sociedade" (*sic*). Os operários e os camponeses são os únicos responsáveis pela orientação e pela gerência de suas respectivas unidades de produção. Educação gratuita para todos e em todos os níveis; lugar eminente para o ensino das civilizações e arte africanas. Todas as religiões merecendo igual respeito. A metade de todos os cargos desse Estado, por imperativo constitucional, ocupados por mulheres. Toda essa transformação, a princípio, deverá se realizar por meios pacíficos e democráticos. Eis o receituário pronto e acabado.

O pan-africanismo dessa proposta estabelece alguns princípios norteadores para as ações da comunidade dos "Estados negros". Assim, a participação na direção nos estados nacionais visa, antes de tudo, à sobrevivência e ao progresso da "comunidade africana". Esta criaria laços de interligações tais que deverá estar atenta e pronta a intervir contra quaisquer atos perpetrados contra as comunidades negras situadas em quaisquer parte. Haverá também como que um dever da comunidade negra de fora do continente africano em contribuir para com os estados africanos dentro da moldura pan-africana. Reciprocamente, os governos dos estados africanos teriam a obrigação de reconhecer e apoiar as lutas daqueles que seriam povos negro-africanos fora do continente, mesmo quando utilizando atos revolucionários para a obtenção dos objetivos.[49] Está-se, pois, em pleno reino da utopia e da ficção, já sem nenhum respaldo daqueles por quem se fala.

Não obstante, Abdias Nascimento é personagem impossível de ser contido, pois, ainda em fins de 1996 — para ficarmos até aí restritos, já que se poderia avaliar sua atuação na criação do Memorial Zumbi na Serra da Barriga em Alagoas, nas articulações políticas para a fixação da estátua de Zumbi dos Palmares na Praça Onze —, lança o belo livro de pinturas *Orixás, os deuses vivos da África*, de requintada edição. Afloram ali as cores exuberantes e quentes da simetria pictográfica de vertente estética africana e afro-brasileira, em boa medida lastreadas nos motivos litúrgicos da tradição dos orixás. Seu lado inconformista faz despontar, num dos quadros do livro, um Jesus Cristo pregado na cruz, mas "de pau duro".[50]

O processo político desencadeado no Brasil em 1964 atingiria também outro expoente da reflexão sobre o dilema da democracia racial: Florestan Fernandes, cassado em seus direitos civis como professor e intelectual. Todavia, Fernandes ainda ofereceria ao tema uma contribuição reflexiva importante ao publicar, em 1976, *Circuito fechado. Quatro ensaios sobre o poder institucional*. Nesse trabalho, reavalia, 25 anos depois, suas idéias originais sobre o tema, e especialmente contidas em *A integração do negro na sociedade de classes*. No ensaio intitulado, justamente, *25 anos depois: o negro na era atual*, Fernandes transforma *Circuito fechado* em lugar de importância estratégica, não somente para a melhor compreensão daqueles trabalhos já clássicos do autor, como também para o próprio entendimento do tema em si.

A inovadora, insólita e corajosa posição defendida por Fernandes, no sentido de contribuir com a crítica objetiva para o desnudamento de uma situação histórica de preconceito e discriminação camuflados, assim como de assumir, abertamente, uma identificação moral e política com a causa frente às falácias de uma pseudodemocracia racial,[51] não nos impede, todavia, de uma apreciação também reavaliativa de algumas conclusões a que chegou seu pensamento. É de se notar que Fernandes atribui eventuais problemas de interpretação não ao seu envolvimento emocional com a causa, mas, antes, às próprias "malhas do conhecimento científico circunscrito e especializado".[52] É neste sentido que exorta à realização de outras pesquisas e, particularmente, investigações que sejam feitas pelos próprios negros, a fim de chegarmos a um conhecimento não apenas mais completo e inclusivo, mas também, e ao mesmo tempo, suficientemente diferenciado.[53]

Tomando por base os movimentos de protesto negro dos anos 30 e 40, conclui o autor pelo fracasso completo daquelas iniciativas — o que redundou, inclusive, na ausência do negro na luta por seu destino na cena histórica *a posteriori*. É certo que se refere sobretudo a São Paulo, todavia, as referências ao "Brasil" são demasiadamente explícitas nesse ponto, de maneira a tornar difícil uma separação regional rígida — até porque, nesses momentos tratados, muitas ações de protesto não somente realizar-se-iam em São Paulo, como dali ganhariam outros lugares, a exemplo da Convenção Nacional do Negro em 1946, ou mesmo, mais atrás, as ações da Frente Negra Brasileira. Além do mais, a presença de negros paulistas em atuação no Rio de Janeiro (por exemplo: Abdias Nascimento, Aguinaldo Camargo etc.) torna ainda mais complicado um exclusivismo regional. Segundo Fernandes, as rápidas alterações que ocorreram na sociedade "brasileira", naquele período, nem sempre incorporaram todas as "estruturas", que assim não teriam parte na história em processo.

Com efeito, o protesto estava condenado a morrer nas fronteiras do próprio meio negro, pois não teria como ser resolvido no interior do quadro institucional da República. Seja porque os conflitos de classe não estimulam o encaminhamento da crise racial, seja porque os conflitos de raça não ajudam a configurar uma revolução com base na classe, de tal modo a romper com aquele quadro institucional. O protesto negro seria, pois, o de um "inconformismo inócuo"[54] — conceito que substitui aquele que, nas pesquisas de 1951, era reconhecido por "capitulação passiva". O máximo que se poderia conseguir seria uma compensação meramente pessoal, simbólica e subjetiva, alcançada de modo discreto e dissimulado, ou de modo agressivo e retaliador — em todo caso, é um tipo de inconformismo que ilude o próprio negro.

A sociedade brasileira não se abriria, assim, a qualquer elaboração do inconformismo negro, à medida que o uso do conflito e da tensão seria um privilégio da "raça dominante". A revolução burguesa no Brasil fora demasiadamente autoritária e antidemocrática para produzir um espaço onde pudessem atuar os interesses populares mais profundos. Daí que o inconformismo negro não pôde transformar-se em força social atuante e uma realidade política, embora possa ser uma realidade psicológica, cultural e moral.[55] A capacidade de barganha política dos setores populares, na sociedade brasileira — dado o caráter extremamente fechado e excludente da ordem burguesa —, faz o protesto negro desembocar num "vazio histórico". A Revolução de 30 confirma tudo isso e faz com que o protesto das décadas de 30 e 40, em vez de abrirem, encerrem um ciclo histórico de reivindicações. Ora, nada está a indicar, por nossos estudos e conclusões, que as iniciativas do movimento social negro no Brasil desses anos tenham se caracterizado por tamanha inércia. Ao contrário, situamos exatamente ali, sobretudo em meados dos anos 40, a retomada desse protesto, que, por suas qualidades e conseqüências, anunciava uma nova fase desse questionamento — e isto em sintonia direta com o que ocorrera nos anos 20 e 30 na cidade de São Paulo, sob tal aspecto.

Para Fernandes, a ascensão social individual transformara-se no único caminho, deformado e manipulado pelos brancos, por meio do qual o "protesto" (*sic*) tendeu a desenvolver-se — banido que estava, da ordem institucional, o inconformismo aberto e radical.[56] Ao negro consciente, restaria a impotência, fadando-se a "engolir sua vergonha". A elevação da "consciência crítica" do negro não levaria a absolutamente nada, ou, no máximo, a uma nova frustração, mais corrosiva e perniciosa do que as anteriores, visto que teria somente validade pessoal. Por tais explicações, não se reconhece a importância libertária da tomada de consciência, seja qual seja o preço a pagar; por sua vez, a própria ascensão a melhores condições de vida, nessas suposições, soa como uma punição. É bem verdade que Fernandes escreve o ensaio aqui analisado em 1976, ainda em plena vigência dos governos militares, que silenciavam não apenas o protesto negro, mas toda a sociedade civil. Convenhamos que seria muito difícil pressentir àquela altura, nos subterrâneos da história, a urdidura das contradições que levariam às reações frente àquele estado de coisas.

Estranha é a suposição do autor, segundo a qual a integração da massa dos homens de cor nas várias classes sociais existentes não levaria à possibilidade de ruptura com as contradições raciais herdadas do passado e incorporadas ao regime de classes. Isto porque, sob a vigência de uma tolerância racial, o mundo dos negros se organizaria nos moldes simétricos aos dos brancos. Ora, no Brasil, haveria tamanha diferenciação entre um "mundo" dos negros e outro dos brancos? Até que ponto gozar das vantagens e dos privilégios das classes ou de fragmentos de classe, quanto a cultura e bens materiais, muitos deles universais, seria exclusivo de qualquer etnia? Tal percepção nos parece um falso problema. Quanto mais não seja, vejamos um simples exemplo: o samba sofisticado de um Tom Jobim, de um João Gilberto, seria menos negro? Aos negros e mulatos, ao inverso, estaria vedada a presença na música erudita, como músicos, cantores ou bailarinos? E assim nas ciências, na filosofia, na literatura, nas engenharias?

Haveria, segundo Fernandes, quatro tipos de negros: 1. O "negro tradicional", que, de maneira alguma, seria assim denominado por ser herdeiro de um legado cultural próprio, mas sim por estar caracterizado pela transigência com as "expectativas do branco", de acomodação "espontaneamente passiva"; 2. O "negro trânsfuga", identificado naquele que "foge ao problema" e, com cálculo ou sem ele, "sufoca seu orgulho" em troca de compensações elementares e fugazes — perguntamo-nos acerca das diferenças que, na verdade, separariam o primeiro do segundo tipo; 3. O "novo negro", avaliado por sua disposição de competir e até aceitar o conflito pessoal com o branco para subir socialmente; 4. O "negro racista", este sim, pronto para repelir o padrão de dominação assimétrica, a ideologia racial correspondente e as estigmatizações resultantes e ainda disposto a colocar em seu lugar a "beleza do negro", sua "superioridade biológica", sua "supremacia intelectual" e um ideal retaliador de "igualdade das raças"(sic), mais afro-brasileiro do que negro-brasileiro.[57]

Caracterizar assim os tipos possíveis de negros é evidentemente fechar todas as portas, não ver nenhuma viabilidade sociológica para este ser social, transformá-lo realmente num ser inócuo, historicamente sem saída. Aos três primeiros tipos, restam limitações extremas, seja pela fuga, seja pela ascensão alienadora, seja pela passividade. O único tipo a incorporar alguma consciência de sua situação social fá-lo-ia por meio de uma leitura necessariamente canhestra dela, que inclusive o remeteria de volta aos paradigmas culturais e cientificistas em vigor no século XIX, só que de maneira invertida. Não haveria, portanto, espaço para negros e mulatos, em processo de libertação interior dos preconceitos, virem a viver em harmonia relativa com a vida, ao colocarem o "outro" nu, às claras, vazio de fantasmagorias, fazendo-o assumir sua real configuração sociológica, histórica e estética — ainda que sob uma correlação de forças desigual e injusta. Poderá ser a alegria do ser negro senão uma alegria guerreira? Isto é pouco? Somente o negro ou o mulato assumidos podem responder a essa questão.

Vinte e cinco anos depois, a desigualdade racial permanece um fato inquestionável, como bem sublinha Fernandes; todavia, não seria demasiadamente severa a visão de que, em plena ditadura militar, o protesto negro redundou num fracasso total? Dada exatamente a historicidade da "revolução burguesa" por aqui, não seria o caso de catar as migalhas que sobraram, ver brotar as sementes esquecidas pelos cantos e ainda agradecer com um "Deus lhe pague"? Concordamos inteiramente com Fernandes quando este advoga o duplo caráter do dilema racial brasileiro, identificado na ambivalência "Raça" e "Classe". De fato, romper com a dominação "racial" (novamente, a palavra infeliz) em nosso país significa a disposição de colocar o "branco" no centro de um antagonismo, inevitavelmente, de "classe" e de "raça"[58] — fora disso, é o reino da mistificação, da confusão moral, da incapacidade para lutar por objetivos coletivos, estruturais, da sociedade.

Outrossim, Florestan Fernandes reconhece a antecipação histórica por parte do meio social negro em criticar os mitos da democracia racial. Fato que não o impede de constatar também a importância assumida, face a essa mesma crítica, agora conferida pelo "prestígio da ciência".[59] De fato, o que temos denominado todo o tempo aqui de "sociologia da ruptura" cumpriria papel estratégico no sentido de dar maior legitimidade e transparência não somente ao inconformismo negro, mas também ao entendimento desse dilema em si mesmo. E — é preciso acrescentar

— os movimentos sociais do negro foram também os primeiros a reconhecer isso. Até por conta do bem que aquele aporte lhes trazia, ratificando-lhes as vivências, os sentimentos, as suposições, vindos agora de substanciais pesquisas, apoiadas no que de mais avançado a teoria e a práxis das ciências sociais conferiam a esses estudos. Há, nesse sentido, um depoimento histórico do velho militante mulato, editor do legendário *Clarim da Alvorada*, jornal alternativo do meio social da cor nos anos 20, em São Paulo, quando entrevistado em videocassete por militantes do IPCN/Rio de Janeiro (Instituto de Pesquisa das Culturas Negras) em fins dos anos 70. Comenta ele, na ocasião, a propósito do que falamos: "Fizemos aquilo tudo e não tínhamos a sociologia!" Destarte, Fernandes aponta o valor das pesquisas histórico-sociológicas para os próprios brancos, quando identificados com orientações verdadeiramente democráticas, pois possibilita-lhes alargar sua visão anti-etnocêntrica e transcender a ideologia dominante, já agora apoiados nos fatos e não, apenas, na contra-ideologia do negro.[60]

A severa análise do autor sobre os limites estreitos do que tem obtido ou poderá obter o movimento negro — mesmo quando aliado aos brancos — tem no horizonte da negação da ordem social, que garante os fundamentos "raciais", o principal obstáculo a ser vencido. Para ele, somente uma revolução social de baixo para cima, o negro aparecendo como Povo, torna o ideal inconcretizável da "segunda abolição" uma realidade, e o negro, um verdadeiro agente da história.[61] A abolição não teria aumentado em nada as probabilidades de participação econômica, social, cultural e política do negro. Teria sido, pois, uma revolução do "branco" para o "branco". Por sua vez, o desenvolvimento da sociedade, ampla e profundamente dirigido do exterior, configuram uma economia capitalista periférica, predominantemente agroexportadora, rica em matérias-primas, dotada de amplo mercado consumidor, forjando uma sociedade que conjuga apenas três elos de decisão: as classes burguesas "nacionais", a comunidade internacional de negócios e o Estado brasileiro. Assim, ao contrário de outros exemplos nacionais da Europa e dos Estados Unidos, onde a formação do capitalismo e da sociedade correspondente supôs incisiva participação das classes populares, no Brasil a sociedade burguesa produziu uma ordem extremamente rígida, fechada e autocrática. Com isso, gerou-se um elitismo dotado de todos os recursos da modernização, mas para respaldar uma forte concentração do poder político e das riquezas, garantidor também de antigos e novos privilégios simbólicos e culturais. Para se autodefender e se autoprivilegiar, as classes burguesas precisaram do apoio estratégico de "seus" setores armados e tecnocráticos, utilizando o aparato estatal para comprimir a ordem legal e restringir as garantias civis. As massas populares, espaço no qual está inserida a maioria da população negra e mestiça, ficam assim reduzidas ao silêncio e à inatividade, caracterizando suas presenças sociais muito mais por um aspecto "ritual".[62]

No sentido amplo, é inegável o acerto, de alguns pontos da reflexão de Florestan Fernandes, para o diagnóstico das causas as mais gerais de grandes problemas da realidade brasileira moderna; todavia, esta macrovisão pode deixar escapar processos específicos substanciais, ao transformar-se numa espécie de panacéia que a tudo explicaria por antecipação, dada a fórmula geral. Com isso, ficam diluídos, em formulações muito amplas, fatos e dinâmicas sociais que necessitam ser consubstanciados em análises objetivas, sustentados em fontes sistematizadas. Assim, por exemplo, a consideração de que a revolução burguesa, por suas peculiaridades, seria incapaz de propiciar a quebra dos padrões culturais preexistentes de preconceitos e discriminações, ou que ela impediria que estes se superpusessem às estruturas de classes, não pode ser aceita com facilidade — nem mesmo para o caso de São Paulo, tão estudado por Fernandes. Já debatemos aqui, no capítulo anterior, no próprio Fernandes, o erro crucial da não-percepção em profundidade de como o aporte cultural preconceituoso e discriminatório adaptou-se modernamente, sobretudo à chegada dos imigrantes europeus. A seu turno, mais uma vez, creditar, já em 1979, quando do *Circuito fechado*, a uma impotência do movimento social da cor em fazer valer seus tipos de inconformismo, os mesmos motivos apontados anteriormente em 1951 (a passividade, a inocuidade, a fragilidade da herança cultural etc.), parece-nos um erro de apreciação, que acaba por desdizer a própria contribuição da reflexão libertadora da sociologia.

Por fim, não consideramos uma revolução social radical, de baixo para cima, o único caminho para a superação dos obstáculos evidentes rumo ao desbloqueamento dos entraves sociais que encobrem os mecanismos preconceituosos e discriminatórios. Seria esperar demais. Além do que, percebemos, com isso, uma certa capitulação teórico-metodológica de Fernandes, visto que esperar por este fato para que o negro, enquanto coletividade, se apresente historicamente e somente nesses termos possa realizar-se é aceitar, em última instância, que a questão não existe ou não é relevante ou viável no presente. Tampouco concordamos que a luta seja contra os brancos, mas sim a favor dos negros. Trata-se, antes de tudo, de colocar na proporção devida as reivindicações em construção pelos homens, mulheres, crianças e adolescentes de cor na sociedade brasileira, proporcionais à sua importância demográfica, econômica, cultural e política presentes — sob pena da inviabilidade histórica do país.

Aquela aqui denominada por nós "sociologia da ruptura", que teria em Otávio Ianni e Fernando Henrique Cardoso seus continuadores nos anos 60, merece um reparo teórico-metodológico importante, quanto a uma certa conclusão extraída de como foi concebido o conceito de "alienação" ao tratar da escravidão no Brasil. A pertinência de tratarmos desse problema é a de estarmos atentos aos menores detalhes que podem fortalecer, implementar ou, no mínimo, deixar espaço para a proliferação das ideologias típicas da democracia racial. Esse fenômeno insidioso, como se sabe, pode ocorrer de forma indireta, muitas vezes buscando, no passado original da história do país, suas justificações, sendo extremamente corrosivo ao se difundir ordinariamente em sociedade. Pode ainda confundir até mesmo com conceitos teóricos os mais sofisticados.

Otávio Ianni, tanto em *As metamorfoses do escravo*, de 1962, quanto em *Raças e classes sociais no Brasil*, de 1966, trabalha a categoria "alienação" no sentido de negar à "casta" de escravos a possibilidade de formular minimamente uma crítica dessa sua condição social e histórica. Segundo o autor, ao escravo não é possível que tenha desenvolvido uma ação social à qual se pudesse atribuir significado político, no sentido de destruir o sistema. A alegação é de que ela (a ação) é sempre realizada de forma individual e como sintoma de desespero. A consciência, ainda que fragmentada, de sua própria condição é tarefa considerada impossível, dada exatamente a "alienação" da pessoa na escravidão, transformada que fora em "coisa", "mercadoria semovente", "*instrumentum vocale*".[63] O agravante de tais afirmações é a de não estarem consubstanciadas em pesquisas históricas concretas, extraindo suas conclusões a partir daí. Sim, pois, neste caso, o que dizer de uma insurreição coletiva como a Balaiada no Maranhão, entre 1838 e 1841, quando o Negro Cosme, chefiando milhares de outros, autodenominou-se "Imperador", fundou escola primária, buscou aliar-se à revolta popular dos balaios, enviou "ofícios" às autoridades locais enfatizando que "a República [instalada] é para não ver a Escravidão e alterar a pobreza?".[64] Como se sabe, foi preciso enviar tropas do poder central, chefiadas pelo próprio

Duque de Caxias, para reprimir — e com extrema severidade e violência — a insurreição. A mesma pergunta se faria às revoltas malês da Bahia, nessa mesma conjuntura e época, ou antes, à Conjuração dos Alfaiates, igualmente em Salvador, que contou, inclusive, não somente com ideais libertários da Revolução Francesa, como — o que era muito mais grave e inadmissível — com informações da tomada do poder por quilombolas em Saint-Domingue, transformando-a no Haiti, ao derrotarem mesmo tropas napoleônicas para lá enviadas. Diga-se de passagem, ainda hoje, no panteão dos heróis da Independência da América Latina, no palácio do Itamaraty, no Rio de Janeiro, está lá, ao lado de outros como Simon Bolívar, a estátua de Dessalines, o negro herói da independência haitiana. O que dizer, por fim, das centenas (se não milhares) de quilombos organizados (hoje se sabe) de diferentes formas, muitas vezes estáveis, mantendo relações comerciais com taberneiros e outros comerciantes, e que contaram com alianças dos outros negros, ainda escravizados nas casas-grandes e nas senzalas? Os quilombos da Baixada Fluminense, às margens do rio Sarapuí, por exemplo, abasteciam regularmente a própria Corte com madeira de mangue, usada como combustível na época![65] Onde ficam as explicações históricas que apontam para os numerosos casos de disputas legais, realizadas nos tribunais de justiça, entre escravos urbanos e seus proprietários, em torno de direitos pendentes; ou de escravos rurais em torno de direitos adquiridos como camponeses?[66] Onde fica, nesses casos, o conceito de "alienação"?

Ao contrário de Ianni, Fernando Henrique Cardoso dirige sua crítica ao cerne da questão. Em *Capitalismo e escravidão no Brasil meridional*, de 1962, sua tese de doutoramento, sublinha a necessidade de considerar "as condições que historicamente foram sendo construídas a partir de situações particulares de existência social que se configuraram [neste caso] no Rio Grande do Sul".[67] Ao mesmo tempo, afirma que "só aparentemente a reificação do escravo foi completa", pois, na verdade, "o escravo negara subjetivamente a condição que lhe era imposta e procurou transformar, dentro dos limites socialmente existentes, a situação social em que o envolveram".[68] Caberia aqui discutir as nuances teóricas e epistemológicas da "alienação" em Hegel, Marx, Weber, Sartre, Manheim, Lukács, Althusser — e chegar, por fim, à conclusão, para o assunto específico da condição histórico-sociológica do negro, quer como escravo, quer como livre, que somente a pesquisa histórica é solução da questão? Contentemo-nos, por ora, no mínimo, com a antiga assertiva que garante que o renovar constante da escrita da história se faz por força das demandas do tempo e de suas novas gerações de historiadores.

NOTAS

[1] PLATÃO. "O mito da caverna. Livro VI de *A República*". Apud JEANNIÈRE, Abel. *Platão*. Rio de Janeiro: Zahar, 1995.

[2] SARTRE, Jean-Paul. *Reflexões sobre o racismo. Orfeu negro*. São Paulo: Difusão Européia do Livro, 1960, p. 115.

[3] O'NEILL, Eugene. "Todos los hijos de Dios tienen alas". *In: Nueve dramas*. Tomo I. Buenos Aires: Editorial Sudamericana, 1949.

[4] Cf. NASCIMENTO, Abdias. "Uma experiência social e estética". *In*: Vários autores. *TEN. Testemunhos*. Rio de Janeiro: GRD, 1966, pp. 124-125.

[5] O'NEILL, Eugene. "Todos los hijos de Dios tienen alas". *In: Nueve dramas*. Tomo I. Buenos Aires: Editorial Sudamericana, 1949.

[6] Cf. CASTRO, Ruy. *O anjo pornográfico. A vida de Nelson Rodrigues*. São Paulo: Cia. das Letras, 1992, p. 204.

[7] *Idem*, p. 206.

[8] *Idem*, p. 203.

[9] STAROBINSKI, Jean. A literatura. *In*: LE GOFF, J. e NORA, P. *História. Novas abordagens*. Rio de Janeiro: Francisco Alves, 1986, p. 141. Também FORTINI, F. "Literatura". *In: Enciclopédia Einaud*. Lisboa: Imprensa Nacional, 1989, v. 2; CANDIDO, Antonio. *O método crítico em Sílvio Romero*. 2ª ed. São Paulo: FFLCH/USP, 1963; AUERBACH, Erich. *Mímesis*. 3ª ed. São Paulo: Perspectiva, 1994; GOLDMAN, Lucien. *A sociologia do romance*. 2ª ed. Rio de Janeiro: Paz e Terra, 1976; LIMA, Luis Costa. *Estruturalismo e teoria da literatura*. Petrópolis: Vozes, 1973; LUKÁCS, George. *Teoria do romance*. Lisboa: Presença, s. d.

[10] Cf. BAKHTIN, Mikhail. *Questões de literatura e estética. A teoria do romance*. 3ª ed. São Paulo: UNESP, 1993, p. 43.

[11] CASTRO, Ruy. *O anjo pornográfico. A vida de Nelson Rodrigues*. Op. cit., p. 203.

[12] Ver, nesse sentido, CANDIDO, Antonio. *Literatura e sociedade*. 5ª ed. São Paulo: Nacional, 1976; LIMA, Luis Costa. *Teoria da literatura em suas fontes*. 2ª ed. Rio de Janeiro: Francisco Alves, 1985; BARTHES, Roland. *Análise estrutural da narrativa*. 4ª ed. Petrópolis: Vozes, 1971; SARTRE, Jean-Paul. *Que é a literatura?* São Paulo: Ática, 1989; ESCARPIT, Robert. *Le littéraire et le social*. Paris: Flammarion, 1970; LUKÁCS, George. *Teoria do romance*. Lisboa: Presença, s. d. GOLDMAN, Lucien. *A sociologia do romance*. 2ª ed. Rio de Janeiro: Paz e Terra, 1976; FRANCASTEL, Pierre. *A realidade figurativa*. São Paulo: EDUSP, 1993; BAKHTIN, Mikhail. *A cultura popular na Idade Média e no Renascimento. O contexto de François Rabelais*. 2ª ed. Brasília-São Paulo: Ed. da UnB, 1993.

[13] RODRIGUES, Nelson. "Anjo Negro". *In: Teatro completo de Nelson Rodrigues*. 2. Peças míticas. 4ª ed. Rio de Janeiro: Nova Fronteira, 1981, p. 143.

[14] *Idem, ibidem.*

[15] NASCIMENTO, Abdias. "Sortilégio (mistério negro)". *In: Dramas para negros e prólogo para brancos.* Rio de Janeiro: TEN, 1961.

[16] *Idem*, p. 134.

[17] *Idem*, p. 66.

[18] *Idem, ibidem.*

[19] Canção "O nosso amor", de Antonio Carlos Jobim e Vinicius de Moraes, para a peça *Orfeu da Conceição.*

[20] Cf. MORAES, Vinicius de. "Nota introdutória da peça Orfeu da Conceição". *In:* MORAES, Vinicius de. *Teatro em versos* (org. de Carlos Augusto Calil). São Paulo: Cia. das Letras, 1995, p. 54.

[21] Cf. MORAES, Vinicius de. "Radar da batucada". *In: Teatro em versos.* Op. cit., pp. 47-49.

[22] *Idem*, p. 47.

[23] MORAES, Vinicius de. *Orfeu da Conceição.* Op. cit., p. 70.

[24] *Idem*, p. 56.

[25] *Idem*, p. 62.

[26] MORAES, Vinicius de. "Radar da batucada". *In: Teatro em versos.* Op. cit., p. 49.

[27] _____. *Orfeu da Conceição.* Op. cit., p. 71.

[28] *Idem*, p. 63.

[29] *Idem*, p. 65.

[30] Ver BRIGAGÃO, Clóvis. "Da sociologia em mangas de camisa à túnica inconsútil do saber". *In:* RAMOS, Guerreiro. *Introdução crítica à sociologia brasileira.* Rio de Janeiro: Ed. UFRJ, 1995, p. 15.

[31] RAMOS, Guerreiro. "Crítica da sociologia brasileira". *In:* RAMOS, G. *Introdução crítica à sociologia brasileira.* Op. cit., pp. 35-54.

[32] Ver, OLIVEIRA, Lúcia Lippi. "Entrevista com Guerreiro Ramos". *In: A sociologia do Guerreiro.* Rio de Janeiro: Ed. da UFRJ, 1995, pp. 149-156.

[33] *Idem*, p. 162.

[34] *Idem*, pp. 174-175.

[35] *Idem*, p. 175.

[36] RAMOS, Guerreiro. "Cartilha brasileira do aprendiz de sociólogo. O problema do negro na sociologia brasileira". *In: Introdução crítica à sociologia brasileira.* Op. cit., p. 199.

[37] RAMOS, Guerreiro. "Documentos de uma sociologia militante. O negro desde dentro". *In:* RAMOS, G. *Introdução crítica à sociologia brasileira.* Op. cit., p. 248.

[38] Cf. NASCIMENTO, Abdias (org.). "Prefácio". *In: O negro revoltado.* 2ª ed. Rio de Janeiro: Nova Fronteira, 1982, pp. 12-23.

[39] NASCIMENTO, Abdias. *O genocídio do negro brasileiro.* Rio de Janeiro: Paz e Terra, 1978; *O quilombismo.* Petrópolis: Vozes, 1980.

[40] _____. "Documento n. 2 apresentado à assembléia geral do IV Congresso Pan-Africano". *In: O quilombismo.* Op. cit., pp. 71-72.

⁴¹ *Idem*, pp. 75-76.

⁴² NASCIMENTO, Abdias. "Documento n. 7 apresentado à assembléia geral do IV Congresso Pan-Africano". *In: O quilombismo*. Op. cit., p. 245.

⁴³ *Idem*, p. 261.

⁴⁴ *Idem, ibidem*.

⁴⁵ *Idem*, p. 263.

⁴⁶ *Idem*, p. 272.

⁴⁷ *Idem*, pp. 273-274.

⁴⁸ *Idem*, p. 275.

⁴⁹ NASCIMENTO, Abdias. "Civilização negra e governos africanos". *In: O genocídio do negro brasileiro*. Op. cit., pp. 157 e segs.

⁵⁰ Ao fecharmos estas notas, em março de 1997, Abdias Nascimento preparava-se para assumir uma cadeira no Senado Federal, suplente que era do saudoso Darcy Ribeiro — com o qual, entre outros, foi fundador do PDT (Partido Democrático Trabalhista).

⁵¹ FERNANDES, Florestan. "25 anos depois: O negro na era atual". *In*: FERNANDES, F. *Circuito fechado. Quatro ensaios sobre o poder institucional*. 2ª ed. São Paulo: Hucitec, 1977, p. 68.

⁵² *Idem*, pp. 68-69.

⁵³ *Idem*, p. 69.

⁵⁴ *Idem, ibidem*.

⁵⁵ *Idem*, p. 78.

⁵⁶ *Idem*, p. 81.

⁵⁷ *Idem*, p. 75.

⁵⁸ *Idem*, p. 73.

⁵⁹ *Idem, ibidem*.

⁶⁰ *Idem*, pp. 73-74.

⁶¹ *Idem*, p. 75.

⁶² *Idem*, pp. 79-80.

⁶³ IANNI, Otávio. *As metamorfoses do escravo. Apogeu e crise da escravatura no Brasil meridional*. São Paulo: Difusão Européia do Livro, 1962, p. 234.

⁶⁴ Ver SANTOS, Maria Januária Vilela. *A Balaiada e a inssurreição de escravos no Maranhão*. São Paulo: Ática, 1983; COSTA, Emília Viotti da. "Introdução ao estudo da emancipação política do Brasil". *In*: Vários autores. *Brasil em Perspectiva*. São Paulo, 1969; REIS, João José. *Rebelião escrava no Brasil: a história do levante dos malês, 1835*. São Paulo: Brasiliense, 1986.

⁶⁵ Cf. GOMES, Flávio dos Santos. *História de quilombos. Mocambos e comunidades de senzalas no Rio de Janeiro — séc. XIX*. Rio de Janeiro: Arquivo Nacional, 1995, pp. 52-81.

⁶⁶ Ver CHALOUB, Sidney. *Visões da liberdade. Uma história das últimas décadas da escravidão na corte*. São Paulo: Cia. das Letras, 1990; CARDOSO, Ciro Flamarion S. *Escravo ou camponês?* São Paulo: Brasiliense, 1987.

⁶⁷ Cf. CARDOSO, Fernando Henrique. *Capitalismo e escravidão no Brasil meridional*. 2ª ed. Rio de Janeiro: Paz e Terra, 1977, p. 277.

⁶⁸ *Idem, ibidem.*

Conclusões

LUCIEN FEBVRE, NUM ENSAIO EM *COMBATES PELA HISTÓRIA*,[1] DE 1933, AFIRMA que elaborar um fato histórico é construí-lo. Ou, se se quiser, é fornecer uma resposta a uma pergunta, pois, em História, se não há pergunta, só há o nada. Para ele, a História é a ciência do Homem, ciência do passado humano, e não, de modo algum, ciência das coisas ou dos conceitos. E isto se faz com textos? Sim, advoga, mas com toda espécie de textos, e não somente com aqueles dos arquivos: um poema, um quadro, um drama, saturados de pensamento e de ação em potência. Numa de suas conclusões, avisa, aos que vão zombando de nossas impossibilidades, para que não se esqueçam de uma coisa: na origem de qualquer aquisição científica está o não-conformismo.

Na pesquisa ora terminada, procuramos dar satisfações a uma inquietação típica do nosso tempo e geração: como se processou, no plano das idéias e da representação estética, a emergência de uma nova postura de entendimento sobre a problemática do negro e do mulato na sociedade brasileira contemporânea? Ora, ficou para nós, inquestionável, o quanto a República Velha legou às décadas seguintes um caldo de cultura impróprio para a explicação do preconceito e da discriminação étnica. Por outro lado, ao realizarmos um trabalho de sistematização crítica do que aqui consideramos "sociologia da ruptura", constatamos o quanto aquele legado de conhecimento anterior contrastava com o que se produziria sobre o tema da democracia racial nesta sociologia inovadora. Destacamos, então, o papel cumprido pelo contexto em torno do projeto de estudos sobre as relações raciais, organizado pela UNESCO em 1950, como o "lugar" em que se deu a renovação radical das perspectivas de análise ante estas questões, avaliando os limites de várias das propostas de entendimento do problema então colocadas.

Torna-se, a partir daí, evidente o fato de os mecanismos sociais do preconceito e da discriminação, além de terem no aspecto cultural e estético seu lado mais expressivo, estarem duplamente determinados: afirmando-se como valores, práticas, representações e ideologias étnicas, sim, mas apresentando-se também conjugados à dinâmica de existência e à reprodução das classes sociais, em seus processos de luta, cooperação e competição, pela preservação de *status*, vantagens situacionais e projetos de hegemonia. Esta conclusão, não obstante, levou-nos, como resultante do estudo sistematizador crítico realizado, a questionar certa insuficiência das análises sociológicas consideradas inovadoras, sobretudo quanto a determinados conceitos por elas elaborados, tais como o da "patologia" ou "anomia" sociais e "alienação"; ou quanto à subestimação — em Florestan Fernandes, especialmente — que deixam transparecer na avaliação do papel ocupado pelo imigrante europeu da virada do século XX diante da reelaboração dos preconceitos e discriminações na ordem capitalista que se instalava. Igualmente, analisamos, de forma crítica, a trajetória de pensamento de dois dos mais importantes intelectuais negros de época, avaliando os avanços e os limites de suas propostas de entendimento do problema.

Por fim, buscamos expor como a literatura teatral de época preenche estratégico e privilegiado papel de abordagem do social, detectando aspectos da problemática estudada de forma peculiar, pois que situada nos interstícios das relações existenciais, dando, assim, contribuição importante na identificação das singularidades do fenômeno da opressão étnica, tal como ele ocorre na sociedade brasileira, pleno de sutilezas e detalhes.

NOTAS

[1] FEBVRE, Lucien. *Combates pela História*. 3ª ed. Lisboa: Editorial Presença, 1989, pp. 20-21; 26.

Fontes e bibliografia

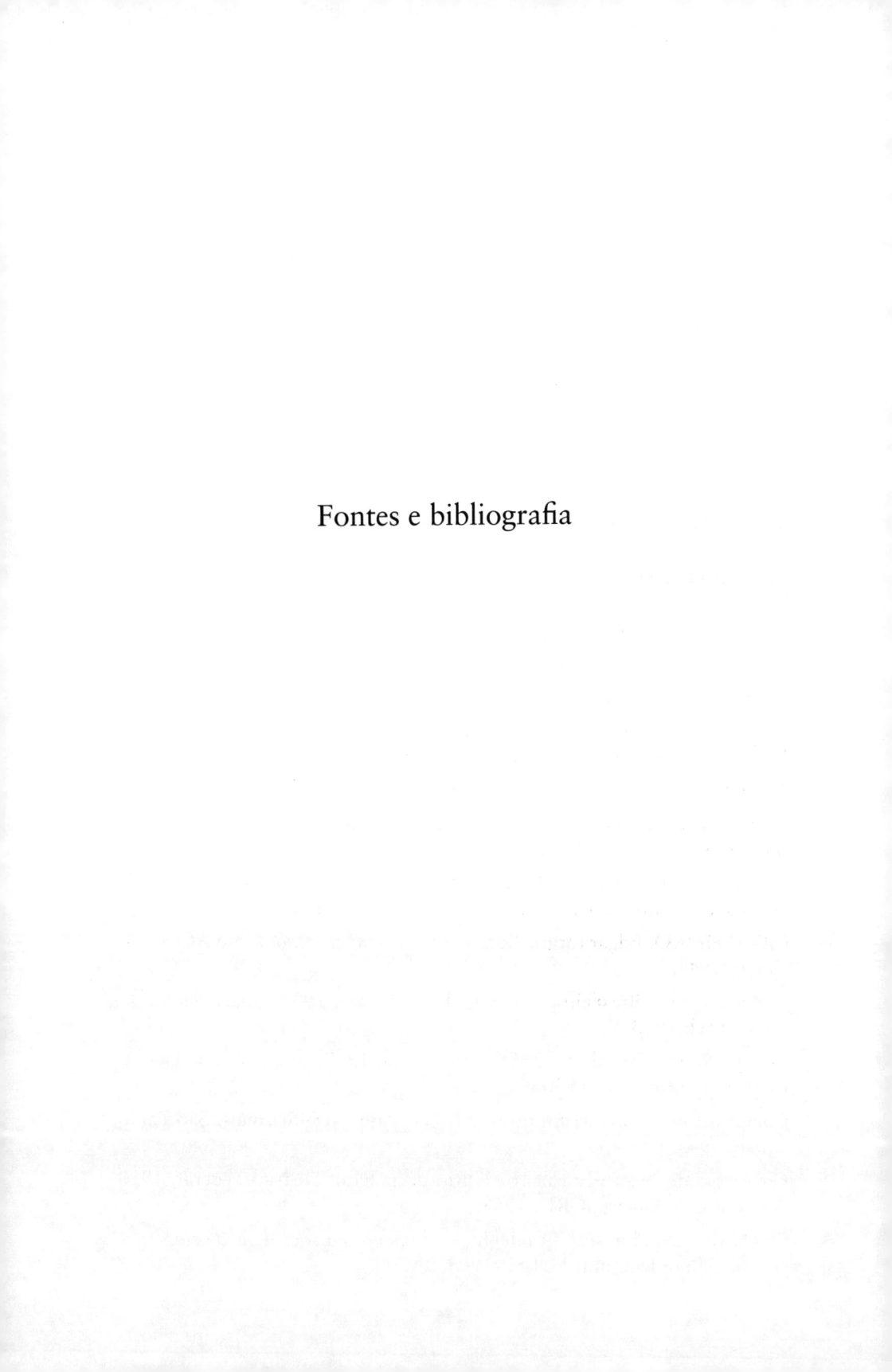

ANAIS, OBRAS DE CIENTISTAS SOCIAIS E ARTISTAS

AZEVEDO, Thales. *Les élites de couleur dans une ville Brésilienne*. Paris: UNESCO, 1952.

BASTIDE, Roger. *A poesia afro-brasileira*. São Paulo: Martins, 1943.

_____. *As religiões africanas no Brasil*. São Paulo: Pioneira, 1971. (Versão em francês: *Les réligions africaines au Brésil*. Paris: P.U.F., 1960.)

BASTIDE, Roger e FERNANDES, Florestan. *O preconceito racial em São Paulo*. São Paulo: Instituto de Administração da USP, 1951.

BRASIL. IBGE. Censos de 1890 e 1940.

CARDOSO, Fernando Henrique e IANNI, Otávio. *Cor e mobilidade social em Florianópolis*. São Paulo: Nacional, 1960.

CARTOLA (Angenor de Oliveira). "Depoimento". *In:* MOURA, Roberto. *Todo o tempo que eu viver*. Rio de Janeiro: Corisco Ed., 1988.

CAVALHEIRO, Edgar (org.). *Testamento de uma geração*. Porto Alegre: Ed. Globo, 1944.

Congresso Afro-Brasileiro. 1. Recife, Pernambuco, 1934. Anais. Rio de Janeiro: Ariel, 1933-37.

Congresso Afro-Brasileiro. 2. Salvador, Bahia, 1937. Anais. Rio de Janeiro: Civilização Brasileira, 1940.

Congresso Brasileiro de Escritores. 1. São Paulo, 1945. Anais. São Paulo: ABDE, 1945.

Congresso do Negro Brasileiro. 1. Rio de Janeiro, Distrito Federal, 1950. Anais. Rio de Janeiro: GRD, 1968.

FERNANDES, Florestan. *A integração do negro na sociedade de classes*. 2ª ed. São Paulo: Dominus/EDUSP, 1965. 2 v.

LEITE, José Correia. *E disse o velho militante José Correia Leite. Depoimentos e artigos*. São Paulo: Sec. Municipal de Cultura, 1992.

MORAES, Vinicius de. *Teatro em versos*. São Paulo: Cia. das Letras, 1995.

NASCIMENTO, Abdias. *Dramas para negros e prólogo para brancos*. Rio de Janeiro: TEN, 1961.

_____ (org.). *O negro revoltado*. Rio de Janeiro: GRD, 1968.

_____. *O genocídio do negro brasileiro*. Rio de Janeiro: Paz e Terra, 1978.

_____. *O quilombismo*. Petrópolis: Vozes, 1980.

NOGUEIRA, Oracy. *Tanto preto, quanto branco. Estudo de relações raciais*. São Paulo: Queiroz, 1985.

O'NEILL, Eugene. *Obras completas*. Buenos Aires: Editorial Sudamericana, 1949.

PINTO, Luis Costa. *O negro no Rio de Janeiro. Relações de raça numa sociedade em mudança*. São Paulo: Nacional, 1953.

RAMOS, Alberto Guerreiro. *Introdução crítica à sociologia brasileira*. Rio de Janeiro: Ed. UFRJ, 1995.

VÁRIOS autores. "Teatro Experimental do Negro. Depoimentos". *In: Dionysos*, 28. Rio de Janeiro: MinC/FUNDACEN, 1988.

WAGLEY, Charles (coord.). *Races et classes dans le Brésil rural*. Paris: UNESCO, 1952.

ZICA (Euzébia Silva do Nascimento). "Depoimento". *In*: MOURA, Roberto. *Todo o tempo que eu viver*. Rio de Janeiro: Corisco Ed., 1988.

OBRAS CITADAS E CONSULTADAS

ALMADA, Sandra. *Damas negras. Sucesso, lutas, discriminações*. Rio de Janeiro: Mauad, 1995.

ANDRADE, Mário. *Poesias completas*. 3ª ed. São Paulo: Martins/INL, 1972.

ALVES, Henrique. *Bibliografia afro-brasileira; estudos sobre o negro*. Rio de Janeiro: Cátedra/INL, 1976.

ALVES, Uelinton Farias. *Reencontro com Cruz e Sousa*. Florianópolis: Papalivros Ed., 1990.

ARAÚJO, Ricardo Benzaquen de. *Guerra e paz. Casa-grande e senzala e a obra de Gilberto Freyre nos anos 30*. Rio de Janeiro: Nova Fronteira, 1994.

AUERBACH, Eric. *Mimesis*. 3ª ed. São Paulo: Perspectiva, 1994.

_____. *Introdução aos estudos literários*. São Paulo: Cultrix, 1970.

AZEVEDO, Célia Marinho de. *Onda negra, medo branco. O negro no imaginário das elites — século XIX*. Rio de Janeiro: Paz e Terra, 1987.

AZEVEDO, Fernando. *A cultura brasileira: introdução ao estudo da cultura brasileira*. Rio de Janeiro, 1943.

BANDEIRA, Maria de Lourdes. *Território negro em espaço branco. Estudo antropológico de Vila Bela*. São Paulo: Brasiliense, 1988.

BAHKTIN, Mikhail. *A cultura popular na Idade Média e no Renascimento. O contexto de François Rabelais*. 2ª ed. Brasília: Ed. Universidade de Brasília, 1993.

_____. *Questões de literatura e estética. A teoria do romance*. 3ª ed. São Paulo: UNESP, 1993.

BARBOSA, Francisco de Assis. *A vida de Lima Barreto*. Rio de Janeiro: José Olympio/INL, 1981.

BARCELOS, Luis Cláudio et al. *Escravidão e relações raciais no Brasil: cadastro da produção intelectual (1970-1990)*. Rio de Janeiro: Centro de Estudos Afro-Asiáticos, 1991.

BARTHES, Roland. *Análise estrutural da narrativa*. 4ª ed. Petrópolis: Vozes, 1971.

_____. *Crítica e verdade*. São Paulo: Perspectiva, 1975.

BASTIDE, Roger. "Le principe de coupure et le comportement afro-brésilien". *In*: Congresso Internacional dos Americanistas. 31. Anais. São Paulo, 1955.

_____. "Contribution à l'étude de la participation". *In: Cahiers Internationaux de Sociologie*, 14, 1955.

_____. *Arte e sociedade*. 2ª ed. São Paulo: Nacional/EDUSP, 1971.

_____. "Estereótipos de negros através da literatura brasileira". *In: Boletim de Sociologia*. São Paulo: FFCL/USP, 3: 9-29, 1953.

_____. "A imprensa negra no estado de São Paulo", *Boletim CXXI*. Sociologia, 2. Estudos Afro-brasileiros, série 2. São Paulo: FFCL/USP, s.d.

_____. *Psicanálise do cafuné e estudos de sociologia estética brasileira*. Curitiba: Ed. Guaíra, 1941.

_____. *Sociologie du théâtre negre brésilien*. São Paulo: Revista dos Tribunais, 1974.

_____. *O suicídio em São Paulo segundo a cor*. São Paulo: USP, 1953.

_____. *As Américas negras*. São Paulo: Difel, 1974.

_____. *Estudos afro-brasileiros*. São Paulo: Perspectiva, s. d.

_____. *O negro na imprensa e na literatura*. (Série Jornalismo). São Paulo: ECA/USP, 1972.

BLOCH, Marc. *Introdução à história*. Lisboa: Publicações Europa-América, 1965.

BORHEIM, Roger. *O sentido e a máscara*. São Paulo: Perspectiva, 1969.

BOSI, Alfredo. *História concisa da literatura brasileira*. 33ª ed. São Paulo: Cultrix, 1994.

BOSI, Ecléa. *Memória e sociedade: lembranças de velhos*. São Paulo: T. A. Queiroz, 1979.

BRAUDEL, Fernand. *Escritos sobre a história*. São Paulo: Perspectiva, 1978.

BROOKSHAW, David. *Raça e cor na literatura brasileira*. Porto Alegre: Mercado Aberto, 1983.

BURKE, Peter (org.). *A escrita da história. Novas perspectivas*. 2ª ed. São Paulo: UNESP, 1992.

CANDIDO, Antonio. *Formação da literatura brasileira. Momentos decisivos*. 4ª ed. São Paulo: Martins Fontes, 1969, 2 v.

_____. *O método crítico em Sílvio Romero*. São Paulo: EDUSP, 1988.

_____. *Literatura e sociedade*. 3ª ed. São Paulo: Nacional, 1973.

CAMARGO, Oswaldo. *O negro escrito*. São Paulo: Imprensa Oficial do Estado, 1987.

CARDOSO, Ciro Flamarion Santana. *Uma introdução à história*. 5ª ed. São Paulo: Brasiliense, s. d.

_____. *Escravo ou camponês? O protocampesinato negro nas Américas*. São Paulo: Brasiliense, 1987.

CARDOSO, Fernando Henrique. *Capitalismo e escravidão no Brasil meridional*. 2ª ed. Rio de Janeiro: Paz e Terra, 1977.

CARNEIRO, Édison. *Candomblés da Bahia*. Salvador: Sec. Educação e Cultura, 1948.

CASSIRER, Ernst. *Antropologia filosófica*. México, D.F.: Fondo de Cultura Económica, 1987.

_____. *Ensaio sobre o homem. Introdução a uma filosofia da cultura humana*. São Paulo: Martins Fontes, 1994.

CASTELO, José. *Vinicius de Moraes. O poeta da paixão*. São Paulo: Cia. das Letras, 1994.

CASTORIADIS, Cornelius. *A instituição imaginária da sociedade*. 2ª ed. Rio de Janeiro: Paz e Terra, 1982.

CASTRO, Ruy. *O anjo pornográfico. A vida de Nelson Rodrigues*. São Paulo: Cia. das Letras, 1995.

CHALHOUB, Sidney. *Trabalho, lar e botequim. O cotidiano dos trabalhadores da Belle Époque no Rio de Janeiro*. São Paulo: Brasiliense, 1986.

_____. *Visões da liberdade. Uma história das últimas décadas da escravidão na corte*. São Paulo: Cia. das Letras, 1990.

CHARTIER, Roger. *A história cultural: entre práticas e representações*. Lisboa: Difel, 1987.

COSTA, Emília Viotti da. *Da monarquia à república. Momentos decisivos*. 5ª ed. São Paulo: Brasiliense, s. d.

COSTA, João Cruz. *Contribuição à história das idéias no Brasil*. 2ª ed. Rio de Janeiro: Civilização Brasileira, 1967.

COUTINHO, Afrânio (org.). *A literatura no Brasil*. Rio de Janeiro: Editorial Sul-Americana, 1959, v. 3, t. 1.

DARNTON, Robert. *O grande massacre dos gatos — e outros episódios da história cultural francesa*. 2ª ed. Rio de Janeiro: Graal, 1986.

DEAN, Warren. *A industrialização de São Paulo (1880-1945)*. São Paulo: Difel, s. d.

DEGLER, Carl. *Nem preto, nem branco: escravidão e relações raciais no Brasil e nos EUA*. Rio de Janeiro: Sabor do Brasil, 1976.

DOSSE, François. *História do estruturalismo*. São Paulo: Unicamp, 1994. 2 v.

ESCARPIT, Robert. *Le littéraire et le social*. Paris: Flammarion, 1970.

FANON, Frantz. *Os condenados da terra*. Rio de Janeiro: Civilização Brasileira, 1968.

_____. *Escucha blanco!* 2ª ed. Barcelona: Nova Terra, 1970.

FAUSTO, Bóris (coord.). *História geral da civilização brasileira (HGCB), III. Brasil República*, 3 t., v. 3, Sociedade e Política (1930-1945). São Paulo: Difel, 1981.

FEBVRE, Lucien. *Combates pela história*. Lisboa: Presença, 1989.

FERNANDES, Florestan. *A revolução burguesa no Brasil*. 3ª ed. Rio de Janeiro: Guanabara, 1987.

FERRARA, Miriam. *A imprensa negra paulista (1915-1963)*. São Paulo: FFCL/USP, 1981.

FRANCASTEL, Pierre. *A realidade figurativa*. São Paulo: EDUSP, 1993.

FRANCO, Afonso Arinos de Melo. *Conceito de civilização brasileira*. São Paulo: Nacional, 1936.

FREYRE, Gilberto. *Casa-grande & senzala*. 28ª ed. Rio de Janeiro: Record, 1992.

FREUD, Sigmund. *Obras psicológicas completas*. Rio de Janeiro: Imago, 1974.

FURET, François. *A oficina da história*. Lisboa: Gradiva, s.d.

GAY, Peter. *O estilo na história: Gibbon, Ranke, Maculay, Buckhardt*. São Paulo: Cia. das Letras, 1990.

GENOVESE, Eugene D. *O mundo dos senhores de escravos*. Rio de Janeiro: Paz e Terra, 1979.

_____. *A terra prometida. O mundo que os escravos criaram*. Rio de Janeiro: Paz e Terra, 1988.

GERSON, Brasil. *História das ruas do Rio de Janeiro*. Rio de Janeiro: Folha Gráfica Carioca Ed., s.d.

GOLDMAN, Lucien. *Literatura e sociedade: problemas de metodologia em sociologia da literatura*. 2ª ed. Lisboa: Editorial Estampa, 1978.

GOLDWASSER, Erving. *O palácio do samba: um estudo antropológico da Escola de Samba Estação Primeira de Mangueira*. Petrópolis: Vozes, 1975.

GOMES, Flávio dos Santos. *História de quilombolas. Mocambos e comunidades de senzala no Rio de Janeiro. Séc. XIX*. Rio de Janeiro: Arquivo Nacional, 1993.

GOMES, Heloisa Toller. *O negro e o Romantismo brasileiro*. Rio de Janeiro: Atual, 1988.

GRAMSCI, Antonio. *Os intelectuais e a organização da cultura*. Rio de Janeiro: Civilização Brasileira, 1968.

_____. *Cultura y literatura*. Barcelona: Península, 1972.

_____. *Maquiavel, a política e o Estado moderno*. Rio de Janeiro: Civilização Brasileira, 1968.

GULLAR, Ferreira. *Vanguarda e subdesenvolvimento*. Rio de Janeiro: Civilização Brasileira, 1962.

GURVITCH, Georges. *A sociologia de Karl Marx*. São Paulo: Anhembi, 1960.

_____. *Dialectique et sociologie*. Paris: Flammarion, 1962.

GUTMAN, Herbert. *The black family in slavery and freedom, 1750/1925*. Nova York: Pantheon, 1976.

HARRIS, Marvin. *Padrões raciais nas Américas*. Rio de Janeiro: Civilização Brasileira, 1967.

HASENBALG, Carlos. *Discriminação e desigualdades raciais no Brasil*. Rio de Janeiro: Graal, 1979.

HASENBALG, Carlos e GONZALES, Lélia. *Lugar de negro*. Rio de Janeiro: Marco Zero, 1982.

HASENBALG, Carlos e SILVA, Nelson do Vale. *Industrialização e estrutura de emprego no Brasil: 1960-1980*. São Paulo: Vértice, 1988.

HOBSBAWM, Eric. *A era do capital*. Rio de Janeiro: Paz e Terra, 1977.

_____. *A era dos extremos. O breve século XX — 1914/1991*. São Paulo: Cia. das Letras, 1995.

HOLANDA, Sérgio Buarque de. *Raízes do Brasil*. 25ª ed. Rio de Janeiro: José Olympio, 1993.

_____. *Visão do paraíso*. 2ª ed. São Paulo: Nacional, 1969.

IANNI, Otávio. *As metamorfoses do escravo. Apogeu e crise da escravidão no Brasil*. São Paulo: Difusão Européia do Livro, 1962.

_____. *Raças e classes sociais no Brasil*. São Paulo: Brasiliense, 1987.

JAMESON, Frederic. *O inconsciente político. A narrativa como ato socialmente simbólico*. São Paulo: Ática, 1992.

JAUSS, Hans-R. et al. *A literatura e o leitor; textos de estética da recepção*. Coord. de Luis Costa Lima. Rio de Janeiro: Paz e Terra, 1979.

JOTA EFEGÊ (João Ferreira Gomes). *Ameno Resedá — o rancho que foi escola*. Rio de Janeiro: Letras e Artes, 1975.

KUNH, Thomas S. *A estrutura das revoluções científicas*. 3ª ed. São Paulo: Perspectiva, 1995.

LE GOFF, J. e NORA, Pierre. *História: novas abordagens*. Rio de Janeiro: Francisco Alves, 1986.

LEITE, Dante Moreira. *O caráter nacional brasileiro*. 3ª ed. São Paulo: Pioneira, 1976.

LIMA BARRETO, Afonso Henriques de. *Diário íntimo*. São Paulo: Brasiliense, 1956.

LIMA, Luis Costa. *Estruturalismo e teoria da literatura*. Petrópolis: Vozes, 1973.

_____. *Teoria da literatura em suas fontes*. 2ª ed. Rio de Janeiro: Francisco Alves, 1985.

LOBO, Eulália Maria Lahmeyer. *História do Rio de Janeiro (do capital comercial ao capital industrial e financeiro)*. Rio de Janeiro: IBMEC, 1978. v. 2.

_____ (coord.). *Rio de Janeiro operário. Natureza do Estado, conjuntura econômica, condições de vida e consciência de classe*. Rio de Janeiro: Acess Ed., 1992.

LOWENTHAL, David. *The past is a foreign country*. Cambridge: Cambridge University Press, 1985.

LUKÁCS, George. *Sociologia de la literatura*. Barcelona: Península, 1993.

_____. *Teoria do romance*. Lisboa: Presença, 1973.

MACHADO DE ASSIS, José Maria. *Crítica teatral*. Rio de Janeiro: W.M. Jackson, 1938.

MACHADO NETO, A. L. *Estrutura social da república das letras*. São Paulo: EDUSP/Grijalbo, 1973.

MAGALDI, Sábato. *Panorama do teatro brasileiro*. São Paulo: Difusão Européia do Livro, s. d.

MANHEIM, Karl. *Ideologia e utopia*. 4ª ed. Rio de Janeiro: Guanabara, 1986.

MARX, Karl. *A ideologia alemã*. Lisboa: Editorial Presença, s. d., 2 v.

_____. *O capital*. 2ª ed. Rio de Janeiro: Civilização Brasileira, 1971, 6 v.

_____. *Contribuição à crítica da economia política*. São Paulo: Martins Fontes, 1977.

MEINECK, Friedrich. *El historicismo y su génesis*. México: Fondo de Cultura Económica, 1982.

MENDES, Miriam Garcia. *O negro e o teatro brasileiro; entre 1889 e 1992*. São Paulo: USP/ECA, 1983.

MERRIC, Thomas e GRAHAM, Douglas H. *População e desenvolvimento econômico no Brasil*. Rio de Janeiro: Zahar, 1981.

MICELLI, Sérgio. *Intelectuais e classe dirigente no Brasil (1920-1945)*. São Paulo: Difel, 1979.

MORAIS, Fernando. *Chatô. O rei do Brasil*. 2ª ed. São Paulo: Cia. das Letras, 1994.

MORTARA, Giorgio. "Atividade e posição na ocupação nos diversos grupos de cor da população brasileira". *In: Revista Brasileira de Estatística*, 11 (44), Rio de Janeiro, 1950.

MOTTA, Carlos Guilherme. *Ideologia da cultura brasileira*. 3ª ed. São Paulo: Ática, 1977.

MOURA, Clóvis. "Organizações negras". *In: São Paulo: o povo em movimento*. Petrópolis: Vozes, 1980.

NASCIMENTO, Abdias. "Teatro negro no Brasil, uma experiência sócio-racial". *Revista Civilização Brasileira, Caderno Especial*. Rio de Janeiro, 2/7/1968.

NIETZSCHE, Friedrich. *Assim falava Zaratustra*. Lisboa: Presença, 1974.

_____. *A origem da tragédia*. São Paulo: Moraes, s. d.

OLIVEIRA, Lúcia Lippi. *A sociologia do guerreiro*. Rio de Janeiro: Ed. UFRJ, 1995.

OLIVEIRA, Lúcia E. Garcia e ARAÚJO, Tereza C. Nascimento. *O lugar do negro na força de trabalho*. Rio de Janeiro: IBGE, 1985.

PEREIRA, João Baptista Borges. "Estudos antropológicos e sociológicos sobre o negro no Brasil. Aspectos históricos e tendências atuais". *In: Con-*

tribuição à antropologia em homenagem ao professor Egon Schaden. (Col. Museu Paulista. Série Ensaios, v. 4.) São Paulo, 1981.

PIERSON, Donald. *Brancos e negros na Bahia (estudo de contato racial)*. 2ª ed. São Paulo: Nacional, 1977. (Versão em inglês: *Negroes in Brazil. A study of race contact at Bahia*. Chicago: The University of Chicago Press, 1942.)

POLIAKOV, L. *O mito ariano*. São Paulo: Perspectiva, 1974.

POPPER, Karl. *Autobiografia intelectual*. 2ª ed. São Paulo: Cultrix, 1986.

PRADO JR., Caio. *Formação do Brasil contemporâneo. Colônia*. 28ª ed. São Paulo: Brasiliense, 1995.

QUEIROZ, Maria Izaura Pereira de (org.). "Roger Bastide. Sociologia". *In:* HOLANDA, Sérgio Buarque de (org.). *Coleção grandes cientistas sociais, 37*. São Paulo: Ática, 1983.

QUEIROZ JÚNIOR, Teófilo de. *Preconceito de cor e a mulata na literatura brasileira*. São Paulo: Ática, 1975.

_____. "Principe de participation et principe de coupure; la contribution de Roger Bastide à leur definition sociologique". *In: Archives de Sciences Sociales et des Religions*. 47 (1): 14 7-57, Paris, 1979.

RABASSA, Gregory. *O negro na ficção brasileira*. Rio de Janeiro: Tempo Brasileiro, 1965.

RAMOS, Arthur. *O negro brasileiro: etnografia e psicanálise*. São Paulo: Civilização Brasileira, 1934.

_____. *A aculturação do negro no Brasil: uma escola brasileira*. São Paulo: Nacional, 1942.

_____. *O negro na civilização brasileira*. Rio de Janeiro: Liv. Ed. da Casa do Estudante do Brasil, 1956.

RANKE, Leopold von. "História". *In:* HOLANDA, Sérgio Buarque de (org.). *Coleção grandes cientistas sociais*. São Paulo: Ática, 1979.

REIS, João José dos. *Rebelião escrava no Brasil: a história do levante dos malês, 1835*. São Paulo: Brasiliense, 1986.

RENÉ, Ribeiro. *Religião e relações raciais*. Rio de Janeiro: MEC, 1956.

RICOEUR, Paul. *Tempo e narrativa*. Campinas: Papirus, 1994, 2 v.

ROCHA, Agenor Miranda. *Os candomblés antigos do Rio de Janeiro*. Rio de Janeiro: Topbooks, 1994.

SANTOS, Afonso Carlos Marques dos (coord.). *O Rio de Janeiro de Lima Barreto*. Rio de Janeiro: Sec. Municipal de Educação e Cultura/Ed. Rio Arte, 1983, 2 v.

SANTOS, Juana Elbein dos. *Os nagô e a morte*. 6ª ed. Petrópolis: Vozes, 1993.

SANTOS, Maria Januária Vilela. *A Balaiada e a insurreição de escravos no Maranhão*. São Paulo: Ática, 1983.

SARTRE, Jean-Paul. *Orphée noir. Anthropologie de la nouvelle poesie nègre et malgache française*. Por Leopold Sedar Senghor. Paris: Presses Universitaires de France, 1972.

SAYERS, Raymond. *O negro na literatura brasileira*. Rio de Janeiro: Ed. Cruzeiro, 1958.

SCHAFF, Adam. *Introdução à semântica*. Rio de Janeiro: Civilização Brasileira, 1968.

SEVCENKO, Nicolau. *A literatura como missão. Tensões sociais e criação cultural na primeira república*. São Paulo: Brasiliense, 1983.

_____. *O Orfeu extático na metrópole. São Paulo, sociedade e cultura nos frementes anos 20*. São Paulo: Cia. das Letras, 1992.

SIQUEIRA, José Jorge et al. *Negro e cultura no Brasil. Pequena enciclopédia da cultura brasileira*. Rio de Janeiro: Unibrade/UNESCO, 1987.

SKIDMORE, Thomas. *Preto no branco. Raça e nacionalidade no pensamento brasileiro*. Rio de Janeiro: Paz e Terra, 1976.

_____. *O Brasil visto de fora*. Rio de Janeiro: Paz e Terra, 1994.

SKINNER, Quentin (org.). *The return of grand theory in the human sciences*. Cambridge: Cambridge University Press, s. d.

SQUEFF, Ênio e WISNIK, José Miguel. *Música. O nacional e o popular na cultura brasileira*. São Paulo: Brasiliense, 1982.

STAROBINSKI, J. "A literatura". *In*: LE GOFF, J. e NORA, P. (org.). *História: novas abordagens*. Rio de Janeiro: Francisco Alves, 1976.

SOUZA, João da Cruz e. *Obra completa*. (Org. de Andrade Murici.) Rio de Janeiro: Aguilar, 1961.

_____. *Poemas escolhidos*. (Sel. e introd. de Massaud Moises.) São Paulo: Cultrix, 1961.

_____. *Poesias completas de Cruz e Souza. Broquéis, Faróis, Últimos sonetos*. Rio de Janeiro: Ed. de Ouro, s. d.

TINHORÃO, J. Ramos. *Música popular — do gramophone ao rádio e TV*. São Paulo: Ática, 1981.

VAINFAS, Ronaldo. *Ideologias e escravidão. Os letrados e a sociedade escravista no Brasil colonial*. Petrópolis: Vozes, 1986.

VELHO, Gilberto (org.). *Desvio e divergência. Uma crítica da patologia social*. Rio de Janeiro: Zahar, 1981.

VENTURA, Zuenir. *1968: o ano que não terminou*. Rio de Janeiro: Nova Fronteira, 1988.

VEYNE, Paul. *Como se escreve a história*. Lisboa: Edições 70, s. d.

VILAR, Pierre. *Iniciación al vocabulário del análisis histórico*. Barcelona: Ed. Crítica, 1980.

VITA, Luis Washington. *Antologia do pensamento social e político no Brasil*. São Paulo: Grijalbo, 1968.

VOVELLE, Michel. *Ideologias e mentalidades*. 2ª ed. São Paulo: Brasiliense, 1991.

WEBER, Max. A *ética protestante e o espírito do capitalismo*. São Paulo: Liv. Pioneira Ed., 1967.

Este livro foi composto na tipografia Sabon, corpo 10.5/14
O papel de miolo é Offset 75g/m², e o de capa, Cartão Ensocoat 250g/m².
Foi impresso na Markgraph, no Rio de Janeiro, em agosto de 2006.